KB189133

禪 선으로 본 금강경

그대
삶이

경전이다

禪 선으로 본 금강경

# 그대 삶이 경전이다

ⓒ 무각(無覺), 2011

2011년 4월 27일 초판 1쇄 발행
2025년 3월 21일 초판 6쇄 발행


역해 무각(無覺)
발행인 박상근(至弘) • 편집인 류지호 • 편집이사 양동민
편집 김재호, 양민호, 김소영, 최호승, 정유리 • 디자인 쿠담디자인
제작 김명환 • 마케팅 김대현, 김대우, 이선호, 류지수 • 관리 윤정안
콘텐츠국 유권준, 김희준
펴낸 곳 불광출판사 (03169) 서울시 종로구 사직로10길 17 인왕빌딩 301호
　　　대표전화 02) 420-3200 편집부 02) 420-3300 팩시밀리 02) 420-3400
　　　출판등록 제300-2009-130호(1979. 10. 10.)

ISBN 89-7479-642-6 (03220)

값 17,000원

* 잘못된 책은 구입하신 서점에서 바꾸어 드립니다.
* 독자의 의견을 기다립니다. www.bulkwang.co.kr
* 불광출판사는 (주)불광미디어의 단행본 브랜드입니다.

# 그대 삶이 경전이다

禪으로 본 금강경

무각 스님 역해

불광출판사

둥근 진리의 세상을 세 발로 밟고 날개를 활짝 펼친다

# 발. 원. 문.

천지는 들어라

우주 만물은 들었느냐

삼라만상의 모든 기를 한 곳으로 모아

법을 찾는 중생들을 더 이상 방황케 하지 말고

불가사의한 무궁한 법 자성 안에 있으니

자성 문을 열어 안주하게 하여

삼계고해를 벗어나지 못한

다생부모 영가들도 천도하게 하라.

무 無
각 覺

차례

금
강
반
야
바
라
밀
경
하
편

## 머리말

도시 한 복판의 포교현장에서 울고 웃는 사람들과 늘 함께 하다 보니 역설적으로 더욱 더 선禪적인 측면이 중요하고 필요하다는 것을 실감하게 됩니다.

시간의 리듬이 빠르고 활동영역도 복잡한 현대인의 삶은 마치 이리저리 몰려다니는 태풍과 같습니다. 그 태풍을 몰고 다니는 것은 바람의 끝자락이 아니라 고요하고 적막한 태풍의 눈인 것처럼 자기 삶을 이리저리 몰고 다니는 주인공도 시공간에 갇혀 있는 몸과 마음이 아니라 자기 존재의 뿌리 곧 부처성품[佛性]임을 선은 절실하게 가르쳐 줍니다.

고요히 본체만 지키려 하면 작용할 줄 모르게 되고, 작용하려 밖으로만 돌아다니면 본체를 잃어버리게 되므로 지금 있는 이 자리, 자기의 일상 속에서 수행을 할 때 진정한 수행의 힘이 생깁니다. 수행은 쌓아가는 것이 아니라 비워내는 것이며, 자성의 부처님을 '믿고 맡기고 지켜보는' 것입니다.

부처님의 법은 바늘 끝과 바늘 끝이 부딪히듯이 한 치도 어긋남이 없습니다. 일상 속의 수행을 통한 자기 성품의 회복은 공부가 깊어지는 만큼 자기의 삶을 자유와 기쁨으로 드러낼 것입니다.

지난 십수 년 동안 조계사 참선반에서 행한 금강경 강의를 시작으로 불광사 불광선원, 공생선원共生禪院에서 수차례 〈선으로 뜻을 푼 금강경〉을 강의하였고 또 지난 1년간 〈불교신문〉에 매주 '신금강경'을 연재하였습니다.

그 인연으로 이제 책을 출판함에 부처님의 법을 전하는 지혜가 담긴다면 그것은 앞서 행하고 가신 선배 선지식들의 지혜이지 나의 것이 아닙니다.

크신 선지식과 도반들의 가르침에 깊이 감사드립니다. 책으로 엮어 나올 수 있도록 도와준 김종미 교수와 공생선원 여러분들 그리고 불광출판사에 감사의 마음을 전합니다.

2011년 동안거 해제일

무각無覺 합장

## 시작하는 말

『금강경오가해金剛經五家解』 중에서 야부 스님의 송頌을 중심으로 하나하나의 철학적인 명제를 따라 스님의 안목을 살펴보려고 합니다. 야부 스님의 안목에 비추어 드러난 금강경을, 각자 자기의 안목으로 만들어 가는 동안 스스로 깨달아 가는 공덕을 얻게 될 것은 의심의 여지가 없습니다.

고인古人의 말씀에 "새 꽃은 옛 가지를 의지하여 나온다."는 말이 있듯이 지금 내가 말하고 행하는 모든 지혜가, 앞서 행하고 가신 선배 선지식들의 지혜이지 나의 것이 아닙니다. 그러나 내가 곧 앞선 선배요, 지금 후배인 것이지요. 선배와 후배가 둘이 아닌 고로 선배는 후배로 해서 있는 것이고, 후배는 선배로 해서 있게 되는 것입니다.

『금강경오가해』에서 부처님과 수보리와 야부 스님을 만납니다. 하지만 부처님과 수보리와 야부 스님과 이 경을 보는 자 모두가 한집안의 한소식인 것을 알아야 비로소 옛 어른들이 말씀하신 "내가 경을 보지 않고, 경이 나를 보지 않아야 경을 바르게 보는 것이다."라고 했던 뜻을 조금 간파했다 하겠습니다.

금강반야바라밀경, 제목에서 종지를 읽는다

옛 어른들은 책을 읽을 때마다 그 책의 제목을 읽고 지은이를 읽고 번역한 이를 읽어드렸다고 합니다. 그분들의 노고와 정성이 없었다면 이러한 책이 나올 수 없었고 그분들의 지혜를 엿볼 수 없기 때문입니다. 그래서 그분들의 정성과 노고에 감사할 줄 알고, 감사함을 항상 새기기 위하여 책의 제목을 읽어 드리고 지은이를 읽어 드리고 번역한 이를 읽어드렸던 것입니다.

이는 매우 중요한 형식입니다. 이러한 형식 속에서 감사한 마음이 생기고, 감사한 마음으로 인하여 가르침이 가슴에 와 닿고, 가슴에 와 닿는 까닭에 깨달음이 얻어지는 것이기 때문입니다. 감사하는 마음이 없이는 그분들의 마음을 엿볼 수 없고 그분들과 한마음이 될 수 없습니다. 감사하는 마음속에 무명에 덮인 자기 마음이 열리고 자기 마음속에 본래 밝은 지혜의 마음을 스스로 맛보게 됩니다. 이렇게 책을 읽으면 글을 남기신 이나 글을 읽는 이나 모두 공덕이 되며 글자가 땅에 떨어지지 않습니다.

『금강반야바라밀경』이라는 경전 제목에 『금강경』의 모든 종지가 다 들어 있습니다.

금강은 가장 단단하고 견고해서 번뇌, 망상, 고통, 업 등 모든 경계를 깨뜨릴 수 있지만, 스스로는 부서지지 않는 영원함 그 자체를 형용합니다. 그런데 사실 아무리 단단한 것도 시간과 공간 속에 놓이면 사라지기 마련입니다. 그러므로 진정으로 가장 단단하고 견고하며 영원불멸인 것은 공空입니다. 금강이 공이요, 공이 금강입니다. 이 위대한 금강은 어디에 있습니까? 우리들의 마음 안에 있습니다. 금강은 마음 나기 이전의 고요한 그 자리, 허공같이 텅 비어 고요한 자기 마음의 본체입니다.

　반야는 무엇입니까? 마음을 고요히 하는 가운데 모든 것이 있는 그 대로 밝게 비추어지는 자기 마음의 당체입니다. 출렁이는 물결이 잔잔해지면 만상이 다 드러나고 비추어지는 것과 같습니다. 비 갠 호수와 같이 맑은 마음이 일체에 물들지 않고 구름이 흘러가면 흐르는 구름이 비추어지고, 달이 뜨면 달이 비추어지고, 푸른 하늘은 푸른 하늘대로 먹구름은 먹구름대로 여실하게 비추어지는 것이 반야입니다.

　바라밀은 이 생사의 언덕에서 저 절대의 언덕으로 건넌다는 것입니다. 바라밀은 반야의 광명이 비추어지는 대로 모든 존재가 밝게 작용하여 세상의 주인이 되니 자기 아님이 없게 됩니다. 그런 까닭에 자재한 마음의 작용입니다.

　'금강반야바라밀' 이 이름 속에 불·법·승 삼보三寶가 구족하고 법신·보신·화신 삼신三身을 갖추었으니 이 또한 우리의 마음을 떠나 있지 않습니다. 고요히 선정에 들어(금강) 한 생각 우뚝 밝아(반야) 평등하게 작용하면(바라밀) 이것이 곧 금강반야바라밀이요, 저 언덕으로 건너간 것입니다. 문이 없는 문을 넘어, 오고 간 바 없이 그렇게 몰록 이 언덕에서 저 언덕으로 넘어간 것입니다.

상편

금강반야바라밀경

제
1

법회인유분

法會因由分

# 법회가 열린 인연

○

경문 |

이와 같이 내가 들었다.

한때 부처님께서 사위국 기수급고독원에서 큰 비구들 천이백오십 인과
함께 하셨다.

如是我聞 一時佛 在舍衛國祇樹給孤獨園 與大比丘衆千二百五十人 俱

해설 |

첫 구절 속에 마지막 구절이 있고, 시작함과 동시에 완성이 됐다.

금강경 강설을 통해 맨 첫 구절 속에 마지막 구절이 있고, 시작함과 동시
에 완성이 됐다는 이치를 끝없이 증명해 나갈 것이다.

　　첫 번째 구슬이 완전하고 두 번째 구슬이 완전하고 세 번째 구슬이 완전
하고 낱낱이 완전한 구슬들이 모여 백팔염주를 완성하는 것이다. 점점 차례차
례 완성되어가는 것이 아니고 첫 구절부터 더함도 덜함도 없이 완전해야 마지
막 구절까지 완전하게 되어 전체가 온통 완전한 것이 된다.

# 믿음의 성취

야부 |

여시如是여,

해설 |

이와 같음이여, 이로써 믿음이 성취되었다.

『지도론智度論』에서 여시如是를 "불법의 큰 바다에는 믿음이 있어야 들어
갈 수 있으며 지혜로써 건널 수 있으니 믿는 이는 이 일이 '이와 같음'을
말하고, 믿지 않는 이는 이 일이 '이와 같지 않음'을 말한다."고 하였다.

　　왜 '이와 같음'을 믿음의 성취라고 하는가? 성인이 하신 말씀을 스
스로 확연히 납득하고 체험하게 되면 '아, 그렇구나, 과연 그와 같구나!'
라고 무릎을 치게 된다. 이것이 믿음의 성취이다. 그래서 원효 스님은 믿
음을 큰 대, 그럴 연, 대연大然이라고 하셨다. '크게 그렇다!' 이 공부를 해
가면서 마음이 깊어져 체험을 하게 되면 스스로 믿음이 성취된다.

　　경전이 이루어지려면 6성취, 즉 신信·문聞·시時·주主·처處·중衆의
여섯 가지 조건이 성립되어야 한다. '이와 같이'는 믿음의 성취요, '내가
들었다'는 들음의 성취요, '한 때'는 시간의 성취요, '부처님'은 설법한 주
인의 성취요, '사위국 기수급고독원'은 처소의 성취요, '큰 비구들 천이백
오십 인'은 대중 즉 법을 함께 들은 대중의 성취이니 이로써 6성취가 이루
어져 법문이 시작되었다.

—

야부 |

고인이 이르시되 '여여라 말한다면 이것은 이미 변한 것이라' 하시니 또
일러라. 변하여 어느 곳을 향해 갔는가. 돌咄. 어지럽게 쫓아다니지 말

지어다. 필경 어떻게 해야 하는가. 불을 아무리 말해도 일찍이 입을 태운 적이 없도다.

해설 |
불을 비춰도 불에 타지 않고
물을 비춰도 물에 젖지 않고
오물을 비춰도 더러움에 물들지 않는
본래 청정한 자기의 자성을 말한다.
—

야부 |
여如여 여如여,
고요한 밤 먼 하늘에 하나의 달이 외롭도다.

해설 |
진리의 본체는 하나 아닌 하나이므로 일체 중생의 본래면목이라 한 것이다.
—

야부 |
시是여 시是여,
물이 물결을 여의지 않으니 물결이 곧 이 물이로다.
거울 같은 물에 진풍이 이르지 않아야
응해서 나타나며 티 없이 천지를 비추니
자세히 보고 자세히 보아라.

해설 |
육조 스님께서 "여如란 가리키는 뜻이고 시是란 결정된 말이다."라고 하셨다. 여如란 손가락으로 '저것' 하며 달을 가리킬 때 가리키는 손가락이 아니라 달의 본체를 뜻하니, 일체 중생의 본래면목이다.

'시是란 왜 결정된 말'이라고 했을까? 달이 어디에 비추는가? 찻잔에도 비추고 개울물에도 비추고 바다에도 모두 비추고 있다. '천강유수천강월千江流水千江月'이라, 천 개의 흐르는 강물에 천 개의 달이 다 비춘다는 뜻이다.

그런데 달이 깨끗한 물만 비추는가? 더러운 물에도 비추고 핏물에도 비춘다. 부처님 당시에도 그걸 증명하여 99명을 죽인 앙굴리마라도 성자 아라한이 되었다. 핏물에 달이 비추지 않았다면 그가 성자가 되는 것이 불가능했을 것이다. 또 아주 더러운 물도 비춘다. 유명한 창녀인 연화색녀도 아라한이 되었고, 바보였던 출라판타카도 아라한이 되었다.

그래서 결정된 말이다. 깨끗한 물에 비춘 달, 더러운 물에 비춘 달, 간장 종지에 비춘 달, 술잔에 비춘 달, 큰 바다에 비춘 달. 달은 다 똑같다. 이것이 이름하여 '여시如是'이다. '여시' 속에 벌써 진리가 온통 드러나지 않았는가? 본체와 작용을 얘기한 것이다.

# 나는 누구인가?

야부 |
아我여,
적나라赤裸裸하고 정쇄쇄淨洒洒하여 가히 잡을 수 없도다.

해설 |
아무리 눈을 씻고 찾아보아도 나라고 할 만한 것이 하나도 없다.

나는 누구인가에 대한 정의이다. 보통 '나'라고 하면 오온에 집착하는 것을 말한다. 오온이란 존재의 다섯 가지 구성요소인 색色·수受·상想·행行·식識이다. 색은 물질인 몸이고, 수·상·행·식은 느끼고 받아들여 생각하고 실행하여 분별하는 정신작용이다.

　부처님께서는 오온을 '무아無我', '공空'이라고 하셨다. 내가 오늘 만지고 보고 생각하고 판단하고 행동한 것을 어떻게 무無라 할 수 있을까? 부모님의 몸을 빌어 태어나서부터 이 나이까지 경험하고 배우고 쌓아온 것들을 어떻게 공空이라고 할 수 있을까? 처음 불교를 접하는 사람으로서는 당황스럽기 짝이 없는 명제이다.

　여기 불빛이 있다. 천 년의 어둠을 간직한 동굴도 불빛이 비추면 한순간에 어둠은 사라진다. 그 불빛이 아름다운 경치를 비추었다. 그 불빛은 아름다움에 물들었는가 물들지 않았는가? 불빛이 샘물을 비추었다. 그 불빛은 물에 젖었는가, 젖지 않았는가? 불빛이 더러운 구덩이를 비추었다. 그 불빛은 더러움에 오염이 되었는가, 오염이 되지 않았는가? 물에 비춰도 젖지 않고, 불에 비춰도 타지 않으며, 오물에 비춰도 더러움에 물들지 않고, 아름다움에 비춰도 아름다움에 물들지 않으면서도 온통 그것이 되어 나타나게 하는 불빛.

　말해보라, 그 불빛은 무엇인가? 아름다움이 더러움이 슬픔이 기쁨이 오온이라면, 불빛은 바로 참 나(眞我)이다. 기쁨을 비추어 기쁨이 드러나고, 슬픔을 비추어 슬픔이 드러나고, 옳음을 비추어 옳음이 드러나고, 그름을 비추어 그름이 드러나게 하면서도 그것에 물들지 않는 것, 이것이 곧 청정한 성품인 자성이요, 참 나인 것이다.

　누구나 이 오온으로 뭉쳐진 몸이 나라고 분명히 고집한다. 아름다움이 나라고 더러움이 나라고 기쁨이 나라고 슬픔이 나라고 성공이 나라고 실패가 나라고 아주 분명하게 딱 고정시켜 꽉 잡고서는 오온의 덩어리에서 나오지 못한다. 벗어나지 못한다. 벗어나는 것이 불가능하다고 외친다. 그런데 불빛이 나인가? 불빛에 비춰진 것들이 나인가?

　불빛에 비추어진 아름다움과 슬픔과 시비선악과 판단과 분별을 기억과 습관으로 꽁꽁 뭉쳐서 나라고 하는 그 나, 그 나라는 존재가 있는가, 없는가? 있다고 하면 영원해야 할 텐데 어릴 때 다르고, 커서 다르고, 죽을 때 다르다. 어디 그뿐인가? 일 년 전과 일 년 후가 다르고, 한 달 전과 한 달 후가 다르고, 어제와 오늘이 다르고, 한 시간 전과 한 시간 후가 다르다. 나라는 존재는 찰나찰나 계속 변해 간다. 그래서 공空하다. 있기도 하고 없기도 하다. 있음(有)을 비추면 있음이 나투고, 없음(無)을 비추면 없음이 나툰다. 그래서 삼천대천세계도 공하고, 삼라만상도 공하고, 나도 공하고, 너도 공하다. 그런데 있다고 꼭 부여잡고서 놓지를 않고, 혹은 없다고 꼭 부여잡고서 놓지를 않고 고정되게 생각을 해버린다. 이것이 무명無明의 시작이다.

오온이 공한 것을 비추어 보는 그 자리, 이것이 본래 어디에도 물들지 않는 참 나이므로, 야부 스님께서 '우리들의 자성은 적나라(발가벗은 듯 실오라기 하나 걸치지 않는 상태)하고 정쇄쇄(물 뿌린 듯 깨끗한 상태)하여 어디에도 머물지 않고 가히 잡을 수 없는 것'이라고 하셨다.

마음이 깊어지면 나라는 것이 몸이라는 것에 국한되어서 존재하지 않음을 체험하게 된다. 아무리 눈을 씻고 찾아보아도 나라고 할 만한 것이 하나도 없다. 하나도 없는 그 가운데 묘하게 일체 삼라만상이 다 분명하고, 분명하게 나타나는 것 또한 나 아님이 없음을 안다.

—

야부 |
아我란 아我여,
인식하면 분명해서 두 개를 이룸이다.
털끝만큼도 동하지 않고 본연에 합하니
지음知音이 스스로 솔바람에 화답하도다.


해설 |
이 세상 천지에 온통 나 아닌 것이 하나도 없다.

나라는 것이여, 나라는 것이여, 무엇이 나인가? 나라고 하면 네가 생겨나서 주관과 객관의 둘로 나눠진다. 그런데 묘하게 마음을 거둬들였다 하면 둘이 어디로 사라지고 그대로 하나가 되어 그 하나라는 것도 공해서 없다. 좌선할 때 고요히 선정에 들어 있으면 이것이 하나인가 둘인가? 하나라는 언어도 떠나서 하나라는 것도 없다. 그러므로 조금도 움직이지 않고 그대로 본연에 합해진다.

지음자知音者란 중국 고사에 나오는 말이다. 백아와 종자기는 산등성이 하나를 사이에 두고 살았는데, 백아가 거문고를 타면 거문고를 타는 마음이 기쁜지 슬픈지, 달을 노래하는지 가을을 읊조리는지 오직 종자기만이 백아의 마음을 알았다고 한다. 그래서 마음과 마음이 완전히 하나로 통하는 사이를 지음이라고 한다.

그런데 백아와 종자기만 지음이 아니다. 소나무에 바람이 불면 솔바람이 되고 꽃나무에 바람이 불면 꽃바람이 되는 것도 지음이다. 누군가 나를 모질게 대하면 기분이 확 나빠지는 것도 지음이다. 벌써 그와 소통이 되었기 때문이다. 소통이 안 되면 기분 나쁠 일이 없다. 상대방이 좋은 말을 하고 좋은 행동을 하면 좋고, 싫은 말을 하고 싫은 행을 하면 싫어하는 것, 이것을 아는 것이 지음이다. 그러나 이것은 불완전한 지음이다. 왜 완전한 지음이 되지 못하는가? 나[我相]라는 것이 있고, 상대적인 너가 있는 까닭에 서로 완전히 통하지 못하기 때문이다. 자식 키울 때에도 자식이 무슨 생각을 하는지 궁금하지만 잘 모른다. 소통이 잘 안 되기 때문이다.

어떻게 해야 완전한 지음에 이를 수 있는가? 오온이 나라는 망념을 쉬면 온통 그것이 되어 통하게 된다. 나다, 너다 상대적으로 분별하는 둘의 세계를 참 자기 성품에 내려놓고, 참 자성의 눈으로 보면 이 세상 천지에 온통 나 아닌 것이 하나도 없음을 알게 된다. 그때 온 세상과 소통할 수 있다. 자식을 만나면 자식의 마음과 소통하고 남편을 만나면 남편의 마음과 소통하고 친구를 만나면 친구의 마음과 소통한다. 어디 사람뿐인가? 나무를 보면 나무와 소통하고 짐승을 보면 짐승과 소통하고 하다못해 컵이나 아스팔트와도 소통이 된다. 이것이 완전한 지음이다.

# 듣는다는 것에 대하여

야부 |
문聞이여,
간절히 경계를 따라가지 말지어다.

해설 |
알아차리고 지켜보는 마음이야말로
모든 부처님과 하나 되는 통로이다.

야부 스님께서 우리들을 가르치기 위해 얼마나 절실하셨으면 '간절히 경계를 따라가지 말라'고 하셨을까. 부모가 자식 잘 되기를 원하여 매일 아침마다 차 조심해라, 선생님 말씀 잘 들어라, 좋은 친구 사귀어라, 불량식품 먹지 말라고 당부하듯이 스님 역시 우리 뒤를 쫓아다니며 가르치고 계신다.

듣는다는 뜻의 한자 문聞은 중국에서는 문향聞香이라고 해서 향기를 맡는다는 뜻으로도 쓰인다. 듣고 냄새 맡음이 같은 글자인 것은 듣는 기관과 냄새 맡는 기관이 갈라져 있으면서도 일치한다는 뜻이다. 그런데 가만히 생각해 보면 눈·귀·코는 다 갈라져 있으면서도 합쳐져 있다. 그래서 듣는다는 것은 본다는 것과 같은 뜻이다. 그런데 우리 신체구조를 그려 보라는 것은 하나의 비유일 뿐, 이 도리를 확장하면 감촉으로 느끼고 의식으로 분별하는 것도 모두 한 작용이다. 색·수·상·행·식은 갈라져 있으되 사실은 하나의 다른 모습이다. 오감은 모두 이름만 바꾸어 나타날 뿐 갈라져 있으면서도 통합적이다. 우리는 온몸으로 듣고 온몸으로 보고 온몸으로 냄새 맡고 온몸으로 느끼고 온몸으로 판단한다.

이는 매우 중요한 말이다. 무슨 뜻인가? 우리 앞에 나타나는 모든 번뇌는 사실 이름만 다를 뿐 뿌리가 같다. 자기를 둘러싸고 있는 각양각색의 번뇌, 학업에 대한 번뇌, 사랑에 대한 번뇌, 사업에 대한 번뇌, 자식에 대한 번뇌 등 이른바 팔만 사천 가지로 펼쳐져 있는 가지각색의 번뇌가 사실은 이름만 다를 뿐 뿌리는 같다. 학업에 대한 번뇌가 옷만 바꿔 입고 사랑에 대한 번뇌로 옮겨 갔다가 직장에 대한 번뇌로 옮겨 다니는 것이다.

갖가지 번뇌가 낱낱이 따로따로 있다고 알고 있지만 그 뿌리가 하나임을 놓치고 있다. 갈라져 있으면서도 합쳐져 있는 것, 그러면 그 번뇌의 뿌리는 무엇인가? 바로 참된 나를 돌아보지 않고 경계를 따라다니는 것으로 탐·진·치가 근본이 된다. 그래서 '간절히 경계를 따라가지 말라'고 하신 것이다.

보조普照 스님은 『수심결修心訣』에서 「관음이 이치에 들어가는 문을 보임」편을 통해 이렇게 가르치고 계신다.

"진리에 들어가는 길이 여러 갈래가 있으나 그대에게 하나의 문을 가르쳐주어, 그대로 하여금 근원에 돌아가게 하리라. 그대는 까마귀 우는 소리와 까치의 울음소리를 듣는가?"
"예 듣습니다."
"그대는 그대의 듣는 성품을 돌이켜 들어보라. 거기에도 여러 가지 소리가 있는가?"
"거기에 들어가서는 어떤 소리도 어떤 분별도 얻을 수 없습니다."
"기특하다. 이것이 관음보살이 이치에 들어간 문이다."

관음보살은 관음觀音 즉 세상의 소리를 보시는 분이다. 불교에서 소리를 듣는다고 하지 않고 본다고 한 까닭을 이제 알았을 것이다. 그러면 관세음보살은 어떻게 관세음보살이 되실 수 있었는가? 까마귀 우는 소리, 까치 우는 소리, 즉 각양각색으로 다가오는 경계들을 따라가지 않고 자성으로 돌이키셨기 때문에 관세음보살이 되신 것이다.

마음을 관觀하는 것은 무엇인가? 마음이 마음을 듣고 보는 것이다. 마음이 마음을 온몸으로 챙기는 것이다. 끊임없이 일어나는 일체 경계, 일체 번뇌의 마음을 또 다른 마음이 놓치지 않고 온몸으로 주시하여 봄으로써 번뇌의 마음을 깨뜨리고 참 나인 진여의 마음을 회복하는 것이다.

세상의 소리[世音]란 나다 너다, 좋다 나쁘다, 사랑한다 미워한다, 잘했다 못했다 하는 일체 존재의 소리이며, 이 일체 존재의 소리를 온몸으로 잘 지켜보고 듣는 것이 바로 관觀하는 것이며, 관을 잘 하는 이가 관세음觀世音으로 화하여 나투게 되는 것이다. 그런 까닭에 관세음은 없다. 관세음의 작용(나툼)이 있을 뿐이다.

불교 공부는 하나도 어렵지 않다. 그저 마음을 잘 지켜보면 된다. 마음 지켜보는 것 이외에 더도 덜도 없다. 우리들이 몹시 화를 내고 있을 때에도 순간 '아, 내가 너무 화를 내고 있구나' 하고 알아차리고, 서럽게 울다가도 '너무 많이 울고 있구나' 하고 알아차리는 것, 득의得意하였을 때에도 지켜보고, 실의失意하였을 때에도 지켜보면 이 세상 어느 경계도 공부 재료 아닌 것이 없게 된다. 그래서 듣는 성품이 공한 까닭에 "거기에 들어가서는 어떤 소리도 어떤 분별도 얻을 수 없소."라고 하였다.

이 지켜보는 마음이야말로 지혜를 낳고 깨달음을 열게 한다. 그래서 '관세음보살이 모든 부처님의 어머니'라고 하는 것은 지켜보는 작용을 잘 하는 것이 성불成佛로 가는 지름길이라는 뜻이다. 알아차리고 지켜보는 마음이야말로 모든 부처님과 하나 되는 통로이다.

—

야부 |
문聞이여, 문聞이여.
원숭이는 고개 위에서 울고, 학은 숲속에서 울도다.
조각구름 바람에 물은 길게 여울져 흐르도다.
가장 좋은 늦가을 서리 내린 한밤에
새끼 기러기 한 소리가 하늘의 차가움을 알리도다.

늦가을 서리 내린 한밤에
홀로 우뚝한 한 생각이
하늘의 뜻을 누설한다.
천진하게 걸어가는 선재동자의 발걸음이 여여로워
들음과 설함이 완성되었다

들음의 완성이여,

상대적인 세계가 스러지고 주객이 온전히 하나가 되어 진정한 지음
知音이 되면 좋은 소리에 기뻐하고 슬픈 소리에 슬퍼함이 모든 것이 법에
딱 맞는다. 조각구름은 오대산의 청량한 바람으로 인하여 걷히고, 물의 성
품은 본래 움직이지 않고 고요한 까닭에 가장 좋은 늦가을 서리 내린 한
밤에 홀로 우뚝한 한 생각이 하늘의 뜻을 누설한다. 티끌 하나 없는 대무
심의 자리에서 평상심을 자유자재로 쓴다.

설함의 완성이여,

법을 설하는 자는 누구이고 법을 듣는 자는 누구인가? 보통 우리들은
법문을 설하고 법문을 듣는다고 한다. 그러나 설함과 들음이 나누어지면
설함도 있게 되고 들음도 있게 되어 유위법에 머무르니 치우친 소견이 된
다. 법을 설하는 자와 법을 듣는 자는 하나의 근원에서 작용한 두 가지이다.
상대적인 나눔의 세계 둘에 본래성품인 대무심의 자리 하나를 더하면 셋이
온통 평등한 하나가 된다. 이 셋이 곧 하나임을 알게 되면, 상대적인 세계는
스러지고 설해도 설함이 없고 들어도 들음이 없는 무위로 홀로 천진하게
걸어가는 선재동자의 발걸음이 여여로워 들음과 설함이 완성되었다.

선재동자는 누구인가? 눈으로 들을 줄 알고, 귀로 볼 줄 알아야 조금 공
부하는 사람이라고 하듯이 기러기가 끼룩끼룩하고 날아가는 소리를 들으면
밖에 나가보지 않아도 온 하늘이 차가움을 알고, 앞마당에 한 송이 꽃이 핀 것
을 보고도 온 천하에 봄이 온 것을 간파해야 공부인(선재동자)이라 할 수 있다.

# 진리가 하나라는 데 대하여

야부 |

일一이여, 서로 따라 옴이로다.

해설 |

하나 아닌 하나는 일체 모든 것의 근원
불이법不二法으로 세상에 현현한다.

진리가 둘이면 이미 진리가 아니다.

　　선과 악, 옳음과 그름, 아름다움과 추함을 나누어 선·옳음·아름다
움이 진리이고 악·그름·추함이 진리가 아니라고 하면 그것은 이미 진리
가 아니다. 왜냐하면 선과 악, 옳음과 그름, 아름다움과 추함은 상대적으
로 늘 서로 기대어 있기 때문에 그렇다. 선은 악이 있음으로 해서 존재한다.
악이 없다면 선도 없다. 선과 악은 둘이 아니다. 선과 악이 둘이 아님을 보
는 것, 이것이 불이법不二法이며 반야의 안목이다. 불이법의 문을 통과해야
비로소 법을 보고 부처님을 뵐 수 있는 것이다.

　　진리는 하나 아닌 하나이다.

　　하나 아닌 하나는 일체 모든 것의 근원, 하나라는 이름도 없는 절대
의 하나이다. 이 하나 아닌 하나란 무엇을 말함인가? 『반야심경』의 "나지
도 않고 없어지지도 않으며, 더럽혀지지도 않고 깨끗해지지도 않고, 늘어
나지도 않고 줄어들지도 않는다."고 하는 그 하나, 이것이 곧 제법이 공한
모양이다. 있음[有]이 곧 없음[無]이며 있음과 없음이 함께 포함된, 존재 이
전의 존재인 참 나를 이야기 한다.

　　진리는 불이不二의 존재방식으로 세상에 드러난다. 그런 까닭에 서
로 따라 옴이다. 있음이 존재하려면 없음이 있어야 하고 이것이 존재하려

면 저것이 있어야 된다. 그래서 진리는 선과 악, 옳음과 그름, 아름다움과
추함이 갈라지는 이 상대성의 세계 속에 현현히 출현한다. 절대의 세계는
상대의 세계와 둘이 아니다. 그래서 건널 것도 없고 건널 문도 없다.

　　　생사의 바다를 건너 절대의 세계인 저 언덕에 이르려면 불이의 마
음으로 차례차례 닥치는 모든 것을 참 나인 자성에 믿고 맡기고 지켜보아
야 한다. 아름다움이 오면 아름다움을 맛보고 추함이 오면 추함을 맛보고
성공이 오면 성공을 맛보고 실의가 오면 실의를 맛보고, 이렇듯 좋고 싫
음을 가리지 않고 모든 것이 구도求道의 길속에서 만나게 되는 공부 재료
임을 믿고 맡기는 속에서 본래 공한 자기 성품을 스스로 체험하게 된다.
—

야부 │

일一이여, 일一이여.
둘을 파하고 셋을 이루는 것이 이것으로 일어났도다.
천지가 나뉘기 이전에 이것으로 일생의 공부를 마쳤음이로다.

해설 │

하늘과 땅 내가 한 뿌리여,
만물만생이 나와 한 몸이라.
내 몸 본래 존재치 않으며 마음 또한 머물 곳이 없나니.

'일一이여', 함허득통 선사는 『금강경오가해』 설의에서 "천지의 근본이며
온갖 변화의 근원이라. 천 가지 길이 다 저것[一]을 향하고 삼라만상이 다
이것[一]을 근본하도다."라고 하였다.

　　　'둘을 파하고 셋을 이루는 것이여', 둘이란 생사의 세계, 상대성의
세계이다. 선과 악, 옳음과 그름, 아름다움과 추함, 성인과 범부, 남자와 여
자, 성공과 실패, 득의와 좌절, 사랑과 미움 이 모든 것이 둘이다. 이러한
상대성의 세계에 살기 때문에 삶과 죽음이 있다. 그래서 상대성의 세계는

곧 생사生死의 세계이다.

이 상대성의 세계, 생사의 세계를 파하고 절대성의 세계, 진리의 세계로 가려면 둘을 없애서 하나로 만드는 것이 아니라 그 둘을 그대로 두고 하나를 더하여 셋을 이루는 것이다. 그러면 이 셋이 하나가 되고 이 하나는 곧 셋을 포함한 하나이다.

예를 들어, 일반적으로 상대방이 나에게 더러운 물을 보내면 내가 다시 상대방에게 더러운 물을 보내고, 서로 끝없이 더러운 물만 왔다 갔다 하며 탓을 하고 갈등이 쉬어지지 않는다. 이때 모든 작용의 근원이 수원지 水源池(자성)임을 알고, 일체를 자성에 믿고 맡기며 다시 넣으면 항상 새롭고 청정한 물을 맛보게 된다.

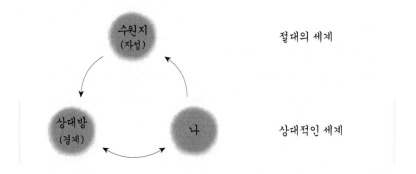

어떤 사람이 나한테 아주 나쁘게 굴면 기분이 나빠지고 화가 난다. 그러나 저 사람의 행위와 말이 어디로부터 왔으며 나의 반응은 또한 어디로부터 왔는가를 관해 보면 이 두 가지가 근본 성품을 좇아서 나온 것임을 알게 된다. 하나의 성품을 좇아 두 가지 작용이 일어남을 깨달으면 이 셋이 곧 하나임을 알게 되어서 상대적인 세계를 뛰어넘어 이름 하여 절대의 세계에 이르게 된다. 이것을 "둘을 파하고 셋을 이루는 것이 이것으로 일어났다."고 한다.

하늘과 땅이라는 것도 둘이며 상대의 세계이다. 하늘과 땅이 무엇으로 인하여 일어났는가? 이것 또한 성품을 좇아서 나왔지 어디 다른 데서 나온 적이 없다. 그래서 하늘과 땅 내가 한 뿌리이며 만물만생이 나와 한몸이다.

그러나 내 몸 본래 존재치 않으며 마음 또한 머물 곳이 없나니, 이것을 일러 "천지가 나뉘기 이전에 이것으로 일생의 공부를 마쳤음이로다."라고 하였다.

이 도리를 알아 체득하여 활용하면 상대적인 세계[俗諦]에도 머물지 않고 절대의 세계[眞諦]에도 머물지 않아 곧 머무름 없음에 머무는 것이라 할 수 있다. 이 머무름이 없는 마음이 부처님 마음이며 이 부처님이 이름 하여 하나 아닌 하나의 절대의 마음이다.

◉

## 시간에 대하여

야부 |
시時여,
물고기가 물을 마시매 차고 더움을 스스로 앎이로다.

해설 |
지금 여여하게 걸어가는 자유로운 한 사람이
과거·미래·현재를 한 손에 움켜쥐고
보살행을 행하여 불국토를 장엄하고 있다.

야부 스님은 시간을 얘기하면서 왜 "물고기가 물을 마시매 차고 더움을 스스로 앎이로다."라고 이야기 하였을까? 야부 스님은 "실감나고 생생하게 살아있는 시간을 살라!"고 일침을 놓으며 우리에게 영원성의 열쇠를 건네준다.

우리들은 1분, 2분, 1시간, 2시간, 하루, 이틀, 일 년, 이 년이라는 관념의 시간을 실체화해서 고집하고 살아간다. 보통 "내일 보자."고 하지만 내일은 영원히 오지 않는다. 시간이라는 것은 1초 전도 없으며 1초 후도 없다. 찰나 찰나 점찍고 가지만 점찍은 것도 순간 사라지고 없어지는 것이다. 과거는 지나갔으니 없고 미래는 오지 않았으니 없고 현재는 찰나찰나 변해가니까 없어 시간은 따로 존재하지 않는다. 그래서 공空하다고 한다.

불교에서 시간은 둥근 일원상과 같아서 시작도 끝도 없는 무시무종無始無終의 시간관이다. 그래서 불교적 시간의 특색은 시간이 과거→현재→미래의 수평으로 흐르는 것이 아니라 과거→미래→현재로 삼각원형을 이루며 돌아간다.

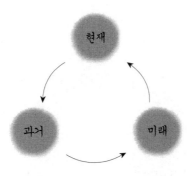

현재의 지금 이 순간, 이 찰나는 과거·미래·현재를 모두 포함하고 있는 위대한 순간이요, 찰나다. 지금 이 순간, 이 찰나의 행위 속에 수억 겁의 전생이 들어 있고, 무한의 미래가 내포돼 있으며 현재를 규정하고 있다.

지금 닥치는 모든 경계들은 과거로부터 원인이 되어 왔는데, 과거에 지은 행위와 결과들은 과거라는 이름을 가진 지금 현재에 지은 것이다. 과거 현재에 지은 모든 행위의 원인은 미래에 나온다. 미래에 일어나는 시점을 기준으로 돌아볼 때는 현재에서 나온다. 그래서 과거로부터 미래를 거쳐 현재에 나온다. 그러나 현재에 나온 모든 행위는 다시 과거로 되돌아가버린다. 그래서 공하다 하는 것이다.

굳이 비유하자면 염주를 굴릴 때 손에 딱 잡은 그 알 그 시간이 과거이자 미래요, 현재이다. 시간은 이렇게 끊임없이 연결되어 돌고 돌아간다. 그런데 현재에 점찍었다 하면 과거로 돌아가고 미래에 점찍었다 하면 과거로 돌아가고 찰나찰나 변해가니까 과거·미래·현재를 따로 어디에 점찍을 수 없게 된다. 과거·미래·현재가 머물지 않고 돌아가니 공하다 한다. 공한 그 가운데 우리가 찰나찰나 실천하면서 살아가고 있는 것이다. 찰나를 결정하는 자유권이 누구에게 있는가? 자기에게 있다. 화를 낼 것인가 말 것인가, 갈 것인가 말 것인가? 모든 것이 정해져 있지 않다. 미래를 예측하고 이렇게 된다 저렇게 된다 하는 것은 소인배들의 소리다.

시간은 수평으로 존재하는 게 아니고 수직으로 존재한다. 찰나의 한 생각에 과거·미래·현재가 다 있기 때문에 수직으로 존재한다. 그러므로 이 찰나에 결정할 권한이 다 있다. 만 가지 결정권이 다 자기에게 있다. 이것이 시간이다. 그래서 전생의 업보도 따로 있는 것이 아니다. 지금 이 순간 이 찰나의 닥치는 경계 속에 과거가 있고 전생이 있다. '지금 이 순간 이 찰나' 이것 말고는 아무것도 없다. 지금 순간순간 드러나는 모든 경계가 자기의 전생이다. 이 전생을 어떻게 전개할 것인가 그것도 자기의 한 생각이다. 자기가 점을 찍은 한 생각, 그것 말고는 아무것도 없다. 이것이 진정한 시간의 실체이다.

과거·미래·현재를 딱 쥐고 찰나찰나 걸어가는 사람, 자유권을 쥐고 걸어가는 사람, 걸릴 게 없는 사람, 이것이 자기이며 이름 하여 생생히 살아 있는 시간이다. 마치 물고기가 물을 마시매 차고 더움을 스스로 아는 것처럼 생생하게 살아 있다.

도는 우리 곁에 생생하게 다가와 있다. 우리 모두는 살아 있는 도인이다. 만일 당신이 '지겨워', '지루해', '왜 이렇게 시간이 안 가나'라고 말한다면 당신은 관념적인 시간을 살고 있다는 얘기다. 진실로 그 삶 안에 들어가 살아 있는 시간을 살고 있는 사람은 절대 이렇게 말할 수 없다.

'지금' 한 생각 일어나는 곳을 향해서 관觀하라. 무한의 대 지혜에 의식을 맡기면 찰나 속에서 영겁을 보고 영겁이 찰나임을 알게 된다. 영겁이 찰나에 있으며 찰나가 영겁임을 알게 되면 한 생각이 그대로 법이 되어, 지금 여여하게 걸어가는 자유로운 한 사람이 과거·미래·현재를 한 손에 움켜쥐고 보살행을 행하여 불국토를 장엄하고 있다.

야부 |

시時여, 시時여.

청풍명월은 항상 서로 따르고 도화는 붉고 배꽃은 희며

장미가 붉음을 봄바람에게 물으니 스스로 알지 못하도다.


해설 |

마음에 봄바람이 불면 모든 업식들이

한 생각 성품 따라 법으로 우뚝 작용하고

둘이 아니게 작용하고

공생으로 작용하고

조롱박이 파도를 타듯 모든 경계에 천차만별로 꽃을 피워 내니

이 얼마나 위대한 시간인가.


시간이여! 시간이여! 과거·미래·현재를 모두 포함하고 있는 위대한 지금 이 순간, 찰나가 영원이고 영원이 찰나인 지금 이 시간을 사는 사람을 부처라 이름 한다. 앞생각과 뒷생각이 뚝 끊어진, 고요한 무심에서 우뚝 솟은 한 생각이 법이 되어 작용하는 자유인을 부처라 이름 한다.

흔히 시간을 과거-현재-미래로 보고 과거의 원인이 현재의 결과로 드러나고, 현재의 행위가 미래의 원인을 심어 미래의 결과로 드러난다고 이해한다. 인과법이다. 옛날 선지식들은 인과법이 바늘 끝과 바늘 끝이 서로 만나듯 한 치의 오차도 없이 딱 들어맞는다고 하셨다. 맞는 말이다.

그런데 이 인과법을 자유자재로 쓰는 자, 그를 일러 부처라 한다. 어떻게 자유자재로 쓰느냐? 순간을 영원으로 살고 영원을 순간으로 살기 때문에 자유자재이다. 어떻게 순간을 영원으로 살 수 있는가? 시간이 과거-미래-현재로 흐름을 이해하고 지금 이 순간 이 찰나가 과거와 미래를 거머쥔 위대한 한 순간임을 깨달아 문득 금강 반야의 참 자기를 드러낸 자는 업식들이 한 생각 성품 따라 법으로 우뚝 작용하여 법의 꽃, 둘이 아닌 꽃,

공생의 꽃, 평등의 꽃을 피워내기 때문이다.

불교의 시간에 대해서 우리가 조금만 납득한다면 우리의 삶은 완전히 달라질 것이다. 마치 맑은 바람이 불면 밝은 달이 훤히 드러나는 것과 같은 이치이다. 달을 가리고 있던 구름이 다 없어지니 청풍이 불 때[時] 명월이 비치고 명월이 비칠 때[時] 청풍이 분다. 마음에 봄바람이 불면, 즉 스스로 마음에서 보리심菩提心(깨달음을 향한 마음)을 일으키면 자기의 몸과 마음속에 있는 갖가지 업식들이 성품에 따라 붉게 피어나고 희게 피어나고 노랗게 꽃을 피워낸다.

봄바람은 스스로 무심하여 분별이 없어 너는 붉게 피어라, 너는 하얗게 피어라 하지 않아도 꽃들은 각기 성품 따라 복숭아꽃은 붉고 배꽃은 희며 개나리는 노랗게 피어난다. 우리의 마음도 보리심이 일면 마음속에 있는 모든 업식들이 한 생각 성품 따라 법으로 우뚝 작용하여 붉게 피어나고, 둘이 아니게 평등하게 작용하여 노랗게 피어나고, 공생으로 작용하여 하얗게 피어나고, 조롱박이 파도를 타듯 모든 경계에 천차만별로 꽃을 피워 낸다. 이와 같이 작용할 때[時]만이 오직 생생히 살아 있는, 이것을 시간이라 한다. 이 얼마나 실감나는 구체적인 시간인가.

❁

## 부처란 무엇인가?

야부 │
불佛이여, 면목도 없이 시비를 설하는 놈이로다.

해설 │
여여하게 오신 님
응당 공양 받으실 님

바르고 평등하게 깨달으신 님

지혜와 행을 갖추신 님

훌륭하게 가신 님

세상을 잘 아시는 님

더 없이 고귀한 님

중생을 잘 다스리는 님

천신과 인간의 스승이신 님

완전히 깨달으신 님

여래십호如來十號와 십팔불공법十八不共法 속에 부처님의 정체와 정의가 분명히 드러나 있다. 부처님의 그 열 가지 이름은 여여하게 오신[여래如來], 응당히 공양 받을 만한[응공應供], 바르고 평등하게 깨달으신 [정변지正遍知], 밝은 지혜와 행을 갖춘[명행족明行足], 잘 가신[선서善逝], 세간을 잘 아는[세간해世間解], 더 이상 없는 [무상사無上士], 중생을 잘 다스리는 [조어장부調御丈夫], 천신과 인간의 스승인[천인사天人師], 깨달으신 어른[불세존佛世尊]이시다.

　　십팔불공법이란 오직 부처님만이 가지고 있는 열여덟 가지 덕성으로 열 가지 힘[十力]과 네 가지 확신[四無所畏], 세 가지 마음 자세[三念住], 크나큰 슬픔[大悲]을 말한다(남전중부南傳中部『대사자후경大獅子喉經』).

　　유신론적인 종교의 입장에서는 신을 절대자, 조물주 또는 모든 것을 아는 선한 자 등으로 표현함으로써 인간과 신이라는 상대적인 세계로 나누어질 수밖에 없다. 그러나 불교의 표현 양식은 이와는 사뭇 다르다. 열 가지 이름이 구체적으로 거론되어 있고 열여덟 가지 덕성이 구체적으로 표현되어 있어, 누구나 이와 같은 조건에 합당하게 일치되면 '부처'라는 이름을 평등하게 얻게 된다. 특별한 어떤 존재만이 그 이름을 갖는 게 아니고, 그 조건에 맞으면 어느 누구라도 그 이름을 갖게 되는 것이다. 그래서 이름 하여 부처이고, 이름 하여 중생이 된다. 그런 까닭에 야부 스님이 부처란 모습이 없고 모습이 없으면서 또 분명히 법을 설하니 면목도 없이 시비를 설하는 놈이라고 하였다.

야부 |

어릴 때 이름은 싯다르타이고 커서 이름은 석가라.
수많은 사람을 제도하시고, 삿된 무리를 거두어 항복받으셨도다.
만약 저를 부처라 하면 자기는 도리어 마魔가 되리니,
다만 한 대의 구멍 없는 피리[無孔笛]를 잡아서
그대를 위해 태평가를 부르리라.

해설 |

법당 문지방이 닳도록 드나들고
무릎이 깨지도록 부처님께 절하여도
스스로 부처임을 믿지 않으면 불제자가 아니다.
구멍 없는 자기 성품자리를 보면
울고 웃는 삶이 모두 법에 맞으니 태평가를 부른다.

우리가 알고 있는 역사 속의 고타마 싯다르타 태자가 성불成佛한 석가모
니 부처님은 화신化身의 부처님이다. 그런데 화신만을 부처라 한다면 뿌
리 없는 나무와 같아서 바른 안목이라 할 수 없다. 눈·귀·코·혀·몸·뜻
의 육근 경계를 따라다니는 것에 익숙한 사람들은 법당에 모셔진 형상의
부처님, 역사적으로 살다 가신 화신의 부처님만을 부처님으로 알고 나와
부처를 이분법으로 나누어 부처님께 기도하고 갈구하고 복을 구한다.
　　운문 스님께서 "어떤 것이 부처입니까?"라는 질문에 "마른 똥막대
기이니라."라고 일침을 놓으신 것은 부처라는 형상을 좇는 사람들의 습
관을 일깨워주기 위한 간절한 가르침이다. 법당 문지방이 닳도록 드나
들고 무릎이 깨지도록 부처님께 절하여도 정작 자기 스스로가 부처인지
를 알지도 못하고 믿지도 못하고 인정하지도 못한다면 그 사람은 진정
한 불제자가 아니다.
　　석가모니 부처님만이 '수많은 사람을 제도하시고 삿된 무리를 거두

어 항복 받으셨도다.'라고 이해한다면 이는 제도하는 자와 제도 받은 자, 항복 받은 자와 항복한 자로 능소(주관과 객관)가 나뉘어져 삿된 소견이 된다. 수많은 사람과 삿된 무리는 외부적으로 존재하는 동시에 마음속에 존재하는 것으로, 하루하루 일분일초의 우리들의 삶이 바로 수많은 중생을 제도하는 삶이 될 때 비로소 나와 부처가 둘이 아닌 이치를 체험하게 될 것이다.

부처님께서는 당신을 지칭할 때 '내가'라고 하지 않고 항상 '여래가'라는 3인칭 용어를 쓰셨다. 여래는 법신法身의 부처님을 뜻하는 호칭이다. 이것은 부처라는 형상이 따로 정해져 있지 않고 일체 중생이 본래 부처라는 뜻을 가르치신 것이다. 그런 까닭에 만약 저것을 부처라 하면 자기는 도리어 마가 된다고 했다.

그러면 어떻게 해야 하는가? 다만 한 대의 구멍 없는 피리[無孔笛]를 잡아서 그대를 위해 태평가를 부르리라. 여기에서 구멍 없는 피리는 우리의 본래 성품자리를 말하는 것이다. 성품 자리는 그 어디에도 구멍이 없고 틈이 없다. 그러나 구멍이 없고 틈이 없음만을 알고 작용하지 못하면 공에 떨어진다. 구멍이 없고 틈이 없으되 말하고 생각하고 느끼고 행동하는 온갖 일을 다 하는 놈 바로 그대, 지금 그대로 살아 있는 이 존재이다.

그대가 삶을 살아가는 그 모든 작용이 다 부처님 법에 부합하여 하나도 남김없이 다 부처행이 될 때 그대는 태평가를 부르는 것이다. 지금 웃고 울고 말하고 행하는 그 모든 것이 다 태평가가 되는 것이다. 삶이 여여로운 것이다. 그래서 여래라 이름 한다.

◉

# 존재란?

야부 |
존재여, 객客이 오면 자세히 살필지니

그냥 지나치지 말고 뒤따라가서 문득 쳐야 하느니라.

해설 |
시계추가 이리 왔다, 저리 갔다 하면서 잠시도 머무르지 않듯이
고요하게 있으면서도 작용하고
작용하는 가운데서도 삼매에 들 줄 알아야 비로소 옳다.

우리의 본래 면목인 자성이 어떻게 존재하는가?
　　함허 스님의 설의에 "주인 가운데 주인이여, 긴 세월 동안 문 밖을
벗어나지 않았도다. 또한 적연寂然하여 움직이지 않았고, 또 홀로 암자에
앉아 고요히 일 없음이로다."라고 하였다. 함허 스님의 설의는 존재의
본래 면목의 본체를 여실히 드러낸 것이다. '주인 가운데 주인'이라 함
은 세상의 주인은 중생의 마음속에 보살의 마음이 생겨나면 스스로 주
인이 된다는 뜻이다.
　　또 '긴 세월 동안 문 밖을 벗어나지 않았다' 함은 그 자리는 본래 움
직이지 않는 자리이기 때문이다. '홀로 암자에 앉아 고요히 일 없음이로다.'
하는 것은 성품은 본래 고요하고 오직 하나 아닌 하나로 상대적인 세계를
초월해 있기 때문이다.
　　또 함허 스님의 설의에 "한결같이 집에 앉아만 있으면 도중途中의 일
이 잘못 되고 또 한결같이 도중에만 있으면 집안일이 소홀해짐이니, 모름
지기 가사家事에 있으면서도 도중 일을 잊지 말고, 도중에 있으면서도 가
사를 소홀히 하지 않아야 비로소 옳도다."라고 하였다.
　　고요히 본체만 지키려고 하면 작용할 줄 모르게 되고, 한결같이 밖
으로만 작용하면 본체를 잊게 되어 둘 다 잘못 되어 버린다. 시계추가 이
리 왔다, 저리 갔다 하면서 잠시도 머무르지 않듯이 고요하게 있으면서도
작용하고 작용하는 가운데에서도 삼매에 들 줄 알아야 비로소 옳다. 이것
을 머무름이 없는 데 머무는 것[無住]이라 한다.

대개 누구나 경계를 만나면 눈으로 색을 보고, 귀로 소리를 듣고, 코로 냄새를 맡는 등 육근六根을 통해 보고 듣고 말하고 느껴서 알게 된다. 그러나 이것은 객을 주인으로 잘못 알고 착각하는 것과 같다. 그래서 '객이 오면', 즉 경계가 닥치면 자성에 비추어서 둘 아니게[不二] 잘 관觀하라 하셨다.

—

야부 |
홀로 한 향불을 피우고 앉아서 경전 두어 줄을 외우도다.
가련하다, 마차를 탄 객이여. 문 밖에서 그의 분망함에 맡기도다.


해설 |
"홀로 한 향불을 피우고 앉아서 경전 두어 줄을 외우도다."라는 말 속에 일체 존재의 본래 면목이 온통 드러나게 된다. 만 사람이 성불을 해도 한 부처[一佛]라 하고, 한 부처가 천백억으로 나투면 화신化身의 부처라 이름 한다. 천백억 화신의 부처님이 천백억의 중생을 떠나서 따로 존재하지 않고 천백억의 중생은 자기의 몸과 마음을 떠나서 따로 존재하지 않는다. 이런 까닭에 자기의 마음을 청정히 하면 일체 중생이 청정해지고 일체 중생이 청정해지면 일체의 불국토가 청정해져 존재의 본질이 온통 드러나게 된다.
　　'가련하다' 함은 집안일과 도중 일을 둘 아니게 행해야 하는데, 항상 도중에만 있어서 가사 일에 어두운 것을 말함이요, '문밖에서 그의 분망함에 맡기도다' 함은 안팎의 경계에서 벗어난 한 생각이 일체가 그대로 더함도 덜함도 없는 본래 부처임을 자각하는 것을 말한다.

—

야부 |
큰 비구들 천이백오십 인과 함께 함이여,


해설 |
부처님과 제자들이 한마음으로 한자리함이 이와 같으니

부처님이 다자탑에서 가섭에게 자리를 나누어 앉은 까닭이 이것인가?
일체 중생도 또한 다 이와 같음이로다.

—

야부 │
한 손바닥만으로는 소리가 나지 않도다.


해설 │
부처님이 없으면 중생이 없고
중생이 없으면 부처님도 없다.
마치 나무의 잎과 꽃과 열매는 뿌리를 의지하듯이
일체 중생은 부처님께 귀의하라.

—

야부 │
높고 높아 당당함이여, 만법 가운데 왕이로다.
삼십이상이요, 백 천 가지의 빛이로다.
성현, 범부가 우러르고 외도가 귀의하여 항복하도다.
자비로운 모습 뵙기 어렵다 이르지 말라.
기원 대도량을 떠나지 않으셨도다.


해설 │
허공중에 부처님 아니 계신 곳이 어디 있는가?
예경을 하려 해도 어디에다 하며,
입으로 부르려 해도 어떻게 이 작은 입으로 다 말할 수 있겠는가.
차라리 입을 다물고 고요히 앉아 있는 것만 못하도다.

# 여래의 법공양

◉

경문 |

그때 세존께서 공양하실 때가 되어 가사를 입으시고 발우를 가지시어 사위대성에 들어가셔서 걸식을 하실 때에 그 성안에서 차례로 걸식하여 본래의 처소로 돌아오시어 공양을 마치시고 옷과 발우를 거두시고 발을 씻으신 뒤 자리를 펴고 앉으셨다.

爾時 世尊 食時 著衣持鉢 入舍衛大城 乞食 於其城中 次第乞已 還至本處 飯食訖 收衣鉢 洗足已 敷座而坐

해설 |

시작과 끝이 여여하게 둘이 아닌 이치를 보이고
모든 존재도 부처님과 조금도 다르지 않음을 드러내 보이기 위하여
손수 가사와 발우를 가지시고 성에 들어 걸식하시고
처소에 돌아와 공양을 마치고 앉으셨다.
일체 중생의 모범이 되어 그 길을 분명히 밝히셨다.

『금강경』이 시작되는 이 한 문장 속에 『금강경』의 모든 핵심이 다 드러나 있다. 부처님께서 보이시는 걸음걸음과 모든 행위와 일체 상황이 이미 진리를 다 표현하고 법을 드러내셨다. 모두가 중생을 깨우치고 가르치시기 위한 방편이라는 것을 알아야 하고, 이와 같이 간파하여야 바른 견해[正見]라 할 수 있다. 또한 부처님의 걸음걸음과 모든 중생의 걸음걸음이 털끝만큼도 다르지 않음을 알아야 바른 안목인 것이다.

　　'그때'라 함은 공양하실 때, 즉 한 생각 일어나 경계가 닥칠 때에 부처님께서 가사와 발우를 가지고 법답게 공양하셨음을 일컫는다.

'공양'이라 함은 한자로 받들 공供 기를 양養 즉 받들어 기른다는 뜻이다. 일반적으로 식사하는 것을 공양한다고 하는데, 사실 입으로만 공양하는 것이 아니고 눈으로 색을 보고 귀로 소리를 듣고 코로 냄새를 맡고 몸으로 감촉을 느끼고 뜻으로 이치를 아는 것 모두가 참 나에게 바치는 공양임을 알아야 한다. 정성스러운 음식을 먹고 좋은 법문을 듣고 맑아지는 생각을 깊이 하는 사람은 자신을 잘 공양하는 사람이다. 탐욕과 분노와 어리석음을 공양하면 중생이 되고 불이법不二法을 공양하면 부처를 이루게 된다.

'가사를 입으시고 발우를 가지시어 사위대성에 들어가셔서'라고 할 때에 가사와 발우는 법(반야)을 비유하고 성에 들어가는 것은 경계의 바다에 들어가는 것을 비유한다. 일체의 경계 속에서 법을 의지하지 않고서 어떻게 생사의 큰 파도를 넘어갈 수 있겠는가. 가사와 발우는 삶을 살아가는 우산이자 나침반이다. 폭풍우가 몰아치는 생사의 바다에서 갈 길을 알려주고 심신을 쉬게 하여 준다. 가사와 발우도 없이 맨몸으로 생사의 바다에 뛰어들면 생사의 바다에 빠져서 죽어버린다. 이것이 중생들의 삶이다. 다시 비유하자면 가사와 발우는 전쟁터의 갑옷이자 무기이다. 전쟁터에 나갈 때에는 법의 갑옷을 입고 반야의 검을 들고 나가서 경계가 오면 두 쪽을 내서 확 죽여 버려야 한다. 이것이 공양을 하는 방법이다. 모든 상대적인 경계를 쓰러뜨려서 절대의 경지에 집어넣었다. 부처님도 그렇게 하셨다.

'차례로 걸식하시고'에서 '차례로'는 불교적 삶의 자세를 가르치는 매우 귀중한 말씀이다. 부처님 당시에 10대 제자였던 가섭과 수보리의 탁발 방법은 매우 달랐다. 가섭은 가난한 집만 골라서 탁발하고 수보리는 부잣집만 골라서 탁발하였다. 그래서 가섭은 늘 거친 음식을 먹었고 수보리는 늘 기름진 음식을 먹었다. 그러나 두 스님이 음식을 가리고 탐하여서 그리 한 것이 아니다. 가섭이 가난한 집을 돌아다니며 탁발한 것은 일부러라도 가난한 이들이 복을 짓게 하여 내생의 윤택함을 도모해 주기 위함이었고, 수보리가 부잣집만을 다니며 탁발한 것은 일부러라도 부자가 복을 짓게 하여 현생의 교만함에 빠지지 않도록 도와주기 위함이었다. 그러나 부처님께서는 가섭과 수보리의 이와 같은 행동을 아시고는 부자든 가난한 이든 가리지 말고 '차례로' 일곱 집을 돌아 탁발하도록 규율을 세우셨다. 인위적으로 좋은 것과 나쁜 것을 취사선택하지 않도록 가르치신 것이다.

누구나 인생을 살면서 기쁨도 있고 슬픔도 있고 성공도 있고 실패도 있음은 피할 수 없는 일이다. 그런데 사람들은 인위적인 판단으로 삶을 취사선택하려고 한다. 그러나 삶에서 출현하는 일체 경계는 선업이든 악업이든 지은 대로 인연 따라 다가온다. 피할 수도 없고 취사선택할 수도 없다. 그러면 어떻게 해야 하는가? 다가오는 일체 경계가 그것이 순경계든 역경계든 기쁨이든 슬픔이든 지나가는 손님이요, 경계인 줄 알고 따라다니지 말아야 한다.

'본래처소로 돌아오시어 공양을 마치시고'는 일체의 업식을 녹이고 모든 경계를 해결할 수 있는 곳은 오직 하나, 우리들의 자성자리 본래면목이라는 것을 가르치신 것이다. 마치 나무가 시들면 뿌리에 물을 주듯이 인생에 번뇌가 찾아오면 그것을 해결할 수 있는 곳은 오직 자성 한 곳밖에 없다. 잎이 시들면 뿌리에 물을 주는 것은 가르치지 않아도 알면서 인생의 팔만사천 번뇌를 만나면 자성을 밝혀야 함은 가르쳐주어도 믿지 않으니, 무슨 까닭인가.

'가사와 발우를 거두시고'는 경계가 없다면 법 또한 없음을 뜻하는 것이다. 상대의 세계와 절대의 세계가 둘로 나누어지지 않고 상대의 세계 속에서 절대의 세계가 출현함을 보이시고, 상대의 세계 속에서 절대의 세계로 들어감을 보이신 것이다.

'발을 씻으신 다음 자리를 펴고 앉으셨다'는 여래께서 행하시는 모든 행은 본래 물듦이 없음을 보이시고 삼매에서 나와 삼매에 다시 듦이 틈이 없음을 보이신 것이다.

이처럼 부처님은 시작과 끝이 여여하게 둘이 아닌 이치를 보이고 일체 모든 존재도 부처님과 조금도 다르지 않음을 드러내 보이기 위하여 손수 가사와 발우를 가지고 성에 들어 걸식하고 처소에 돌아와 공양을 마치고 앉으셨다. 일체 중생의 모범이 되어 그 길을 분명히 밝히셨다.

야부 |
성성하게 깨어 있어라.


해설 |
깨어 있어라.
자성의 부처에 귀의하고 부처님이 설하여 주신 말씀에 귀의하라.
자성의 부처를 등불로 삼고 부처님이 설하여 주신 말씀을 등불로 삼아라.
—

야부 |
공양을 하시고 발을 씻으신 뒤에 자리를 펴고 앉으심은
누구와 함께 하심인가.
아래의 긴 문장을 아는가, 모르는가.
보고 보아라.
평지에 파도가 일어나도다.


해설 |
공양을 마치고 다시 입을 다물고 삼매에 든다. 나 하나 밝아지면 주변이
다 밝아지고 우주만물 모든 생명들이 밝게 살게 된다. 일체 모든 법은 모
두 구경의 깨달음에 닿아 있는 까닭이다. 이와 같이 모두 안다 하더라도
긁어 부스럼을 만드는 일이다. 무슨 까닭인가. 자성은 본래 청정하여 부처
와 중생이 둘이 아니기 때문이다.

제
2

선현기청분

善現起請分

# 수보리가 법을 청하다

⦿

경문 |
그때에 장로 수보리가 대중 가운데 있다가 자리에서 일어나 오른쪽 어
깨에 옷을 벗어 매어 오른쪽 무릎을 땅에 꿇으며 합장하고 공경히 부처
님께 사뢰었다.
"희유하십니다, 세존이시여. 여래께서는 모든 보살들을 잘 호념하시
며 모든 보살들에게 잘 부촉하십니다."

時 長老須菩提 在大衆中 卽從座起 偏袒右肩 右膝著地 合掌恭敬 而白佛言 希有
世尊 如來 善護念諸菩薩 善付囑諸菩薩

해설 |
부처님은 누구이고 수보리는 누구이며 대중은 또 누구인가?
부처님, 수보리, 대중이 모두
자기 마음 가운데 드러난 자성의 작용임을 알아야
둘 아닌 이치를 체험하고 계합하게 된다.

금강경에 법을 설하시는 부처님과 법을 청하는 수보리와 법을 듣는 대중이 등
장한다. 부처님은 누구이고 수보리는 누구이며 대중은 또 누구인가? 부처님
과 수보리와 대중을 따로 본다면 이는 삿된 견해이며 금강경의 본뜻과 한참
어긋나는 것이다. 부처님, 수보리, 대중이 모두 이 경을 읽고 있는 그대 마음 가
운데 드러난 자성의 작용임을 알아야 둘 아닌 이치를 체험하고 계합하게 된다.
　　　부처는 고요히 움직이지 않는 마음 나기 이전 법신法身의 자리이며
금강의 자리이다.
　　　수보리는 해공제일解空第一이라 공한 이치에 통달한 반야의 마음이다.

자기 마음 가운데 본래 물들지 않아 청정히 아는 마음, 그 마음이 곧 이름하여 수보리의 마음인 것이다.

대중이란 자기의 몸과 마음 가운데 있는 육도 구류중생을 말한다. 대중이란 본래 부처인 근본에서 한 생각 밝은 반야의 마음(수보리)을 드러내면 대중이 모두 밝아져 해탈하는 것이다. 이것이 법신과 반야와 해탈, 이 셋이 하나가 되고 하나가 곧 셋이 되는 뜻이다.

『천친론天親論』에 이르되 부처님께서 '보살들을 잘 호념하심'은 근기가 성숙한 보살을 의지하여 설함이니 지혜의 힘을 주어서 불법을 성취케 하고 교화의 힘을 주어서 중생을 통솔케 하는 것이라고 하였다. 또 '보살들에게 잘 부촉하심'은 근기가 미숙한 보살을 의지하여 설함이니 혹 물러설까 두려워하여 지혜로운 사람에게 붙여 주는 것이라고 하였다.

부처님께서 호념하시고 부촉하시는 보살들 또한 이 경을 보는 사람과 둘이 아니다. 자기의 몸과 마음속에 지옥·아귀·축생·인간·수라·천상이 모두 들어 있어서 인연 따라 번갈아가며 그 의식들이 나온다. 이때 근기가 성숙한 의식들 즉 보살들이 나오면 불법을 성취하게 하고 중생을 통솔하게 하고, 근기가 미숙한 의식들 즉 보살들이 나오면 지혜로운 한 생각이 잘 돌려서 이끌어가게 한다. 부처님은 이와 같은 작용을 잘하시기 때문에 여래라는 이름을 가지게 된 것이다. 그래서 수보리가 '희유하십니다, 세존이시여'라고 찬탄한 것이다.

근기가 성숙한 의식들만이 지혜가 아니다. 근기가 미숙한 의식도 우리를 밝음으로 이끌기 위해 출현하는 것이다. 자기 마음의 금강 반야를 닦기 위해서 경계가 끝없이 출현하는 것이니 경계가 나타나면 오히려 이것을 고마워해야 한다. 마음이 아직도 닦아야 할 것이 있다는 반증이니까 말이다. 만약에 닦을 것이 있는데도 불구하고 닦을 것이 안 오면 이것이 더 큰 문제다. 마음 거울이 더러운데 닦을 경계가 안 나오면 무엇으로 닦을 수 있겠는가. 경계가 출현하는 것은 아주 좋은 것이다. 감사하게 '응, 잘 오는구나.' 아주 산뜻하게, 그야말로 싱그럽게 받아들여라. 문제는 항상 터지는데 괴로움이 없는 사람이 보살이요, 항상 괴로움에 쌓여 있는 사람이 중생이다.

여래가 한 말씀도 하지 않으셨거늘 수보리가 문득 찬탄하였으니
눈을 갖춘 훌륭한 무리들은 시험 삼아 잘 착안해 볼지어다.

해설 |
여래가 침묵으로 금강의 법을 설하시는 것을 제대로 보는 이는 오직 반야
의 깨달은 마음, 수보리 한 사람뿐임을 알아야 한다. 침묵으로 설하신 완
전한 설법이란 말로도 형용할 수 없고 말 아님으로도 형용할 수 없으니
이름 하여 무념無念이라 하고 무심無心이라 하고 무주無住라 하고 반야바라
밀이라 하는 것이다.
—

야부 |
담 너머 뿔을 보면 문득 소인 줄 알고,
산 너머 연기를 보면 문득 불인 줄 알도다.
홀로 앉아 높고 높음이여, 천상천하거늘
남북동서에서 거북과 기와로 점을 치도다. 돌咄!

해설 |
일체 모든 현상은 다 구경究竟의 근본에 닿아 있음을 깨달아야 한다. 「설
의說誼」에서 '홀로 앉아'란 '온 허공으로 자신을 삼고 온 대지를 방석으
로 삼아서 온갖 차별을 끊고 앉았다' 했는데 '나'라는 것이 본래 없음을
알면, 온 허공이 자신이 되고 온 대지가 자기 아님이 없게 되어 천하에 점
찍는 대로 법이 된다.
　　밝고 청정한 수보리의 마음을 얻는 이는 담 너머 뿔을 보면 문득 소
인 줄 알게 되고 산 너머 연기를 보면 문득 불인 줄 알게 된다. 이 같은 마
음은 천상천하에서 홀로 앉아 높고 높음이여, 남북동서에서 한 생각이 법
이 되어 법의 인[法印]을 치게 된다.

# 우리 마음 가운데 선남자 선여인

○

경문 |

세존이시여, 선남자 선여인이 아뇩다라삼먁삼보리심을 발하오니
응당 어떻게 머무르며 어떻게 그 마음을 항복 받으오리까.

世尊 善男子善女人 發阿耨多羅三藐三菩提心 應云何住 云何降伏其心

해설 |

선남자란 우리 마음 가운데 아버지의 마음이며 하늘의 마음이다.
선여인이란 우리 마음 가운데 어머니의 마음이며 대지의 마음이다.
아버지와 어머니 가운데에서 자식이 성장해 성인이 되듯이
자기의 마음속에 있는 선남자와 선여인 사이에서
일체 중생이 훌륭하게 커서 부처를 이루게 된다.

수보리가 '제가 발심했으니'라고 말하지 않고, '선남자 선여인'이라고 한
것은 무슨 뜻인가?
　　　선남자란 우리 마음 가운데 아버지의 마음이며 하늘의 마음이다. 하
늘이 일체를 낳게 하였으면서도 스스로 내세우지 않고 무심이듯이, 본래
고요히 만법을 갖추고 능히 일체 공덕을 성취해서 가는 곳마다 걸림이 없
는 것이 본체의 자리이다.
　　　선여인이란 우리 마음 가운데 어머니의 마음이며, 대지의 마음이다.
만물만생을 큰 것은 크게, 작은 것은 작게, 흰 것은 희게, 붉은 것은 붉게 천차
만별로 응하여 길러내는 것은 스스로 지혜의 마음을 갖추고 있기 때문이다.
어머니의 마음은 우리 마음속에 있는 지옥·아귀·축생·인간·수라·천상인
육도六道의 마음을 바른 지혜로써 평등하게 사랑을 베풀고 제도함이 차별이

없다. 어머니가 자식을 절대로 포기하지 않는 것같이 우리 마음속의 어머니 역시 우리를 깨달음으로 인도하기 위하여 절대로 포기하지 않는다.

　　아버지와 어머니 가운데서 자식이 잘 성장해 성인이 되듯이 자기의 마음속에 있는 아버지의 성품인 선남자와 어머니의 성품인 선여인 사이에 일체 중생이 훌륭하게 커서 부처를 이루게 되는 것이다. 그래서 선남자인 본래 부처의 성품에 머무르고, 선여인인 지혜롭게 다스려가는 마음으로 일체 중생을 항복 받으라 하는 것이다.

야부 |
이 한 물음은 어느 곳으로부터 나왔는가.

해설 |
자성에서 나왔다.
자성에서 나왔음을 알면 머무를 곳을 알 것이요,
항복 받을 줄을 알 것이다.
—
야부 |
그대는 기뻐도 나는 기쁘지 않고
그대는 슬퍼도 나는 슬프지 않도다.
기러기는 북쪽으로 날아갈 것을 생각하고
제비는 옛집으로 돌아갈 것을 생각하도다.
가을 달 봄꽃의 무한한 뜻은
그 속에서 다만 스스로 알 뿐이로다.

해설 |
명절에 고향에 가는 것은
근원으로 돌아가고자 하는 열망의 표현이고
누군가를 온 마음으로 사랑하는 것은
내 속의 성스러움을 체험하는 것이니
일체가 수행의 과정이다.

'그대는 기뻐도' 하는 것은 지금 작용하는 선여인이고, '나는 기쁘지 않고'
는 본체 자리인 선남자다. 이 두 가지 마음은 본래부터 함께 존재하는 것
이어서 인연에 의해 나툴 뿐이다.
  '기러기는 북쪽을, 제비는 옛집을 생각한다'는 것은 우리가 숭상하

는 모든 행위들이 본질적으로 진리를 향해 있음을 뜻하는 것이다. 우리의 존재는 모두 대광명으로부터 나와서 지금 한 생각 무명에 갇혀 있기 때문에 본래의 고향인 광명으로 돌아가고자 하는 것이다. 그래서 만물만생은 모두 부처로 가는 구도자라고 하는 것이다.

'가을 달 봄꽃의 무한한 뜻은' 가을 달과 봄꽃 즉 만물만생이 본래 부처의 나툼임을 깨달으면 낱낱이 '그 속에서 다만 스스로 알뿐이로다.'라고 하였다.

모든 사람이 명절에 고향에 가려고 하는 행위도 다 본래 고향인 본성자리에 돌아가고자 하는 근원적인 열망이 구체적인 모습으로 반영되어 나타나는 것이다. 또 어떤 대상을 온 마음으로 사랑하는 것도 그 대상을 상대적으로 표현해 놓고, 자기가 자기 마음속의 그 성스럽고 영원한 사랑의 맛을 보고 체험하는 것조차 또한 광대무변한 나를 알아가는 수행의 과정이 되는 것이다.

# 아뇩다라삼먁삼보리심

◉

경문 |
부처님께서 말씀하시되,

"훌륭하고 훌륭하다, 수보리야. 네 말과 같이 여래는 모든 보살들을 잘
호념하며 모든 보살들을 잘 부촉하느니라. 너희는 지금 자세히 들으라.
마땅히 너희를 위해 설하리라. 선남자 선여인이 아뇩다라삼먁삼보리심
을 발하였으면 응당히 이와 같이 머물며 이와 같이 그 마음을 항복받아
야 하느니라."

"그렇습니다, 세존이시여. 바라옵건대 즐거이 듣고자 합니다."

佛言 善哉善哉 須菩提 如汝所說 如來 善護念諸菩薩 善付囑諸菩薩 汝今諦聽 當
爲汝說 善男子善女人 發阿耨多羅三藐三菩提心 應如是住 如是降伏其心 唯然 世
尊 願樂欲聞

해설 |
내 마음을 성스럽게 쓰면 선호념하고,
어리석은 마음이 나오면 선부촉하는데
선호념과 선부촉하는 보살도 또한
한 집안일이며 둘이 아닌 한 종자임을 알아야 한다.
고요히 무심이면 수보리는 부처가 되고
한 생각 밝은 반야의 지혜가 드러나면 부처는 수보리가 된다.
고요히 물들지 않아 청정한 놈을 부처라 하고,
이것을 알아차려 작용하는 놈을 수보리라 한다.

화신化身이신 석가모니 부처님께서 수보리를 찬탄하시며 수보리의 말과

같이 법신여래法身如來는 모든 보살들을 잘 호념하고 모든 보살들을 잘 부촉한다고 반복하여 말씀하셨다. 여래는 법신이고 무심이며 마음 나기 이전 고요한 자리, 모습 없는 모습의 자리, 곧 금강이며 마하인 본체의 자리다. 수보리는 텅 비어 고요한 곳에서 밝은 광명으로 비추는 자리, 곧 반야의 자리다. 무심인 본체에서 밝은 반야의 마음인 수보리가 맑은 거울에 만상이 그대로 비추어 응하듯이 근기가 성숙한 보살들은 잘 호념하며 근기가 미숙한 보살들은 잘 부촉하는 까닭에 훌륭하고 훌륭하다고 찬탄하신 것이다.

내 마음을 성스럽게 쓰면 선호념하고, 어리석은 마음이 나오면 선부촉하는데 선호념과 선부촉하는 보살도 또한 한 집안일이며 둘이 아닌 한 종자임을 알아야 한다. 우리 마음이 고요히 무심이 되면 수보리는 부처가 되고, 고요한 곳에서 한 생각 밝은 반야의 지혜가 드러나면 부처님은 수보리가 되어 나투게 된다. 고요히 물들지 않아 청정한 놈을 부처라 하고, 이것을 알아차려 작용하는 놈을 수보리라 한다.

야부 |
가끔 가끔의 일이 자세히 부족함으로 인하여 생기도다.

해설 |
파도처럼 밀려오는 수많은 경계들을
욕심과 성냄과 어리석음으로 대하면 중생심이 자라나고
불이법不二法으로 대하면 보리심이 자라난다.
일상의 삶 속에서 진리를 하나하나 체험한다는 것은
세밀하고 면밀하게 실천함으로써 얻어지는 것이다.
보살행원의 실천 없이는 공부 체험이 어렵다.

마음공부의 길로 막 들어선 사람에게 자기의 마음을 살피는 일이 처음에
는 그리 쉽지 않다. 자기 마음의 작용이 자기인 줄로 알지만 사실은 마음
도 눈으로 보고 귀로 듣고 코로 냄새 맡고 혀로 맛보고 촉감으로 느끼는
것처럼 밖으로부터 들어와 내 속을 차지하고 있는 것이다.
　　그래서 마음도 바깥이다. 속이 아니라 바깥이다. 진짜 나의 속 안인
것처럼 자꾸 속여 대는 그 마음이란 놈을 잘 살피려면 마음에 틈을 주면
안 된다. 잠시만 틈을 주면 겨울철 찬바람이 문풍지 사이로 들어오듯 마음
에도 찬바람이 들어온다. 한암 스님께서 "틈이 없이 결심을 하는 것이 바
로 대결심이다!"라고 말씀하신 뜻이 이것이다.
　　그러니 물러서지 마라. 겁내지 마라. 번민하지 마라. 부르기만 하면
대답하는 어버이의 마음, 금강 반야의 참 마음, 참 성품이 항상 내 안에 같
이 있다. 그래서 마음공부가 체험의 단계로 올라서면, 바깥의 마음과 안의
참 마음이 둘이 아닌 한마음임을 알게 된다.

야부 |
손이 일곱에 다리가 여덟이요, 신의 머리에 귀신의 얼굴이라.
봉으로 쳐도 열지 못하고 칼로 베어도 끊지 못하도다.
염부제閻浮提에 가서 머뭇거리기를 그 몇 천 번인가.
낱낱이 공왕전(부처님 집)을 떠나지 않았도다.

해설 |
울고 웃으며 오늘도 살아 있는 우리
햇빛과 비바람이 나무를 키우듯
선과 악이 더불어 우리의 지혜를 키운다.
꽁꽁 언 한겨울에 허공 비어도
시절 인연이 오면 만물이 피어나는 것처럼.
지옥에서 천상까지 짐승에서 하늘사람까지 헤매다닌 우리의 삶
그대로가 진리에서 한 발자국도 벗어나지 않았다.


'칠수팔각七手八脚'이란 신통이 자재하다는 뜻이니 자기 마음을 말한다. 밥 먹고 말하고 웃고 울고 들을 줄 아는 이놈, 일체 처, 일체 시에 밝고 지혜롭게 작용하는 우리들의 삶, 바로 이것을 가리킨다.

'신두귀면神頭鬼面'이란 어떨 때는 거룩하고 성스럽기가 신과 같고 어떨 때는 해롭고 악하기가 귀신과 같은 사람, 바로 우리들을 가리킨다. 나무가 잘 자라려면 햇빛도 필요하지만 비바람도 필요하듯이, 사람의 마음도 선악이 더불어 행해져야 지혜로 나툰다.

부처님이 도솔천에서 부처가 되지 않으시고 인간세계에 나오셔서 부처가 되신 까닭이 여기에 있다. 마음이 정밀하게 닦이려면 선과 악이 모두 필요하다. 우리가 선남자 선여인의 마음만 갖추면 선은 잘 호념하고 악은 잘 부촉하여 모두 공부로 돌릴 줄 알게 되어 삶이 자유자재하게 된다.

'봉으로 쳐도 열지 못하고 칼로 베어도 끊지 못한다'는 것은 자기 성

품이 허공과 같은 까닭이니 무무역무無無亦無라, 얼어붙은 한겨울에 아무것도 없는 것 같아도 시절 인연이 오면 모든 것이 살아 생동하듯 일체의 작용은 무심이 근본이 된다.

겨울에 오동나무를 칼로 베어도 그 안에 꽃이 숨어 있지 않지만 봄이 되면 스스로 꽃을 피우는 것처럼 우리의 마음도 봄바람이 불면 저절로 꽃이 피어서 깨달음을 이루게 된다.

'염부제에 가서 머뭇거리기를 그 몇 천 번인가. 낱낱이 공왕전(부처님의 집)을 떠나지 않았다' 하는 것은 끝도 없는 육도六道를 오고 가면서 수억 겁을 돌고 돌아 익혀온 우리의 삶이 그대로 우주의 존재 원리이며 본성이 굴러가는 모습이라는 뜻이다.

아뇩다라삼먁삼보리심

▼

061

제
3

대
승
정
종
분

大乘正宗分

# 내 마음 안의 구류중생<sup>九類衆生</sup>

○

경문 |
부처님께서 수보리에게 말씀하시되,
"모든 보살마하살은 응당 이와 같이 그 마음을 항복 받을지니라. 일체 중생의 종류인 난생·태생·습생·화생·유색·무색·유상·무상·비유상·비무상을 내가 다 무여열반에 들어가게 해서 그들을 다 멸도하리라."
佛告須菩提 諸菩薩摩訶薩 應如是降伏其心 所有一切衆生之類 若卵生 若胎生 若濕生 若化生 若有色 若無色 若有想 若無想 若非有想非無想 我皆令入無餘涅槃 而滅度之

해설 |
앞생각이 미혹하면 중생이요, 뒷생각이 청정하면 보살이다.
일체 중생을 공경하는 것이 곧 그 마음을 항복받음이요,
일체 중생이 나와 둘 아닌 이치를 깨닫는 것이 항복의 극치이다
일체 중생을 내 마음 안에서 제도하면
안과 밖이 모두 함께 제도됨이라
한 생각 나오는 지금 이 자리가
한량없고 셀 수 없고 가없는 중생이 드러나는 자리이며
한량없는 자기를 체험하고 자기를 깨달아 가는 자리이다.

앞생각이 미혹하면 중생이요, 뒷생각이 청정하면 보살이다. 각양각색으로 나오는 중생심을 다 무여열반에 들어가게 해서 멸도를 하면 앞생각이 청정해지고 뒷생각이 청정해지니 바로 보살마하살이다.

　　중생심을 어떻게 무여열반에 들게 해서 멸도하는가? 육조 스님은 중생심을 멸도하는 방법으로 '일체 중생을 공경하는 것이 곧 그 마음을 항복 받음이라'고 하였다. 공경을 해서 항복 받는다. 참 멋진 말이다. 공경을 한다는 것은 자기의 몸과 마음 안에 있는 중생이 본래 성품과 둘 아닌

줄 아는 것이다. 둘 아님을 알게 되면 곧 항복 받게 된다.

　　어떻게 중생과 내 마음이 둘이 아니라고 하는가? 예를 들어 내면에서 악한 생각이 나오면 이것을 알아차리는 마음이 있는 것처럼 자기 안의 중생에게서 무수히 많은 업식들이 나오지만 이것을 종합해서 알아차리는 그 마음이 다스려가는 것이다. 나오는 마음과 다스려가는 마음이 곧 둘이 아닌 자기의 마음이다. 그래서 이 마음 근본과 마음 작용을 하나라 할 수도 없고 둘이라 할 수도 없어 둘이 아닌(不二) 마음이라고 한다.

　　일체 중생을 공경하는 것의 극치는 일체의 중생이 둘이 아닌 이치를 자각하는 것이다. 내면에 흐르는 자기 안의 중생이 곧 불성이고 불성이 곧 나인 줄 알아야 스스로 항복 받게 되는 것이다. 이렇게 함으로써 무여열반 즉 남음이 없는 완전한 열반에 들게 된다.

　　부처님은 일체 중생의 종류를 아홉 가지로 분류하고 그 모든 마음을 항복 받으라 하셨다. 알로 낳는 것·태로 낳는 것·습해서 낳는 것·화해서 낳는 것·유색·무색·유상·무상·비유상·비무상이 그것이다. 그런데 삼라만상에 구류중생이 존재한다면 내 몸과 마음 안에도 구류중생이 존재하게 된다. 안팎이 둘이 아닌 까닭에 안은 밖을 의지해 있고, 밖은 안을 의지해 존재하기 때문이다. 따라서 마음 안에 구류중생을 항복 받으면 마음 밖의 존재도 더불어 항복 받게 된다.

　　육조 스님은 구류중생을 마음자리인 당체에서 수행으로 돌아가게 낱낱이 정의하여 다음과 같이 말씀하셨다.

　　　난생卵生이란 우리 마음 가운데에서 미혹한 성품이요,
　　　태생胎生이란 습기에 젖는 성품이요,
　　　습생濕生이란 삿됨을 따르는 성품이요,
　　　화생化生이란 보고 취하는 성품이요,
　　　유색有色이란 마음을 닦는 데 닦음이 있이 닦는 성품이요,
　　　무색無色이란 올곧은 마음만 지키고 복과 지혜를 닦지 않는 성품이요,
　　　유상有想이란 불이법不二法을 체득하지 못하고 법상法相에 애착해서 입으로는 불행佛行을 말하되 마음으로 행하지 않는 성품이요,

무상無想이란 공空에 떨어져서 목석과 같이 지혜 작용을 못하는 성품이요,
비유상非有想이란 아상我相과 법상法相이라는 두 가지 상에 집착하지 않는 성품이요,
비무상非無想이란 이치를 구하는 마음이 있는 성품이다.

모든 중생의 업식들인 구류중생을 밖에 의지해서 제도하려 하지 않고 자기의 마음 안에서 제도하게 되면 '이것이 있음으로 저것이 있고 이것이 사라짐으로 저것도 사라진다'는 연기의 법칙처럼 모두 함께 제도되는 까닭에 육조 스님은 구류중생의 근원을 낱낱이 마음의 작용으로 풀이하신 것이다.

현대 뇌과학자들의 연구에 의하면 인간의 뇌는 가장 중심부에 파충류의 뇌가 있고 그 위에 원시포유류의 뇌가 있고 그 다음에 인간의 뇌가 있다고 한다. 인간이 수백만 년을 거쳐 진화해 온 흔적이 자기 몸속에 고스란히 남아 있는 것이다.

그리하여 때로는 독사와 같은 마음이 올라오고 돼지 같은 마음이 올라오고 하는 것은 수억 겁을 거쳐 오면서 갖가지로 살았던 전생의 업식이 올라오는 것이다.

어디 짐승의 마음뿐인가. 부자의 마음, 가난한 자의 마음, 남자의 마음, 여자의 마음도 올라오고 때로는 성인의 마음, 하늘사람의 마음도 올라온다. 그런데 이 갖가지 전생의 업식이 현재와 따로 떨어져 있는 것이 아니고 지금 바로 한 생각 한 생각에 끝없이 태어나고 사라지는 것이다.

그러므로 앞생각이 올라오면 뒷생각이 깨달아야 한다. 갖가지 올라오는 구류중생의 마음에 휘둘리면 중생이요, 올라오는 생각 생각을 항복받아 뒷생각이 청정하게 멸도하면 보살마하살이다.

우리가 이 세상에 나온 것은 자기가 자기를 알기 위하여 나온 것이다. 그래서 일체 중생은 모두 구도의 길을 걸어가는 중이라 한다. 그 구도의 길 위에서 구류중생의 갖가지 마음을 낱낱이 체험함으로써 한량없는 자기를 체험하고 깨달아가고 있는 것이다.

한 생각 나오는 지금 이 자리가 한량없고 셀 수 없고 가없는 중생이 드러나는 자리이며, 한량없는 자기를 체험하고 자기를 깨달아 가는 자리이다.

# 무여열반, 완전한 깨달음

◉

경문 │

이와 같이 한량없고 셀 수 없고 가없는 중생을 멸도하되 실로는 멸도를
얻은 중생이 없느니라. 왜냐하면 수보리야, 만약 보살이 아상·인상·
중생상·수자상이 있으면 곧 보살이 아니기 때문이니라.

如是滅度無量無數無邊衆生 實無衆生得滅度者 何以故 須菩提 若菩薩 有 我相 人
相 衆生相 壽者相 卽非菩薩


해설 │

구류중생의 갖가지 마음을
자기 자성에 내려놓고
믿고 맡기고 지켜봄으로써
제도한 바 없이 제도한다.


부처님께서 수많은 중생을 제도했지만 아무도 제도 받은 이가 없다고 하
는 것은 깨달은 진여의 본체자리에서는 스스로 원만하고 구족하여 조금
도 부족함이 없고 중생이 부처님과 조금도 다르지 않은 까닭이다.

그러나 스스로 미혹하여 구류의 마음을 쓰기 때문에 중생이라 이름
하고, 가없는 중생을 멸도하되 실로는 멸도를 얻은 중생이 없다고 하는 것
을 깨달은 이는 부처라 이름 한다.

사상四相은 금강경의 중요한 개념이다.

아상我相이란 능소 즉 마음에 주관과 객관, 나와 너가 있어서 자기를
더 위하고 중생을 가볍게 여기는 마음이다.

인상人相이란 사람이라는 생각, 즉 나가 있으면 너가 있으니 이렇게

나와 너, 사람과 동물, 잘난 사람과 못난 사람 등 상대성의 세계에 떨어져 둘로 나누어지는 것이 인상이다.

중생상衆生相이란 중생이라는 생각, 즉 못난 사람을 보면 나는 잘났다 하고 잘난 사람을 보면 나는 못났다 하여 높낮이를 분별하는 마음이다. 중생상은 평평하지 않은 마음이다. 천상에 나기를 원하는 것도 평평하지 않은 마음으로 '나는 이제 인간으로 다시 나오기 싫어, 하늘에 나고 싶어.' 하는 이 마음도 중생상이다. 하늘에 나고 싶다는 마음도 없어져야 한다.

수자상壽者相이란 내가 영원할 거라고 착각하는 것, 즉 죽음을 늘 뒤로 연기하고 자기가 영원할 거라 생각하고 그래서 애착을 놓지 못하는 마음이 수자상이다. 마음에 오래 삶을 좋아해서 부지런히 복업을 닦고자 하는 것도 애착이 남아 있으니 수자상이다.

그렇다면 자기 속의 구류중생의 갖가지 마음을 제도하는데 아상·인상·중생상·수자상이 없이 제도한다는 것은 무슨 뜻인가?

좌선하려고 조용히 앉아 있으면 평소에 하지도 않던 별의별 생각이 다 올라오게 마련이다. 이 올라오는 생각들은 마음이 정리정돈을 하려고 나오는 것이다. 그런데 내가 정리정돈을 하는 것이 아니다. 에고에 사로잡힌 나는 정리정돈을 하려 해도 할 수가 없다.

그러면 누가 정리정돈을 하는가?

자기 자성, 자기보다 자기를 더 잘 알고 사랑하는 자기 자성이 정리정돈을 하는 것이다. 그러므로 내가 할 일은 올라오는 갖가지 생각들을 자기 자성에 내려놓는 일밖에 없다. 즉 무심자리에 맡겨놓고 무심에 계합하는 것이다.

독사처럼 악독한 생각, 축생처럼 미련한 생각, 소인배처럼 좁디좁은 생각, 하늘사람처럼 성스러운 생각이 쉴 새 없이 올라와도 모두 자성에 내려놓아야 한다. 엄밀히 말하면 착한 생각도 없고 악한 생각도 없다. 선업도 없고 악업도 없다.

여기 칼 한 자루가 있다고 하자. 그 칼이 선업인가, 악업인가? 칼이 부엌에 있으면 선업이요, 침실에 있으면 악업이다. 있을 자리, 쓰일 곳에

가 있으면 모든 것이 법에 맞는다. 자기 자성에 믿고 맡기면 모두 보살행이요, 진리에 계합한다. 자성을 믿지 못하고 자기 스스로가 잘났다 하고 여기다 놓고 저기다 놓고 하는 바람에 스스로 괴로움을 받는 것이다. 이것이 아상이요, 인상이요, 중생상이요, 수자상이다.

이제 막 좌선하려 앉아서는 올라오는 생각들을 바라보고 괴로워하는 것은 봄에 씨앗을 막 뿌려놓고는 열매가 안 열린다고 괴로워하는 것과 마찬가지다. 싹이 트고 여름의 모진 뙤약볕과 비바람을 맞아야 가을의 수확이 풍성한 것처럼 자기 자성의 완전무결함을 믿고 맡기고 지켜보라. 지켜본다는 것은 곧 기다린다는 것이다. 그러니 조바심내지 마라.

야부 |
이마는 하늘을 향하여 땅 위에 서 있고
코는 수직으로 있으며
눈은 가로놓여 있다.


해설 |
구류의 중생은 따로 있는 것이 아니고 보고 듣고 작용하는 내 몸과 마음 안에 있다. 헤아릴 수 없는 중생들을 대변해서 울고 웃는 까닭에 『유마경 維摩經』에서 '중생이 아프면 내가 아프다'라고 하였다.

　　　이 세상 어느 중생 누구도 이마는 하늘을 향하고 코는 수직이며 눈이 가로로 놓여 있지 않은 이가 없다. 일체 중생이 곧 나 아님이 없는 까닭이다. 마치 몸속의 중생들이 아프면 내가 아프다고 고함을 지르듯이 둘이 아니다. 그러므로 중생을 제도하되 제도한 중생이 없다.

—
야부 |
당당한 대도여, 밝고 밝아 분명하도다.
사람사람이 본래 갖추어졌고 낱낱이 원만하게 이루어졌도다.
다만 한 생각 차별됨으로 인하여 만 가지 형상이 나타나도다.


해설 |
여래의 광명이 두루 비추는 것은 법신의 본체가 밝기 때문이고, 일체 중생이 완전무결하게 갖춰져 원만하게 이루어진 까닭은 반야가 청정하기 때문이며, 한 생각 차별함으로 인하여 수많은 인연과 육도가 펼쳐서 서로 걸림이 없는 까닭은 해탈이 적멸하기 때문이다. 법신이 고요히 움직이지 않아 부동하면 반야와 해탈이 같이하고, 반야가 밝게 우뚝하면 법신과 해탈이 함께 하고, 해탈의 작용이 걸림이 없는 까닭은 법신과 반야가 같이하는 까닭이다.

제
4

묘
행
무
주
분

妙行無住分

# 머무름이 없는 마음이 부처의 마음

●

경문 │

또 수보리야, 보살은 법에 응당히 머문 바 없이 보시를 행할지니 이른 바 색에 머물지 않고 보시를 하며 성·향·미·촉·법에도 머물지 않고 보시해야 하느니라. 수보리야, 보살은 응당 이와 같이 보시하여 상에 머물지 않아야 되느니라. 무슨 까닭인가. 만약 보살이 상에 머물지 않고 보시하면 그 복덕은 가히 헤아릴 수 없느니라.

復次須菩提 菩薩 於法 應無所住 行於布施 所謂不住色布施 不住聲香味觸法布施

須菩提 菩薩應如是布施 不住於相 何以故 若菩薩 不住相布施 其福德 不可思量

해설 │

가난한 마음은 가난을 부르고

풍요로운 마음은 풍요를 부른다.

보시는 가난한 마음을 없애주는 진리의 열쇠

보시한다는 생각도 없으며

베푸는 물건도 없고

받는 사람도 분별하지 않아

세 바퀴가 청정한 것을

보시의 완성이라 한다.

응무소주應無所住 행어보시行於布施, 금강경 서두에 벌써 '응당 머무는 바 없이 보시를 행하라'고 하니 불교의 수행에서 보시가 얼마나 중요한 역할을 하는지 알 수 있다. 보시는 불교인으로서 지켜야 할 삶의 덕목인 육바라밀 중에서도 첫 번째 바라밀이다.

불교적 수행에서 가장 중요한 것은 마음이다. 가난한 마음은 가난을 불러들이고 풍요로운 마음은 풍요를 불러들인다. 그래서 마음과 물질이 둘이 아니다. 보시의 행위는 가난한 마음을 없애주고 베푸는 마음, 나누는 마음을 불러들이니 자연히 삶이 풍요로워진다.

자식을 키울 때도 항상 남에게 베풀도록 가르쳐야 한다. 손에 쥐지 말고 베풀게 해야 한다. 그러면 마음이 풍부한 사람이 되고, 마음이 풍부해야 그 풍부함이 생애에 전부 깃들게 된다. 재물도 마찬가지다. 마음이 인색하면 재물이 있어도 가난한 자요, 마음이 풍요로우면 재물이 없어도 부유한 자다.

보살은 어떤 이치를 아는 사람인가? 공을 벽에 던지면 공이 튀어온다는 사실을 깨달은 사람이다. 남한테 던지면 튀어오는 이치를 깨달은 사람이다. 중생은 남에게 주면 사라져 버리는 줄 알기 때문에 안 주려고 하고 움켜쥐려고 한다. 그러나 제행무상이기 때문에 어쩔 수 없이 사라진다. 반면 보살은 없어도 베풀고 항상 손해나듯이 산다. 그렇지만 절대 손해날 리가 없다. 벽에 공을 던지면 튀어오지 않는가. 허공에 던지면 메아리가 오듯이. 이것이 진리다. 이 진리를 터득하고 실천하는 사람이 보살이다.

그러나 보시를 행할 때 돌려받기 위해서 행하면 그것은 무주상 보시가 아니다. 색·성·향·미·촉·법에 머물지 않는 보시를 해야 한다. 보시의 공덕은 삼륜이 청정해야 완성된다. 삼륜三輪이란 보시한다는 마음[施者]도 없고 베푸는 물건[施物]도 보지 않으며 받는 사람[受者]도 분별하지 않아야 이름 하여 보시바라밀, 즉 보시의 완성이라고 한다. 이것이 바로 상에 머물지 않는 보시다.

보살이 상에 머물지 않는 보시를 행하면 그 복덕이 헤아릴 수 없다는 것은 매우 당연한 말이다. 보시를 행한 자가 이만큼 보시했다는 상을 가지면 복덕도 이만큼이라는 한계가 생긴다. 그러나 보시를 했다는 생각도 없고 잘 했다는 생각도 없으면 복덕이 한량없이 온다. 무주상으로 했으므로 무주상으로 온다. 그래서 육조 스님께서는 "보살이 보시를 행할 때 마음으로 바라는 것이 없으면 그 얻은 복이 시방의 허공과 같아서 가히 헤아릴 수 없다."고 하였다. 또 '믿음은 일체 공덕의 어머니'라고 하였는데, 믿음이란 진여자성을 믿는 것이며 그 믿는 마음속에 일체의 공덕이 갖추어 있는 까닭에 헤아릴 수 없다고 한 것이다.

'응당히 머무는 바 없다'는 것을 『돈오입도요문론』에서는 이렇게 말했다.

한 스님이 대주 혜해慧海 스님에게 물었다.
"마음이 어느 곳에 머물러야 바르게 머무는 것입니까?"
"머무는 곳이 없는 데 머무는 것이 바르게 머무는 것이니라."
"어떤 것이 머무는 곳이 없는 것입니까?"
"일체 처에 머물지 아니함이 곧 머무는 곳이 없는 데 머무는 것이니라."
"어떤 것이 일체 처에 머물지 아니하는 것입니까?"
"일체 처에 머물지 않는다는 것은 선악·유무·내외 중간에 머물지 아니하며 공에도 머물지 아니하며, 공 아님에도 머물지 아니하며, 선정에도 머물지 아니하며, 선정 아님에도 머물지 아니함이 일체 처에 머물지 아니함이니 다만 일체 처에 머물지 아니하는 것이 곧 바르게 머무는 것이니라. 이와 같이 얻은 것을 머무름이 없는 마음(無住心)이라 하니 머무름이 없는 마음이 부처의 마음(佛心)이니라."

규봉 스님께서는 "응당히 머문 바 없이 보시를 행하라."는 이 말씀을 수행을 바르게 밝힌 것이라 정의하시고 이 말씀으로 모든 수행의 근본을 세우셨다.

야부 |
만약 천하에서 행하고자 하면 한 가지 재주를 뛰어나게 할지니라.

해설 |
마음의 근본을 아는 것이 오직 한 가지 재주이다.
지혜의 안목(應無所住)을 갖추고 경계에 들어가면[行於布施]
마음 마음이 청정해서 일체의 바라밀을 성취하게 된다.
—

야부 |
서천의 십양금(중국의 좋은 비단)에 꽃을 수놓으니 색이 더욱 곱도다. 분명
한 뜻을 알고자 하면 북두칠성을 남쪽을 향해 볼지니라.
허공은 털끝만한 생각도 거리끼지 않으니
이 까닭에 대각선大覺仙이라 이름 함이로다.

해설 |
순일 무잡하고 고요한 바탕에 육바라밀의 꽃을 수놓으니 본체와 작용이
서로 원만하게 어울려 머무름이 없다. 분명한 뜻을 알고자 하면 '북두칠
성을 남쪽을 향해 보라' 했는데, 마음이 허공과 같아 동서남북이 마음 안
에 있지만 군이 남쪽을 보라고 방편으로 말한 뜻은 나무에 잎이 시들면
뿌리에 물을 주는 이치와 같다. 마음이 허공과 같으면 일체의 경계가 그대
로 보리의 작용이니 이름 하여 부처님이시라.

# 허공 같은 마음

경문 |

"수보리야, 어떻게 생각하느냐. 동쪽 허공을 가히 생각으로 헤아릴 수
있겠느냐?"

"없습니다, 세존이시여."

"수보리야, 남서북방과 사유와 상하 허공을 가히 생각으로 헤아릴 수
있겠느냐?"

"없습니다, 세존이시여."

"수보리야, 보살의 상에 머물지 않고 보시한 복덕도 또한 이와 같아서
가히 생각으로 헤아릴 수 없느니라. 수보리야, 보살은 다만 응당히 가
르친 바와 같이 머물지니라."

須菩提 於意云何 東方虛空 可思量不 不也 世尊 須菩提 南西北方 四維 上下虛空
可思量不 不也 世尊 須菩提 菩薩 無住相 布施福德 亦復如是 不可思量 須菩提
菩薩 但應如所教住


해설 |

허공의 비유는 시방의 허공이자 마음의 허공이다.
허공과 같은 마음 그대로가 보시바라밀이요,
허공과 같은 마음을 체험하면 그 복덕이 한량없다.


보살이 상에 머물지 않고 보시하면 그 복덕이 가히 헤아릴 수 없다는 것
을 허공에 비유하여 말한 것이다. 세상에서 가장 큰 것을 허공이라 하고
허공은 모양이 없는 듯하지만 그 허공 안에 만 가지 형상을 취하여 나투
는 까닭에 없다 할 수도 없는 것이 우리의 자성과 같다.

동서남북 사방四方과 간방間方인 사유四維와 상하를 합하여 시방十方
이라 한다. 이 시방이라 하는 것은 모두 방편으로서 실체가 없다. 어떻게
허공을 동쪽 서쪽으로 나누어서 동쪽 허공, 서쪽 허공이라 헤아릴 수 있겠
는가. 허공은 한계가 없으니 헤아릴 수도 없다. 그런데 이 허공의 비유는
시방의 허공이자 마음의 허공이기도 하다. 허공과 같은 마음 그대로가 보
시바라밀이요, 허공과 같은 마음을 체험하면 그 복덕이 한량없다.

불교에서는 마음을 자주 허공에 비유한다. 허공과 같은 마음은 텅
비고[空] 고요하며[寂] 신령스럽게[靈] 모두 다 아는[知] 마음이다. 보통 색·
수·상·행·식의 오온으로 한계 지어진 나를 나인 줄 알지만 그것은 빙산
의 일각처럼, 허공중의 티끌처럼 작은 나이다. 티끌이 허공에 포함되지 않
는 것은 아니나, 나의 본체는 텅 비어 있으면서도 소소영령하게 모두 다
아는 허공처럼 한량이 없고 크고 무한하다. 이렇게 허공과 같은 마음을 체
험하면 그 복덕도 무한하여 헤아릴 수가 없게 된다. 그래서 수보리가 생각
으로 헤아릴 수 없다고 대답한 것이다.

상이 없는 보시는 보시하는 사람과 보시하는 물건과 보시 받는 사
람이 모두 청정한 보시다. 보시는 불교적 수행인 육바라밀의 처음 시작이
다. 보시, 지계, 인욕, 선정, 정진, 지혜의 육바라밀은 실은 우리들의 삶 자
체를 지칭하는 것이다. 왜냐하면 삶 자체가 수행의 길이기 때문이다. 우리
들이 말하고 행하고 웃고 울고 기뻐하고 슬퍼하는 이 모든 것이 육바라밀
인데 왜 바라밀이 안 되느냐면 그것에 집착하기 때문이다. 집착하지 않고
모두 내가 하지 않는 것을 알면 이름이 바라밀이요, 내가 함이 없다는 사
실을 깨닫게 되면 이름이 바라밀이다.

바라밀은 건넌다는 뜻이다. 여기에서 저기로 건너는 것이다. 그러면
이 언덕에서 저 언덕, 이 생사의 언덕에서, 상대적인 세계에서 생사가 없
는 절대의 세계로 들어가는 것이 바라밀이다. 그런데 이 언덕이 따로 어
디 공간이 있고 저 언덕이 있는 게 아니다. 한 생각이 분별하고 이 상대적
인 세계에 머무르면 이 언덕이고, 본래 그게 둘이 아니라는 것을 알고 깨

달으면 저 언덕이다. 이 언덕과 저 언덕이 한 생각에 달려 있다. 이리 가고 저리 갈 것이 없다. 그냥 우리들이 분별을 했다 하면 이 생사의 언덕이고 분별을 놓았다 하면 저 언덕이다. 공간이 있는가? 시간이 있는가? 시간도 없고 공간도 없다. 그대로 찰나에, 찰나에도 걸리지 않는다.

『선요』에 "집을 떠난 사람이 집에 도착하는데, 어떤 사람은 해가 지나서 도착하고, 어떤 사람은 달이 지나서 도착하고, 어떤 사람은 날이 지나서 도착하고, 어떤 사람은 찰나에 도착하고, 어떤 사람은 죽음에 이르러도 도착하지 못 한다. 그것은 무슨 까닭인가?"라고 하였다.

집에서 멀리 있는 사람은 집에 늦게 도착하고 가까이 있는 사람은 집에 빨리 도착할 것이다. 그런데 이 멀고 가까운 거리가 바로 믿음의 길, 신심의 길이다. 믿음이 멀리 있는 사람은 한참 걸리고 믿음이 가까이 있는 사람은 찰나에 가는 길이다.

야부 |
가히 예를 알도다.

해설 |
본래 밝은 자성에 일체의 경계를 믿고 맡기고 지켜보는 수행을 하면 만
가지 일이 바라밀이 되고 또한 육바라밀을 행하면 마음이 스스로 밝아져
서 본래 밝은 자성에 계합된다.
—
야부 |
허공 경계를 어찌 사량하겠는가.
대도가 맑고 깊어 그 이치 더욱 길도다.
다만 오호에 풍월이 있음을 안다면
봄이 옴에 여전히 백화가 향기로우리라.

해설 |
마음이 머무름이 없음에 머무르니 대도가 저절로 계합한다. 그러나 육바
라밀의 만행萬行이 갖추어져서 서로 융통함이 거울과 거울이 마주치듯 하
나의 등불을 켜니 백천 개의 등불이 켜지는 것과 같다. 한 생각이 밝아지
니 일체의 마음이 밝아지는 것과 같다. 그런 까닭에 스스로 마음에 봄바람
이 불면 자기 안의 중생들이 낱낱이 보살로서 화하여 나투게 된다.

제
5

여
리
실
견
분

如理實見分

# 몸의 형상 아닌 형상을 보라

◉

경문 |

"수보리야, 어떻게 생각하느냐. 몸의 형상으로써 여래를 볼 수 있겠느냐?"
"볼 수 없습니다. 세존이시여, 몸의 형상으로써 여래를 볼 수 없습니다. 왜냐하면 여래께서 말씀하신 몸의 형상은 곧 몸의 형상이 아니기 때문입니다."

須菩提 於意云何 可以身相 見如來不 不也 世尊 不可以身相 得見如來 何以故 如來所說身相 卽非身相

해설 |

범부는 오직 색신만 보고 법신을 보지 못하므로
무주상보시를 행하지 못하며
일체 중생을 공경치 못하는 것이다.


여래如來란 진여[如]에서 왔다[來]는 뜻이다. 여如는 진여의 본체로 법신인 지혜의 몸이라 몸의 형상을 떠나 있고, 래來는 진여의 작용인데 두 가지로 나타난다.

　　범부의 위치에서 눈·귀·코·혀·몸·뜻의 육식六識의 경계로 보기 때문에 법신 여래를 색신으로만 본다. 색신, 곧 모습으로 보기 때문에 자기 마음 밖에 부처님이 따로 있다고 잘못 알아서 진여를 미혹하게 된다.

　　보살의 지위에서는 육근이 청정하고 사상이 없이 보기 때문에 법신 여래를 보신報身으로 본다. 보신이란 한량없는 색色과 상相과 이름으로 나타나는 것이다.

　　그래서 부처님이 수보리에게 물으시되, "몸의 형상으로써 여래를 볼 수 있겠느냐?" 하시니 수보리가 범부와 이승二乘들은 색신으로만 보고 법신을 보지 못하므로 "볼 수 없습니다. 세존이시여, 몸의 형상으로써 여래를 볼 수 없습니다."라고 한 것이다.

여래께서 말씀하신 몸의 형상은 곧 몸의 형상이 아니라 했는데 무엇을 이름 하여 몸의 형상이 아닌 몸이라 하는가?

예를 들어 하나의 모습 없는 모습인 본체[法身]가 자식을 만나면 어머니로 나투고, 남편을 만나면 아내로 나투고, 어머니를 만나면 딸로 나투는 등 갖가지 모습으로 나툴 때 색신은 한 모습이지만 모두 하나하나 상 아닌 상으로 상황 따라 분명히 다르게 나투는 것이 원만하여 보신이 되는 것이다. 이와 같이 우리의 마음은 이미 법신과 보신과 화신을 갖추고 자유자재하나 스스로 미혹하여 색신에 취착取着하는 까닭에 법신여래를 볼 수 없다 한 것이다.

야부 |

또 일러라. 지금의 행주좌와는 이 무슨 상相인가? 졸지 말지어다.

해설 |

몸의 형상으로는 여래를 볼 수 없다 하니 이 형상을 떠나서 따로 법신이
존재하는 줄 잘못 알면 이 또한 삿된 소견에 떨어진다. 법신은 광명인데
광명은 비추는 성질이 있어서 일체를 비추어 나투게 한다. 비추어서 나투
게 되는 것을 범부와 법에 치우친 견해를 가진 이승二乘은 색신으로 보고,
보살의 경지에서는 보신으로 드러난다.

　　그러나 비추는 놈과 비추어지는 놈이 따로 존재할 수 없는 것이어서,
시방 세계에 항상 계신 부처님[常身法身]을 보고자 하면 행주좌와 처를 향
해 간파하여야 비로소 얻을 수 있는 것이니, 이것을 떠나 법신을 따로 구
하지 말라 하는 까닭에 '졸지 말지어다'라고 하였다.

—

야부 |

몸이 바다 가운데 있으면서 물을 찾지 말고
매일 산 위를 거닐면서 산을 찾지 말지어다.
꾀꼬리 울음과 제비 지저귐이 서로 비슷하니
전삼前三과 더불어 후삼後三을 묻지 말지어다.

해설 |

이 몸 그대로가 법신의 나툼이고,
우리의 삶 그대로가 보리의 행인데
꾀꼬리의 울음과 제비의 지저귐이
어디로부터 나왔는가를 알게 되면
천 가지 만 가지 차별을 묻지 않게 된다.

# 부처는 찾는 그 마음속에 있다

◉

경문 |
부처님께서 수보리에게 이르시되,
"무릇 형상이 있는 것은
다 허망하니
만약 모든 형상이 형상이 아님을 보면
곧 여래를 보리라."
佛告須菩提
凡所有相
皆是虛妄
若見諸相非相
卽見如來

해설 |
부처님은 어느 곳에 계시는가?
내 마음속에 있다.
내 마음은 어디에 있는가?
일체 제불의 마음속에 있다.
일체 제불의 마음은 어디에 있는가?
일체 중생의 찾는 그 마음속에 있다.

무릇 형상이 있는 것은 다 허망한 것이니[凡所有相 皆是虛妄] 존재의 다섯 가지 구성요소인 오온이 본래 무상하고 무아인 것으로, 인연이 화합하여 잠시 모여 이루어진 것이다.

만약 형상이 형상이 아님을 보면 곧 여래를 보리라(若見諸相非相 卽見 如來) 함은 오온이 본래 실체가 없고 연기로써 존재함을 보면 다시 말해 오온이 공한 것을 깨달으면 법신여래를 볼 수 있다는 말이다.

『상응부경전』에 "비구들아, 무상한 색·수·상·행·식(오온)을 무상하다고 보면 올바른 견해[正見]를 얻는다." 하고 "연기를 보는 사람은 법을 보며 법을 보는 사람은 연기를 본다." "법을 보는 사람은 여래를 보며 나(여래)를 보는 사람은 법을 본다." 하였다.

또 『유마경』「문수사리문질품」에서 공을 어떻게 체험하고 공을 어디서 구하는가를 분명히 하였다.

"어떤 것을 공하다고 합니까?"
"본래 공한 것이므로 공하다고 합니다."
"본래 공한 것을 어떻게 공이라고 체험할 수 있습니까?"
"공이라고 분별함이 없으므로 공을 체험합니다."
"공한 것을 분별할 수 있습니까?"
"분별도 또한 공합니다."
"공은 어디서 구합니까?"
"62 소견 가운데서 구합니다."
"62 소견은 어디서 구합니까?"
"모든 부처님의 해탈 속에서 구합니다."
"모든 부처님의 해탈은 어디서 구합니까?"
"일체 중생의 마음의 행하는 바[心行] 가운데서 구합니다."

존재의 본질은 무상이고 무아이며 공한 것인데 스스로 미혹하여 실체라고 착각한 것이다. 본래 공한 것을 어떻게 체험하느냐고 하니 공이라 분별함조차도 분별하지 않으니 공을 체험한다 하고, 공은 어디서 구하느냐고 하니 부처님 마음에서 구한다 하지 않고 62견 외도소견 즉, 자기의 한 생각 속에서 구한다 하고, 한 생각은 어디에 닿아 있나 하니 제불의 해탈 속에 닿아 있다 하고, 제불의 해탈은 어디서 구하느냐고 하니 일체 중생의 마음 행하는 바(발보리심) 속에서 구한다 하였다.

야부 |

산은 산이요, 물은 물이니 부처님은 어느 곳에 계시는가?

해설 |

부처님은 어느 곳에 계시는가? 내 마음속에 있다. 내 마음은 어디에 있는
가? 일체 제불의 마음(해탈)속에 있다. 일체 제불의 마음은 어디에 있는가.
일체 중생의 마음 행하는 바(발보리심) 즉 찾는 그 마음속에 있다. 이러한 이
치를 깨달아 증득하면 산은 산이요, 물은 물이다.

—

야부 |

상相이 있고 구함이 있음은 이 모두 망妄이요
무형무견無形無見은 치우친 소견에 떨어짐이로다.
당당하고 밀밀하여 어찌 간격이 있으리오.
한 줄기의 찬 빛이 큰 허공을 빛내도다.

해설 |

상대적인 대상이 있고 구하는 마음이 있고 바라는 마음이 있으면 망념
이라 하고, 없다는 소견에 떨어져 있으면 이것 또한 망념이 된다. 양 변
을 벗어난 중도의 바른 안목은 당당하고 틈이 없이 항상 눈앞에 분명하
게 나투는 것이다. 마치 하나의 달이 모든 물에 널리 비추어 온갖 그릇
에 나투는 것과 같다.

　　모양이 있고 구하는 것이 있으면 모두 허망한 것이라 하고, 모양이
없고 견해가 없으면 치우친 소견에 떨어진다고 하니 그럼 어떻게 하라는
소리인가? 상이 있어도 틀렸다고 하고 상이 없어도 틀렸다고 하여 어느
곳에 서 있을 곳이 없게 해 놓고는 '당당하고 밀밀하다.'라고 한다.

　　수행자는 서 있을 곳이 없는 그곳이 참으로 바르게 서 있을 곳이라
는 것을 알면 어느 곳이든지 다 옳아 자유자재하게 된다.

제
6

정신희유분

正信希有分

# 청정한 한 생각이 바른 믿음이다

◉

경문 |

수보리가 부처님께 사뢰어 말씀드리기를, "세존이시여, 자못 어떤 중생이 이와 같은 말씀을 듣고서 진실한 믿음을 내겠습니까?"
부처님이 수보리에게 이르시되, "그런 말 하지 말라. 여래가 멸도한 뒤후 오백 세에도 계를 지니고 복을 닦는 자가 있어서 이 말씀에 능히 믿음을 내고 이로써 실다움을 삼으리라."
須菩提 白佛言 世尊 頗有衆生 得聞如是 言說章句 生實信不 佛告 須菩提 莫作是說 如來滅後後五百歲 有持戒修福者 於此章句 能生信心 以此爲實

해설 |

후 오백 세는 영겁이며 순간인 바로 지금이다.
이 말씀에 믿음을 내어 실다움을 삼는 그 놈이
지금 청정한 한 생각을 내는 바로 이 놈이다.

이와 같은 말씀이란「여리실견분」의 사구게로 "범소유상凡所有相 개시허망皆是虛妄 약견제상비상若見諸相非相 즉견여래即見如來."이다.
　　　수보리가 "이 말씀을 듣고서 진실한 믿음을 내겠습니까?" 하고 여쭌 까닭이 있다. 범부와 이승二乘들의 안목은 육식六識의 경계로써 색신만을 보고 집착하기 때문에 "법신의 여래를 진실하게 믿겠습니까?" 하고 대중을 대신해서 묻는 것이다.
　　　그러나 부처님은 단호하게 "그런 말 하지 말라. 여래가 멸도한 뒤 후 오백세에도 실답게 믿음을 내는 사람이 있느니라." 하고 증명하듯 말씀하셨다.
　　　'여래 멸후 후 오백 세'란 언제인가? 부처님께서는 당신이 열반에 드신 뒤 오백 년씩 다섯 번으로 끊어 제1기 오백 년은 해탈견고解脫堅固라 하여 깨달음을 얻은 이가 많고, 제2기는 선정견고禪定堅固라 하여 선정을 보전하는 이가 많고, 제3기는 다문견고多聞堅固라 하여 불법을 열심히 듣고, 제4기는 탑사견고塔寺堅固라 하여 탑을 쌓고 절을 짓는 일을 열심히 하고, 제5기는 투쟁견고鬪諍堅固라 하여 자기의 주의 주장만을 고집하여 서로 다툰다고 하셨다.

2,500년이 지난 오늘날을 마지막의 오백 세라 하여 투쟁견고의 시대라고 한다. 하지만 이것은 유위법으로 보는 세계이고, 유위법은 한계가 있고 항상하지 않는 까닭에 진리의 근원이 될 수 없다.

진리란 무위법을 근거로 존재하는 것으로 마치 나무의 뿌리를 무위법에 비유하고, 나무의 잎과 꽃과 열매와 가지는 유위법에 비유하는 것과 같다. 나무의 뿌리는 보이지 않아 흡사 없는 듯하지만 나무의 잎과 열매와 가지에 결정적인 영향을 준다. 그러나 뿌리 없는 나무도 존재할 수 없고 나무 없는 뿌리도 존재할 수 없듯이 유위법과 무위법도 이와 같다. 따라서 여래 멸후 후 오백 세란 바로 지금 영겁인 이 순간이다.

"계를 지니고 복을 닦는 자가 있어서 이 말씀에 믿음을 내고 실다움을 삼는다."는 뜻은 이렇다. 계를 지닌다는 것은 경계에 물들지 않는 것이다. 이 물들지 않는 청정한 마음으로 일체의 선근을 쌓으면 곧 칠보로 장엄된 존재가 온통 내 마음에 드러남이 복을 닦는다고 말한다. 믿음이 실답게 되기 위해서는 계를 지키고 복을 닦는 것이 전제되어야 한다.

참선할 때 화두에 의정疑情이 일어나야 한다고 하는 것은 참선 수행자라면 누구나 바라는 바이고, 이것으로써 일념을 이루고 은산철벽에 들어 확철대오하기를 바란다. 그러나 수행함에 있어서 화두 일념이 안 되고 의정이 돈발頓發되지 않는 까닭은 스스로 보살의 마음과 보살 수행을 갖추지 않았기 때문이다. 그런 그릇에 어떻게 깨달음이라는 내용이 담길 수 있겠는가. 그래서 육근六根이 청정하면 칠보로 장엄된 그릇이 드러나고, 그 그릇 속에서 팔정도의 바른 법 수레가 여여하게 구르는 것이 이름 하여 실다움을 삼음이고, 이름 하여 곧 여래를 뵌다 하는 것이다.

# 선근을 심었다는 뜻

◉

경문 |

마땅히 알라. 이 사람은 한 부처나 두 부처나 셋, 넷, 다섯 부처님께 선근을 심었을 뿐만 아니라 이미 한량없는 천만 부처님 처소에서 모든 선근을 심었으므로 이 말씀을 듣고 한 생각에 청정한 믿음을 내는 사람이니라.

當知是人 不於一佛二佛三四五佛 而種善根 已於無量千萬佛所 種諸善根 聞是章句 乃至一念生淨信者

해설 |

마음 안에서 보리심을 일으킨 바로 이 사람
만인을 부처님으로 대하여 선근을 심는다.
나를 괴롭히는 이도 부처님
나를 기쁘게 하는 이도 부처님.

여기에서 '이 사람'을 자기 말고 다른 데서 찾으면 안 된다. 자기 마음 안에서 보리심을 일으킨 그 마음이다. 발보리심이 분명하면 육근이 청정해지고, 육근을 청정히 하면 그 마음이 칠보로 장엄되어 이름 하여 '모든 부처님 처소에서 선근을 심었다' 하는 것이다.

석가모니 부처님은 전생에 어떻게 마음을 쓰고 선근을 심어서 지금 이렇게 부처라는 이름을 얻었고, 나는 지금 어떻게 마음을 써서 내일 이와 같은가를 점검해 볼 필요가 있다.

전생이란 지금 나오는 이 마음이고 내생이란 지금 쓰는 이 마음으로 오직 이 마음뿐이다. 부처님은 본생담에서 쥐도 되고 사슴도 되고 마구니도 되고 선인도 되고 헤아릴 수 없는 모습으로 바뀌어 돌고 돌아오셨다.

하지만 모습이 어떻든 간에 한결같이 보살과 같은 마음을 쓰신 까닭에 지금 부처를 이루셨다. 쥐의 모습을 하고서도 쥐의 업식에 물들어서 마음을 쓰지 않고 보살로서 마음을 쓰셨고, 축생의 모습을 하고서도 축생의 업식에 물들어서 마음을 쓰지 않고 보살로서 마음을 쓰셨다. 범부들은 어떻게 마음을 써서 지금 중생이라는 이름을 얻게 되었는가?

우리의 마음속에 지옥·아귀·축생·인간·수라·천상의 마음이 끝없이 번갈아 가면서 나오는 것이 우리의 한량없는 전생 살림살이다. 그런데 범부들은 독사의 업식이 나오면 독사같이 마음을 쓰고, 아귀의 업식이 나오면 아귀같이 마음을 쓰고, 축생의 업식이 나오면 축생으로 쓰는 까닭에 중생이라는 이름을 얻게 된 것이다. 자기의 마음이 보살로서 마음을 쓰면 모든 부처님 처소에서 선근을 심은 까닭에 이 무위법의 말씀을 듣고 한 생각에 청정한 믿음을 내게 될 것이다.

선근은 어떻게 심는가? 모든 사람을 부처님으로 대함이 선근을 심는 방법이다. 누가 나한테 나쁘게 하고 험하게 하면 '이게 부처님이 나한테 하는 소리구나, 하늘이 나한테 야단치는 소리구나.' 알면 된다. 이렇게 마음 작용을 하는 사람이 수행하는 사람이다. 그리고 누가 나한테 잘 해주면 '하늘이 나한테 상을 내리는 거구나, 감사하다, 내가 잘나서가 아니라 부처님이 나에게 주는 상이다.'라고 알면 된다.

이렇게 마음공부를 하는 것이다. 공부가 깊어지면 저절로 이렇게 된다. 처음에는 저절로 이렇게 되지 않으므로 일부러라도 이렇게 수행해야 한다. 일체가 부처님이라는 소리를 들을 줄 알아야 귀가 좀 열린 사람이요, 수행을 조금 했다는 사람이다. 남의 탓을 하고, 안 보려고 하고, 미워하면 수행은 팽개치겠다는 말이다. 한 마디로 하자면 불이법不二法, 둘이 아님을 보아야 한다. 하늘이 곧 부처고 부처가 곧 내 자성이고 자성이 바로 그 자리임을 알아야 한다.

야부 |
금불金佛은 용광로를 건너가지 못하고
목불木佛은 불을 건너가지 못하고
진흙불泥佛은 물을 건너지 못한다.

해설 |
쇠붙이로 만든 부처는 용광로에서 녹아 버리고
나무로 만든 부처는 불에 타 버리고
진흙으로 만든 부처는 물에 풀어져 버린다.
그럼 무엇이 부처인가?
이렇게 소소영령히 아는 그 마음으로 인하여
삼라만상이 모두 밝게 광명을 낸다.
—
야부 |
삼불三佛의 형상과 거동은 다 진실이 아니고
눈 가운데의 동자瞳子엔 그대 앞의 사람이라.
만약 능히 집에 있는 보배를 믿기만 하면
새 울고 꽃피는 것이 한결같은 봄이로다.

해설 |
물의 본성은 본래 움직이지 않고 고요한 것인데 바람이 불면 파도가 일어
나 만 가지 모습을 나툰다. 삼불의 형상과 거동도 바람으로 인하여 있으니
다 진실이 아니다. '눈 가운데 동자는 그대 앞의 사람이라.' 함은 마음의
거울 위에 만상을 비추어 나투는 것이 모두 한결같이 자기 마음속의 그림
자이며 거울 속의 그림자를 보면서 거울의 본체를 깨닫는다. 자성의 거울
을 믿기만 하면 일체의 경계가 거울 속의 그림자와 같이 그대로 걸림 없
는 법이 되어 자유권을 얻게 된다.

선근을 심었다는 뜻
▼

# 부처님의 마음과 내 마음이
# 둘이 아닌 까닭에 다 알고 다 본다

◉

경문 |

수보리야, 여래는 다 알고 다 보나니 이 모든 중생들이 이렇게 한량 없
는 복덕을 얻느니라.

須菩提 如來 悉知悉見 是諸衆生 得如是 無量福德

해설 |

허공중에 가득 차 아니 계신 곳 없는 부처님은

보리심을 발한 이 사람의 마음과 둘이 아닌 까닭에

이 사람이 알면 일체 제불이 다 아시고

이 사람이 보면 일체 제불이 다 보시는 까닭에

자기 안의 중생들이 한량없는 복덕을 얻게 된다.

청정법신 비로자나불은 광명변조光明遍照로 광명이 두루 비추는 것을 뜻
한다. 법신여래는 이 사람을 다 알고 다 본다고 했는데 어떻게 다 알고 다
보는가? 자신의 마음이 스스로 보리심을 일으키면 육근이 청정해지고, 청
정한 육근의 작용들이 모두 칠보로 화할 때 보살의 안목이 생기고, 보살의
경계에서는 법신여래가 한량없는 색과 상과 이름으로 허공 가운데 가득
하게 나투어 있음을 보게 된다.

　　허공 가운데 가득한 일체 제불은 보리심을 발하여 선근을 심은 이
사람의 마음을 떠나서 따로 존재하는 것이 아니고, 이 사람의 마음과 둘
이 아니게 연결되어 존재하는 까닭에 이 사람이 알면 일체 제불이 다 안
다. 일체 제불이 다 아는 까닭에 자기 안의 모든 중생들이 한량없는 복덕

을 얻게 되는 것이다.

법신여래와 선근을 심은 이 사람도 둘이 아닌 자기의 마음이다. 비추는 놈과 비추어지는 놈이 둘이 아니어서 마음이 고요히 움직이지 않으면 보신이 법신으로 하나가 되고, 움직여서 작용하면 법신이 보신으로 하나 된다. 『유마경』「불국품」에서는 이렇게 말하였다.

"그때 비야리성 중에 한 장자의 아들이 있었는데 이름이 보적이라, 다른 장자의 아들 오백 인과 같이 칠보로 꾸민 일산을 부처님께 바쳤다. 그때 부처님은 위신력으로 그 여러 일산을 합치어 한 일산이 되게 하여 삼천대천세계를 두루 덮었다. 삼천대천세계가 보배일산 가운데 나타나고 시방세계의 모든 부처님과 그 부처님의 법문이 보배일산 가운데 나타났다."

이 뜻은 자기의 조그만 보리심(칠보 일산)을 부처님의 마음으로 합해 버리니 부처님의 마음과 내 마음이 한마음이 되어 삼천대천세계를 두루 덮는 지혜 광명을 체험하는 것이다. 한 생각 청정하게 마음을 쓰면 그 순간 제불여래와 연결되어 있는 자기의 마음을 스스로 체험하게 되므로 이것을 이름 하여 '여래는 다 알고 다 본다.' 하는 것이요, 이와 같이 밝은 마음의 광명이 모든 중생에게 두루 비추어 더불어 밝아지니 '한량없는 복덕을 얻는다'고 이름한 것이다.

야부  |
오이를 심으면 오이를 얻음이요, 과일을 심으면 과일을 얻도다.

해설  |
내가 예전에 실천했던 것이 지금 체험하는 것이고,
내가 지금 깨닫는 것이 예전에 내가 실천했던 것이다.
그런데 예전도 지금이고 지금도 예전이니
찰나 찰나 마음 쓰는 곳에서 실천하고 체험하라.
—

야부  |
일불, 이불, 천만불이 각각
눈은 가로 있고 코는 세로 놓였도다.
옛날에 친히 선근을 심어 왔더니
오늘은 옛에 의지하여 큰 힘을 얻었도다.
수보리 수보리여.
옷 입고 밥 먹음이 일상의 일이거늘
어찌하여 모름지기 특별히 의심을 내는가.

해설  |
일불, 이불, 천만불
모든 부처님이 자기의 마음을 떠나서 존재하지 않고,
자기 마음은 이 몸을 떠나서 존재하지 않는다.
옛날에 친히 선근을 심어왔더니
오늘은 옛을 의지하여 큰 힘을 얻었도다.
옛날이란 지금 나오는 모든 업식이고
지금은 찰나 찰나 옛으로 돌아가 버리니
이름을 공空하다고 한다.

# 법상과 비법상

◉

경문 |
무슨 까닭인가, 이 모든 중생은 다시 아상·인상·중생상·수자상이 없으며 법이라는 상도 없으며 법이 아니라는 상도 또한 없느니라.

何以故 是諸衆生 無復我相人相衆生相壽者相 無法相 亦無非法相

해설 |
이 모든 중생이 나 아님이 없는 까닭에
내가 공하면 만법이 공하니
안으로는 아상·인상·중생상·수자상이 없고
밖으로는 법상·비법상이 없는 자를
이름 하여 보살이라 한다.

'이 모든 중생'이란 자기의 몸과 마음속에 있는 모든 업식을 말한다. 모든 업식의 모습은 구류의 중생으로 나투며 구류중생이 곧 자기 아님이 없음을 아는 까닭에 아상·인상·중생상·수자상의 사상四相이 없으며 법상法相이 없으며 비법상非法相이 없어 보살이라는 이름을 얻게 된다. 아상·인상·중생상·수자상은 앞의 「대승정종분」에서 설명했으니 이곳에선 법상法相과 비법상非法相에 대해서만 다루겠다.

　법상이란 '이것만이 진리다'라고 고집하는 생각이고, 비법상이란 '이것은 진리가 아니다'라고 고집하는 고정관념이다.

　법상과 비법상에 집착하는 폐해를 우리는 주변에서 너무 많이 보고 있다. 공산주의니 자본주의니 하는 이데올로기 체제의 문제나 종교적인 신념이라는 우상으로 인하여 헤아릴 수 없는 고통과 갈등이 빚어지고 있다.

지금도 중동에서는 기독교의 신이라는 법상과 이슬람의 알라라는 법상으로 또는 비법상으로 고통과 갈등이 끊일 날이 없다. 갈등의 원인이며 핵심인 신은 절대의 선善이라 하며 절대의 가치라 하여 상대를 용납할 수 없는 까닭에 상대적인 이름을 공격하게 되고, 이 상대적인 세계에서 스스로 자기만이 절대라 주장하고 있다.

그러나 옳다 하고 그르다 하는 그 모든 주장들이 이미 상대성을 더욱 더 분명히 나누게 되는 모순에 빠져버리고 상대성인 존재가 되어 자기[神] 스스로도 이러한 모순 속에 놓이게 되는 것이다.

법상과 비법상은 모든 중생들이 사람답게 살고 더욱 발전된 모습으로 진화하여 진리를 알게 하려는 방편이었는데 후에(여래 멸후 후 오백 세) 미혹한 중생들이 방편을 방편으로 알지 못하고 실체화하여 고집하는 까닭에 스스로 자유를 잃어버리고 고통을 자초하게 되었다.

안으로는 아상·인상·중생상·수자상이 없고 밖으로는 법상과 비법상이 없어야 보살이라는 이름을 얻게 되는 것이다.

야부 │
원만함이 큰 허공과 같아 모자람도 없고 남음도 없도다.


해설 │
큰 허공과 같이 모든 것이 어우러진 법의 본체
생겨나거나 없어지지 않는 오직 한 마음
우리의 본래면목, 성품자리가 이와 같다.
—

야부 │
법상과 비법상이여, 주먹을 펴니 다시 손바닥이로다.
뜬구름이 푸른 허공에 흩어지니 만 리의 하늘이 온통 한 모양이로다.


해설 │
법상과 비법상이라는 방편으로 미혹한 사람들을 이끌어 진리의 문에 들어
가게 하였으나 정작 이러한 방편이 더욱 큰 병을 가져와 사람들로 하여금
더 큰 미혹에 빠지게 함을 알지 못한다. 주먹을 쥠(법상)과 손바닥을 폄(비법상)
이 자유로워야 양변을 벗어나 중도를 행하는 자유인이라 할 수 있다.

# 법과 비법이 둘이 아니다

◉

무슨 까닭인가, 이 모든 중생이 만약 마음에 상을 취하면 곧 아상·인상
·중생상·수자상에 집착함이 되나니, 무슨 까닭인가. 만약 법상을 취
하더라도 곧 아상·인상·중생상·수자상에 집착함이며, 마음에 만약
법 아닌 상을 취하더라도 곧 아상·인상·중생상·수자상에 집착함이 되
느니라. 이러한 까닭에 응당 법을 취하지 말아야 하며 응당 법 아님도
취하지 말아야 하느니라.

何以故 是諸衆生 若心取相 則爲着我人衆生壽者 何以故 若取法相 卽着我人衆生
壽者 若取非法相 卽着我人衆生壽者 是故 不應取法 不應取非法

해설 │
법을 쓰고 법 아님을 씀에 자유로우면
아상·인상·중생상·수자상이 붙을 자리가 없다.

모든 중생의 마음인 자기의 한 생각이 마음에 상相을 취하고, 법이라는 상
을 취하고, 법이 아니라는 상을 취하면, 곧 아상·인상·중생상·수자상에
집착함이 된다 했다. 이 삼상三相(相·法相·非法相)을 취하면 사상四相(我·人·衆
生·壽者)에 집착함이 되고, 사상이 있으면 삼상에 집착하게 되는 것이 마치
갈대의 단이 서로 의지해야 땅에 설 수 있는 것처럼 연기로서 존재한다.

　　이것이 법이다, 저것은 법이 아니다라고 집착하게 되면 이것으로 인
해 아상·인상·중생상·수자상이 자라게 된다. 그러나 법상과 비법상이
둘이 아닌 줄 알아 법을 쓰고 비법을 씀에 자유로우면 아·인·중생·수자
가 마음에 붙을 자리가 없게 된다.

야부 |
금으로 금을 살 수 없고 물로써 물을 씻지 못하도다.

해설 |
자기의 눈동자가 자기 눈동자를 볼 수 없듯이,
본래 보고 취할 수 없는 것임을 깨달으면 성품을 본 것이다.
—
야부 |
나뭇가지를 잡음은 족히 기이함이 아니라,
벼랑에서 손을 놓아야 비로소 장부로다.
물도 차고 밤도 깊어 고기조차 찾기 어려우니
빈 배에 달빛만 가득 싣고 돌아오도다.

해설 |
수행을 하여 깨달아 얻을 것이 있음이 기이한 게 아니라,
이것마저 몰록 놓을 줄 알아야 장부다.
이 경지에 이르면 범부의 뜻이 다 떨어지고 성인의 앎도 없어
다만 그대로 평상심이 도道가 된다.

이런 뜻인 까닭으로 여래가 항상 말하길 '너희들 비구는 내 설법을 뗏목으로 비유함과 같이 알라.' 하노니 법도 오히려 응당 버려야 하거늘 어찌 하물며 법 아님이겠는가.

以是義故 如來常說 汝等比丘 知我說法 如筏喩者 法尚應捨 何況非法

해설 |
팔만 사천 법문이 다 방편설이며
병에 응하여 약을 쓴 처방전이다.

여래의 법 설함은 강을 건너는 뗏목과 같고 달을 가리키는 손가락과 같다. 팔만 사천 법문이 다 방편설이며 병에 응하여 약을 쓴 처방전이다. 『기신론』에 '법이란 중생의 마음이다.' 하였듯이 여래의 법도 중생의 마음 따라 응하여 시설施設하여 진 것이다. 그런 까닭에 부처님은 한 말씀도 하시지 않으셨다고 한다.

　　육조 스님은 "법法이란 반야바라밀법이요, 비법非法이란 천상에 태어나는 것 등의 법인 것이다. 반야바라밀법도 또한 뗏목과 같아 강을 건너면 응당 버려야 하거늘 하물며 비법이겠는가." 하였다.

야부 |
물이 이르르면 개울이 이루어지도다.

해설 |
나무의 잎이 비법이라면 가지는 법이고,
나뭇가지가 비법이라면 줄기는 법이며,
줄기가 비법이라면 뿌리는 법이 된다.

이런 까닭에 대승심을 발하여야 최상승심을 얻게 되는 것이다. 그러나 하늘에서 비가 내리면 개울을 이루고 개울이 흘러 강이 되고 강은 다시 바다로 가는데 바다는 또다시 하늘로 올라가 비로 내리니 시작과 끝이 따로 없는 무시무종임을 깨달아야 무념을 이루고 둘 아닌 불이의 문을 통과했다 이름 한다.
—
야부 |
종일토록 바쁘고 바쁘나 그 어느 일도 방해되지 않도다.
해탈도 구하지 않고 천당도 즐기지 않도다.
다만 능히 한 생각 무념으로 돌아가면
높이 비로정상毘盧頂上을 걸어가리라.

해설 |
마음에서 상이 쉬어지면
일체 경계의 상도 쉬어지고
무념에서 둘 아니게 작용하면
걸음걸음이 비로자나의 정수리를 밟음이라.

제
7

무득무설분

無得無說分

# 무유정법 아뇩다라삼먁삼보리

●

경문 |

"수보리야 어떻게 생각하느냐? 여래가 아뇩다라삼먁삼보리를 얻었느냐? 여래가 설한 법이 있느냐?"

수보리가 말씀드리기를 "제가 부처님께서 말씀하신 바를 이해하기로는 정한 법이 있지 않으므로 이름 하여 아뇩다라삼먁삼보리라 하며 또한 정함이 있지 않은 법을 여래께서 설하셨나이다."

須菩提 於意云何 如來 得阿耨多羅三藐三菩提耶 如來 有所說法耶 須菩提言 如我解佛所說義 無有定法名阿耨多羅三藐三菩提 亦無有定法如來可說

해설 |

'불佛'은 영원한 생명의 근본이고
'교敎'는 서로 간에 걸림이 없이 소통하는 것이다.
성인이 오면 성인과 소통하고 악인이 오면 악인과 소통한다.
성인이라고 집착하지 않고 악인이라고 거부하지 않는다.
허공같이 텅 빈 맑은 거울이 경계에 따라 응하되 자취가 없다.

아뇩다라삼먁삼보리는 정함이 있지 않은 법無有定法이요, 얻을 것도 없고 설할 것도 없는 법이다. 마음에 아상·인상·중생상·수자상이 없으면 거울에 티끌이 없어 만상이 응하는 대로 비추어 나투는 것과 같아, 성인이 오면 성인을 나투어 응하고, 속인이 오면 속인을 나투어 응하고, 삼라만상이 오는 대로 응하여 나투는 것이 무유정법 아뇩다라삼먁삼보리다.

　　만일 거울이 성인을 비추는 것을 좋아하여 성인이 오면 집착하여 놓지 않고 악인이 오면 싫어하여 비추지 않는다면 거울은 더 이상 거울일 수 없게 되어 버린다. 여러 가지 색깔의 다양한 물감이 있는데 화가가 붉은 색만 좋아하여 붉은 물감만을 들고 놓지 않는다면 그림이 온통 붉게 물들 것이다. 붉은 물감을 썼으면 내려놓고 다시 파란 물감을 들어 쓰고, 파란 물감을 썼으면 내려놓고 다시 흰 물감을 들어 쓰고, 이렇게 들고 놓는 작용이 자유롭고 여여로워야 한다.

불교라고 할 때에 '불'은 영원한 생명의 근본이고 '교'는 서로 소통하는 것이다. 서로 간에 걸림이 없이 소통하는 것이다. 성인이 오면 성인과 소통하고 속인이 오면 속인과 소통하고 짐승이 오면 짐승과 소통하는 것이 이름 하여 교이다. 이것을 무아라 하고, 찰나찰나 작용되는 나툼이라 하고, 공이라 하고, 무유정법이라고 한다. 우리는 모두 무유정법을 가지고 있다. 무유정법은 마치 천연적으로 맑고 청정한 거울과 같다. 거울은 성인은 성인대로 속인은 속인대로 짐승은 짐승대로 그대로 비춘다.

그런데 그 거울이 스스로 고정관념의 때를 만들어 마음에 저장해 놓고 고정관념의 프리즘을 통해서만 세상을 보려고 하고 집착하고 취사 선택한다. 이건 법이라고 집착하고 저건 법이 아니라고 내친다. 그러니까 소통이 되지 않는다. 심지어는 가족하고도 소통이 되지 않는다.

그래서 육조 스님이 "아뇩다라는 밖으로부터 얻는 것이 아니고 다만 마음에 나라는 것, 내 것이라는 것이 없으면 곧 이것이 아뇩다라다. 다만 병에 따라 약을 베풂으로 인하여 마땅함을 따라서 적절히 설하신 것이니 어찌 정한 법이 있으랴." 했다.

자기의 마음이 사상의 티끌을 떠나 고요히 법신의 여래가 되면, 자기의 마음이 본래로 공하여 허공과 같이 텅 비었는데 허공과 같은 마음이 밝고 밝아 경계에 따라 응하여 비추어 나투는 것이 정함이 없는 법, 아뇩다라삼먁삼보리다.

야부 |
추우면 춥다고 말하고 더우면 덥다고 말하도다.

해설 |
자식이 오면 어머니로 응하여 작용하고, 남편이 오면 아내로 응하여 작
용하고, 어머니가 오면 딸로 응하여 작용하는 것이 그대로 무아無我이고
공空이라 하며 반야바라밀이고 정함이 없는 법(무유정법) 아뇩다라삼먁삼
보리다. 그러므로 함허 스님의 설의에 "이승二乘이 있으므로 이승을 설
하고 대승大乘이 있으므로 대승을 설하시니 중생에 응하여 방편을 행하
심은 정한 법이 없으니 인연을 따라서 이치를 세워 그물을 벗어나게 하
였다."라고 하였다.
—
야부 |
구름은 남산에서 일고 비는 북산에서 내리니
나귀의 이름에 마馬자가 얼마나 많았는가.
청천대 넓고 아득한 무정 수無情水를 보아라.
몇 곳이 모났으며 몇 곳이나 둥글었는가.

해설 |
"내게 지금 닥치는 모든 선업 악업이 전생에 그 사람이 지은 과보인데 이
생에 내가 왜 그 과보를 받는가? 전생에 지은 그 사람에게 받으라고 하지."
한다면 바로 남산이 따로 있고 북산이 따로 있다는 상相을 고집하는 것과
같다. 즉 원인은 남산에 있는데 결과는 북산에서 이루어진다는 것 자체가
본래 그대로 우리의 삶이다. 지금 온통 닥치는 경계가 과거에 지은 원인
으로 말미암아 있으며, 지금 마음 쓰는 이것이 또한 미래를 규정하고 있다.
그래서 지금 일어나는 한 생각이 과거이며 미래이고 현재인 한 생각이므
로 남산과 북산이 둘이 아니다.

'나귀의 이름에 마마자'라는 것은 나귀의 종류가 여럿이라도 그 이름 속에는 항상 마馬자가 있듯이 지금 나투어진 현상(결과) 속에는 항상 원인이 내재되어 있으며 인연 따라 나투는 것이 무유정법 아뇩다라삼먁삼보리라는 뜻이다.

'무정수無情水'라는 것은 정함이 있지 않은[無有定法] 물이다. 같은 물이라도 뱀이 마시면 독이 되고 소가 마시면 우유가 되니 이것이 무정수無情水다. 동그란 찻잔에 담기면 찻잔의 물이 되고, 네모난 바가지에 담기면 바가지 물이 되고, 바다로 흐르면 바닷물이 되고, 사람이 먹으면 사람이 되고, 하늘사람이 먹으면 하늘사람이 되고, 아귀가 먹으면 아귀가 되고 이렇게 크고 작게 갖가지로 나눠지면서 찰나찰나 응해서 전부 돌아가는 것, 이것이 무정수다.

'몇 곳이나 모났으며 둥글었는가'라는 것은 자기 안의 복잡한 갖가지 마음작용을 말하는 것이다. 자기 안에 성품의 꽃이 얼마나 복잡하게 많은지 소인 같은 마음도 있고 지옥·아귀 같은 마음도 있고 독사와 같은 마음도 있고 하늘과 같은 마음도 있고, 지금 자기 마음 안에 헤아릴 수 없는 마음들이 있다. 비유하자면, 밥상에 간장 종지가 있고 반찬 그릇이 있고 밥그릇이 있고 국그릇이 있고 큰 사발이 있는 것과 같다. 간장 종지가 작으니 나쁘다고 할 수 있나, 사발이 크니 좋다고 할 수 있나? 종지는 종지대로 사발은 사발대로 쓰임이 다를 뿐이니 모두 그대로 옳다.

자기 안에 독사와 같은 마음이 있어도 버릴 것이 없고 착한 마음이 있어도 항상 옳은 것은 아니다. 독사의 마음은 나쁘게 쓰니 나쁜 것이지 그 자체는 나쁜 것이 아니다. 착한 마음만 가지고서는 악한 사람을 못 건진다. 성인의 마음은 악한 사람과도 통하기 때문에 이름을 성인이라 하는 것이다. 모두가 좋다고 생각하는 큰 그릇은 큰물에 가서 띄워야 한다. 그렇지 않은가? 만약 큰 배만 좋다고 하면, 얕은 물이 닥치면 어떻게 하는가? 무용지물이 되는 것이다. 그러므로 크고 좋은 것만 추구하는 사람은 지혜가 능숙하지 못한 사람이다.

큰 사찰에 가면 꾸부정한 대들보도 있고 삐딱하게 올라간 기둥도 있다. 대들보며 기둥이라고 해서 곧은 나무만 쓰는 것은 아니다. 큰 목수는 집을 하나 지을 때 굽은 것은 굽은 것대로 쓰고, 바른 것은 바른 것대로 쓰고, 가는 것은 가는 것대로 쓰고, 짧은 것은 짧은 것대로 다 쓴다. 집 한 채 다 짓고 나면 쓰레기가 하나도 나오지 않는다. 다 쓸모가 있기 때문이다. 그런데 능력이 부족한 작은 목수는 집을 지으려면 요것은 굵어서 못 쓰고 저것은 가늘어서 못 쓰고 이것은 굽어서 못 쓰고 이렇게 전부 버리고 나면 집 한 채 짓는 데 그보다 더 큰 쓰레기 더미를 쌓게 된다.

모든 것은 쓰임에 달린 것이다. 능력껏 딱 벗어나서 쓰는 놈, 악은 악대로 쓸 줄 알고, 선은 선대로 쓸 줄 알고, 독은 독대로 쓸 줄 알고, 약은 약대로 쓸 줄 알아야 능수능란한 사람이다. 지혜가 출중한 사람이다. 그러니까 우리가 옳다고 하는 것이 다 옳은 것인가, 틀리다고 하는 것이 다 틀린 것인가 생각해 보아야 한다.

고정관념을 내려놓아라, 내가 옳다는 것도 좀 내려놓고 저 사람이 그르다는 것도 좀 내려놓고, 그러다 보면 스스로 지혜가 풍부해지고 넓어지고 자유스러워진다. 이것의 이름이 무유정법 아뇩다라삼먁삼보리다. 이미 일체 중생이 다 가지고 있는 것이다. 천연적으로 가지고 있는 것 자체가 무유정법 아뇩다라삼먁삼보리다. 더 얻을 것이 있다면 이미 무유정법이 아니다.

# 무위법으로 차별을 두다

◉

경문 |
왜냐하면, 여래께서 설하신 법은 다 가히 취할 수 없으며 가히 말할 수
없으며 법도 아니며 법 아님도 아니기 때문입니다.
何以故 如來所說法 皆不可取 不可說 非法非非法

해설 |
설법자는 설한 바 없이 설하고
청법자는 듣는 바 없이 들어야
바르게 설하고
바르게 들은 것이다.

여래께서 법을 설하신 게 있고, 대중은 법을 들은 게 있고, 여래의 법이라
는 게 따로 있다면 이것은 다 유위법으로 옳지 않다.

무착 스님이 이르되 "불가취不可取란 바르게 들을 때를 말하는 것이
고 불가설不可說이란 바르게 설할 때를 말하는 것이다."라고 했다. 어떻게
하는 것이 법을 바르게 듣고 바르게 설하는 것이 되는가?

설법자는 지금 법을 설하는 자의 본체를 알아, 오온으로 가화합된 허
깨비 같은 물건이 법을 설하지 않고 텅 비어 공한 가운데 밝고 밝은 반야의
광명이 법을 설한다는 사실을 알아야 하고, 청법자도 또한 이와 같음을 알
아야 한다. 이런 까닭에 청법자는 가히 듣는 바가 없이 들을 줄 알아야 하고,
설법자는 가히 설한 바가 없이 설할 줄 알아야 이것이 곧 바르게 설하고 바
르게 듣는다는 뜻이다. 설한 사람은 공해서 없고 듣는 사람도 공해서 없고
설한 법도 공해서 없어야 이름 하여 설법과 청법의 완성(바라밀)이라고 한다.

설법자와 청법자는 자기의 본래 성품 안에서 하나로 통하여 있다. 자기의 본래 성품은 원만한 허공과 같아 더함도 덜함도 없이 이미 다 가지고 있는 자리다. 그래서 여래께서 설하신 법은 취할 게 없고 얻을 게 없다고 한다. 만일 성인의 법이라고 얻을 게 있다고 하고 붙잡을 것이 있다고 하면 부처라는 상이 드러난 것이다. 거울이 벌써 깨달아야지 하는 갈구하는 마음을 비추고 부처라는 상을 비추고 깨닫지 못하였다는 마음을 비추고 부처가 아님을 비추고 있는 것이다. 거울이 갖가지 취사선택을 부리면서 부처라는 상을 붙잡으면 그것이 거울인가?

그래서 여래께서 설하신 법은 취할 수 없음이요, 얻을 게 없음이요, 말로 할 수 없음이요, 깨달을 것도 없음이다. 붙잡은 것이 없으므로 무엇이든지 가져다 쓸 수 있고 들었다 놓았다를 자유롭게 하는 대자유인이라 한다.

논論에 이르되, "비법非法이라고 하는 까닭은 일체 법의 본체는 모양이 없기 때문이며, 비비법非非法이라고 하는 것은 진여眞如에는 아我가 없어서 실상實相이 있는 연고다."라고 하였다. 내가 없어서 실상이 있다는 것은 비유하자면, 광명은 모양이 없지만 만상을 비추어 나투게 하는 것으로 자신을 드러냄과 같다.

그러므로 일체 법의 본체는 모양이 없는 까닭에 비법이 되고, 진여는 본래 공하여 내가 없고 내가 없음을 요달하여 체득하면 비비법이 된다. 즉, 내가 없음을 요달하여 체득한 것은 있다는 것이다.

야부 |
이 뭐꼬.

해설 |
취할 수도 없으며 말할 수도 없으며 법도 아니고 법 아님도 아닌 이것이
무엇인가. 이것이 우리의 자성이다. 이 뭐꼬. 그 놈이다 그대로.

　　　함허 스님의 설의에 "부처님이 설하신 법은 마치 물 위에 떠있는 표
주박과 같다."고 하였으니 물결이 일어 경계에 부딪치면 곧 움직여 방편
으로 설하여지는 것이지 가히 취할 정한 법이 있는 것이 아니다.
—

야부 |
이렇게 해도 아니 되고 이렇게 하지 않아도 아니 되니
넓고 큰 허공에 새가 나르나 자취가 없구나.
돌咄. 기륜을 움직여 도리어 거꾸로 돌리니
남북동서에 마음대로 왕래하도다.

해설 |
허공과 같이 텅빈 자기 자성에
흔적없이 사라지는 삶의 자취
그림자에 속지 말고 근원으로 돌아가라.
근원으로 돌아가면
찰나찰나 나타나는 모든 자취가
그대로 진실이며 보살행이다.

옳은 것도 놓고 그른 것도 놓고, 놓고 놓아감에 마음을 허공과 같이 놓아
가면 자기의 마음이 허공이 되어 일체의 경계에 자취가 없게 되고 근원으
로 돌아가게 되어 자유권을 얻게 된다.

자기 자성이 허공이라면 허공 속을 나르는 새의 자취란 무엇인가? 그것도 또한 자기다. 허공에 새가 나르면 새가 그려지지만 그 자취는 흔적이 없어 지나가면 없어지고 지나가면 없어져 버린다. 마치 텅 빈 거울에 이것이 비쳤다 지나가고 저것이 비쳤다 지나가는 것과 같이. 그러므로 끝없이 지나가는 그 그림자에 속지 마라. 그러나 그것이 환상이라고 무시하지도 마라. 찰나찰나 나투는 것이 또한 진실이요, 보살행이다.

근원으로 돌아가라. 모든 것을 그것이 나온 근원에 전부 놓고 맡겨라. 돌아가는 것을 쫓아가지 말고 돌아가는 근원으로 들어가라. 이렇게 되면 남북동서에 어떻게 작용이 되든지 마음대로 왕래한다. 왜냐하면 우리의 자성자리는 동서남북을 쥐고 있는 자리이므로. 공간을 쥐고 그 다음에 시간을, 과거·미래·현재를 쥐고 있는 자리이므로.

경문 |

까닭이 무엇인가 하면 모든 현성이 다 무위법으로써 차별을 두었기 때
문입니다.

所以者何 一切賢聖 皆以無爲法 而有差別

해설 |

복숭아꽃은 붉게 피고 배꽃은 희게 피나
어떠한 인위적인 자취도 남지 않는다.

무위법無爲法이란 유위법有爲法의 반대이다. 유위법은 함이 있는 법으로
어떤 행위를 했다면 자취가 남아 있는, 상相이 남아 있는 상태를 말한다.
무위법은 어떤 행위를 함에 자취가 남아 있지 않는, 상[四相]이 남아 있
지 않는 상태로 분별하는 마음이 개입되지 않고 자연스럽게 이루어지
는 것을 말한다.

　　마음근본은 본래 성품이 고요하고 텅 비어 움직이지 않고 만상을
밝게 비추어 물들지 않는 성질을 갖추고 있음을 깨달으면 깨닫는 그 자리
에서 나오는 법이 모두 무위법이 된다. 마치 물이 바람만 불지 않으면 어
떤 인위적인 조작이나 닦음을 의지하지 않아도 스스로 고요하고 움직이
지 않고 만상을 밝게 비추되 물들지 않는 것과 같다. 또 거울이 티끌로 인
하지만 않으면 만상을 비추어 나투되 조금도 물들지 않는 것과 같다.

　　봄바람이 스스로 아무 차별 없이 무심으로 불건만 복숭아꽃은 붉게
피고 배꽃은 희게 피고 개나리는 노랗게 피는 것은 일체 현성賢聖이 다 무
위법으로써 차별을 두었다는 뜻이다.

　　함허 스님의 설의에 "일체 현성의 증득한 법이 모두 무위로써 차별
을 두었으니 이 차별이 곧 무위라 중간과 양변을 멀리 벗어났도다. 이러하

면 곧 한 맛의 무위법이 성문聲聞에 있으면 사제四諦라 하고 연각緣覺에 있으면 십이연기十二因緣라 하고 보살菩薩에 있으면 곧 육바라밀이라 하니 육바라밀과 십이인연과 사제가 낱낱이 취할 것도 없고[不可取] 설할 것도 없음(不可說)이로다." 하였다.

야부 |

털끝만한 차이가 있으면 하늘과 땅처럼 벌어지도다.

해설 |

한 생각에 유위법에 집착하면 중생이고,
한 생각에 유위법과 무위법이 둘이 아닌 줄 알면 보살이다.

털끝만한 차이는 무엇인가? 한 생각의 무위법과 유위법이다. 설의에 "법이
비록 한맛이나 견해가 천차만별이니 이 까닭에 천차만별이 다만 한 생각에
있음이라. 한 생각 차이에 나누어짐이 하늘과 땅 차이 같으니 비록 이와 같
으나 천지는 하나로 통하리라. 이러한즉 금으로 천 개의 그릇을 만들면 그릇
그릇이 모두 금이요, 전단의 만 조각이 조각마다 모두 향이로다."라고 하였다.
    한 생각으로 유위법에 집착하여 사상(아상·인상·중생상·수자상)을 내면
중생이라 이름 하고, 한 생각에 유위법과 무위법이 둘이 아닌 줄을 깨달으
면 사상四相이 없어 보살이라 이름 한다. 비유하건대 나무의 뿌리를 무위
법이라 하고 나무의 잎과 가지와 꽃과 열매는 유위법으로, 나무는 뿌리를
근본으로 의지하여 존재하는 줄을 알면 유위법과 무위법이 둘이 아님을
깨달아서 보살행이라 하고 무위법행이라 하는 것이다.
—

야부 |

바른 사람이 삿된 법을 설하면 사법邪法이 다 바른 법으로 돌아오고, 삿된
사람이 바른 법을 설하면 정법正法이 다 삿됨으로 돌아가도다.
강북에서는 탱자가 되고 강남에서는 귤이 됨이여,
봄이 오면 모두 똑같이 꽃이 피도다.

해설 |

무위법을 깨달은 사람(현성)이 삿된 법[殺盜淫妄酒]을 행하여도 모두 중생을

이롭게 하려는 방편이다. 성인은 아무리 때리고 욕을 해도 일체 중생을 이익 되게 하고 제도하기 위한 방편으로, 마치 부모가 자식을 회초리로 때릴 때 미워서 때리는 것이 아니고 자식의 입장에 서서 기뻐하고 슬퍼하는 사랑의 여러 가지 모습인 것과 같다. 세상의 사랑 중에 부모의 자식 사랑만이 승부심이 없고 주고받음이 없는 평등한 사랑이라 성인의 마음과 가장 닮았다고 한다.

'강북에서는 탱자가 되고 강남에서는 귤이 됨이여'라고 함은 마음의 거울이 밝으면 만상이 그대로 드러나 노인이 오면 노인이 되고 아이가 오면 아이가 되고 여자가 오면 여자가 되고 남자가 오면 남자가 됨이 자유자재하여 이름 하여 관자재라 한다. 중생들이 숭상하는 일체 행위와 법은 모두 다 구경究竟의 진리에 닿아 있는 까닭에 꽃피지 않는 나무 없고 열매 맺지 않는 나무가 없다고 한다.

제
8

의
법
출
생
분

依法出生分

# 복덕과 복덕성에 대하여

◉

경문 │

"수보리야, 어떻게 생각하느냐. 만약 어떤 사람이 삼천대천세계에 가
득한 칠보로써 보시한다면 이 사람이 얻을 복덕이 얼마나 많겠느냐?"
수보리가 말씀드리기를 "매우 많습니다, 세존이시여. 왜냐하면 이 복
덕은 곧 복덕성이 아니므로 여래께서 복덕이 많다고 말씀하셨습니다."
"만약 다시 어떤 사람이 이 경 가운데서 사구게 등만이라도 수지하여
다른 사람을 위하여 설한다면 그 복이 저 앞의 복보다 수승하리니."

須菩提 於意云何 若人 滿三千大千世界七寶 以用布施 是人 所得福德 寧爲多不
須菩提言 甚多世尊 何以故 是福德 卽非福德性 是故 如來 說福德多 若復有人 於
此經中 受持乃至四句偈等 爲他人說 其福 勝彼

해설 │

유위법에는 유위의 말씀으로
무위법에는 무위의 말씀으로
짐짓 방편을 베푸시어
부처님이 북을 치시니
수보리가 장구로 화답하였다.

복덕이 많다, 적다를 구분하면 이미 유위법으로 한계가 있다. 무량한 복덕
이 아니다. 그럼에도 불구하고 부처님께서 "삼천대천세계에 가득한 칠보
로써 보시한다면 이 사람이 얻을 복덕이 얼마나 많겠느냐?"라고 짐짓 물
으셨다. 유위의 세계에 익숙한 사람들을 위해 유위의 말씀으로 방편을 베
푸신 것이다. 이에 수보리가 얼른 "매우 많습니다."라고 짐짓 대답하였다.

부처님께서 무위법인 복덕성福德性을 깨닫게 하기 위하여 유위법의 복덕으로 말씀을 시작하시는 뜻을 이심전심으로 알아차렸기 때문이다. 부처님이 북을 치니 수보리가 장구로 화답하였다.

삼천대천세계에 가득한 어마어마한 양의 칠보를 보시하는 복덕을 먼저 말씀하시고 나서 금강경의 사구게 등을 보시하는 복덕이 이보다 훨씬 크다는 말씀을 하시니 금강경의 사구게 등을 보시하는 복덕이 얼마나 큰지를 실감나게 한다.

금강경의 사구게는 제5「여리실견분」에 나오는 '범소유상凡所有相 개시허망皆是虛妄 약견제상비상若見諸相非相 즉견여래卽見如來'의 유명한 구절이다. 사구게는 금강경의 골수이며 무위법의 핵심이다. 이 무위법의 이름이 복덕성이다. 이 무위법에서 삼천대천세계가 출현하고, 삼천대천세계에 가득한 칠보도 이 복덕성을 떠나지 않는다. 무위법은 일체의 복덕이 출현하는 자리이다. 정말 큰 복덕은 한량이 없는 복덕, 무량한 복덕, 무위의 복덕이다.

복덕의 성性이란 무엇인가? 복덕이 드러난 모습은 복덕상相이라 하고 이 복덕상의 근본이며 본체인, 이 상相을 존재하게 하는 불변의 본질을 성性, 곧 복덕성이라 한다. 비유하자면 광명이 일체 삼라만상을 비춤에 일체 삼라만상이 모습을 드러내듯이, 복덕을 비추면 복덕의 상相이 드러나 펼쳐지게 되는 것이다. 그러나 이 복덕을 비추어 펼쳐지게 하는 본체는 복덕성性이다.

육조 스님은 복덕성에 대하여 "자성으로 하여금 모든 유有(있음)에 떨어지지 않으면 이를 복덕성이라 이름 한다. 마음에 능소(주관, 객관)가 있으면 복덕성이 아니요, 능소심能所心이 끊어져야 복덕성이라 한다. 마음이 부처님의 가르침을 의지하고 행이 부처님의 행과 같으면 이를 복덕성이라 이름 하고 부처님의 가르침을 의지하지 않고 능히 부처님의 행을 실천하고 이행하지 않으면 곧 복덕성이 아닌 것이다."라고 하였다.

자기의 마음이 있음[有]과 없음[無]에 집착하면 복덕성이 아니라 하고, 있음과 없음을 벗어나서 둘 아니게, 있음이 오면 있음을 쓰고 없음이 오면 없음을 쓰는 것, 이것이 복덕성이다. 누구나 무엇을 얻고 이루기 위해 기도를 하는데 기도 성취가 이루어지려면 일념으로 관세음보살을 염하고 부처님을 염念하라 한다. 그러나 자기 마음속에 얻으려는 마음과 구하려는 마음이 남아 있다면 기도 성취가 어렵다. 왜냐하면 얻으려는 마음과 구하려는 마음 자체가 이미 부족한 마음으로, 이 부족한 마음을 없애지 않으면 부족한 상황을 바꾸기 어렵기 때문이다.

자기의 마음근본이 복덕성인 까닭에 얻으려는 마음과 구하려는 마음이 다 쉬어지면 저절로 구족한 마음이 드러나 복덕상相이 나타나게 된다.

야부 |
일은 무심에서 얻어지느니라.

해설 |
무심은 일체 공덕의 어머니이다.
무심으로 마음을 내면 그대로 적중한다.

사구게의 본체는 무심이며 무심이 복덕성인 까닭에 일체의 복덕은 무심
에서 나온다. 이 사구게를 진실하게 믿기만 하면 자기 마음 가운데 무아無
我의 이치가 드러나 체험하게 되고 무아를 체험하게 되면 스스로 마음이
허공과 같아 걸림이 없는 줄 알아 다시 닦아 나아갈 그 무엇이 도무지 없
는 이 마음을 무심이라 한다.
　　백일기도를 한다고 할 때 바라는 바가 있기 때문에 백일기도를 붙
이고 날마다 빠지지 않고 기도를 한다. 그러나 그 바라는 마음이 마음속
에 있는 한 그 바라는 바가 원만히 이루어지기는 힘들다. 왜냐하면 바라
는 마음의 근본바탕은 부족한 마음이기 때문이다.
　　그러나 기도를 열심히 하다 보면 기도 일념에 들어 어느 순간 바라
는 마음이 없어져 무심으로 돌아가는 순간에 닿게 된다. 기도의 궁극은
무심이다. 바라는 바 없이 원하는 바 없이 하는 기도가 진짜 기도다. 이
무심이 일체 공덕의 어머니인 까닭에 마음을 냈다 하면 그대로 적중한다.
그래서 무심으로 바탕을 삼고 원력으로 첫 생각을 삼아 행한다면 이름
하여 무심법행無心法行이라 한다. 일은 무심에서 이루어진다.
—
야부 |
보배가 삼천대천세계에 가득하더라도
복의 인연은 마땅히 인간과 천상을 여의지 못하나니
복덕이 원래 성품이 없음을 알면

본지풍광本地風光을 사는 데 돈을 쓰지 않으리라.

해설 |

재물로 함이 있는 보시를 삼천대천세계에 가득 차게 하더라도 한정이 있고 유한한 유위법이다. 그러므로 그 복의 결실은 유위의 세계인 인간과 천상을 벗어날 수가 없다.

　　돈이라는 것은 노력이고 노력이라는 것은 복덕이다. 돈을 쓰지 않는다는 것은 노력할 필요가 없다는 것이다. 본지풍광을 사는 데는 돈도 노력도 작은 힘도 들일 필요가 없다. 복덕이 원래 공한 줄을 알면 본지풍광, 즉 본래면목이 스스로 드러나게 된다.

　　복덕은 유위이고 복덕의 성품은 무심이다. 무심이면 참으로 복과 복덕성을 얻게 된다. 복덕성을 얻는 것은 나무의 뿌리를 얻는 것과 같아서 일체 뿌리 속에 열매도 있고 꽃도 있고 푸른 잎도 있으니 모든 복덕이 복덕성 속에 포함되어 있다. 그래서 야부 스님이 일은 무심에서 이루어진다고 하고 본지풍광을 사는 데는 돈을 쓰지 않는다고 한 것이다.

# 이 경의 출처

○

경문 |

왜냐하면 수보리야, 일체 모든 부처님과 모든 부처님의 아뇩다라삼먁
삼보리법이 다 이 경으로부터 나왔기 때문이니라.

何以故 須菩提 一切諸佛 及諸佛阿耨多羅三藐三菩提法 皆從此經出

해설 |

이 경의 출처는 나 자신이다.

이 경이란 무슨 경인가? 현상적으로는 금강경이다. 그런데 금강경을 포함
한 일체 경은 궁극적으로 무위의 마음근본과 유위의 마음작용을 둘 아니
게 쓰는 나 자신에게서 나온 것이다. 그러므로 이 경의 출처는 나 자신이다.

　　육조 스님 말씀에 "이 경이란 이 한 권의 글을 가리키는 것이 아니
고 요컨대 불성의 체體에서 용用을 일으켜서 묘한 이치가 무궁함을 나타
낸 것이다. 모든 부처님과 아뇩다라삼먁삼보리의 법이 모두 깨달아 비추
는 곳으로 좇아 나오는 까닭에 이르기를 '이 경으로부터 나온다.' 하신 것
이다."라고 하였다.

　　자기의 텅 비고 고요한 마음거울인 불성이 욕망과 성냄과 어리석음
으로 물들지만 않으면 본래 밝고 밝아 만상을 그대로 비추니 내가 바로
경전이 된다. 일체 모든 부처님과 모든 부처님의 아뇩다라삼먁삼보리법
도 자기의 마음근본과 마음작용을 떠나서 존재하지 않는다.

야부 |
또 일러라.
이 경은 어느 곳에서 나왔는가.
수미정상須彌頂上이요,
대해大海의 파도 중심이니라.

해설 |
수미산의 꼭대기라, 문수가 오대산에 머무는 까닭은 법이 우뚝하여 마음
의 본체가 본래 티끌에 머물지 않는 까닭이요, 대해의 파도 중심이라, 관
음이 낙산에 머물러 일체를 받아들여 작용함에 청정히 자유 자재함을 말
한다. 문수를 친견하러 오대산에 가고 관음을 친견하러 낙산에 가지만
문수를 뵐 수 있고 관음을 뵐 수 있는 그 안목이 더욱 귀중하다. 그 안목
이란 오대산에 가면 문수가 되고 낙산에 가면 관음이 되는 그 사람이 바
로 이 경의 출처다.
―

야부 |
불조佛祖께서 자비를 베푸시어 진실에서 방편을 두시니
말씀 말씀이 다 이 경을 여의지 않고 베푸셨도다.
이 경의 출처를 아는가.
문득 허공을 향해 철선鐵船을 몰지니라.
간절히 바라노니 잘못 알지 말지어다.

해설 |
이 경의 출처를 자세히 아는가?
문득 허공을 향해 철선을 몰고 갈 지니라.
허공은 어디에 있는가?
이 마음의 성품이 허공이다.

생철로 만든 배, 대단한 근기를 가진 놈이 일체 중생을 태우고 허공으로, 저 언덕으로 가고 있다. 보리심을 투철하게 일으킨 놈이 소, 말, 돼지, 아귀 등 일체 중생을 태우고 마음 한 곳으로 들어가고 있다. 그러니 마음 밖에서 따로 구하는 잘못을 범하지 말라.

　　홀어머니가 외아들을 대하듯 부처님과 조사 스님들의 중생들을 향한 법 설하심 또한 간절하다.

수보리야, 이른바 불법이라 하는 것은 곧 불법이 아니니라.

須菩提 所謂佛法者 卽非佛法

해설 |

불법이라고 고정해 버리면 불법이 아닌 것으로 돌아선다.
진리는 고정되어 있지 않고 순간순간 나툼에 따라 변한다.

'불법佛法은 비불법非佛法이다'라는 유명한 구절이다. 불법이 왜 불법이 아
닌가? '이것은 부처님 법이다, 이것은 진리다'라고 고정시켜 버리면 바로
이것은 부처님 법이 아니고 진리가 아닌 것으로 돌아서 버리기 때문에 그
렇다. 진리는 고정되어 있지 않고 순간순간 나툼에 따라서 변한다.

　　육조 스님 말씀에 "일체의 문자장구가 표시와 같고 손가락과 같으
니 표시와 손가락은 그림자나 메아리와 같은 뜻이다. 표시에 의지해서 사
물을 취하고 손가락에 의지해서 달을 보는 것이다."라고 하였다. 불법이
란 말과 생각을 떠나 있으며 말과 생각의 표시는 문자장구文字章句인데 문
자는 사물의 본체를 말하지 못하고 달을 가리키는 손가락과 같아 팔만대
장경이 모두 인연 따라 방편으로 설하여진 까닭이다.

능히 단 과자를 가지고 너의 쓴 호로와 바꾸도다.

불법은 단 과자와 같고 비불법은 쓴 호로와 같다고 하였다. 고요히 그냥
묵연히 앉아 있을 때, 무심할 때, 이때는 불법이 있는가 없는가?

　　부처가 있는가 없는가?

　　아뇩다라삼먁삼보리법이 있는가 없는가?

　　그러나 항상 없는 데만 머무르는 것도 아니다. 무심에서 작용이 나
오고 또 작용에서 근원으로 돌아가고 이렇게 머무름 없이 들고 남이 자유
자재한 것이다. 마치 시계추가 왔다갔다 하듯이 작용했다 하면 작용하기
이전 자리로 돌아가고 작용하기 이전 자리로 돌아갔다 싶으면 다시 작용
으로 나오고, 그러므로 불법이 비불법이다.

—

불법佛法이 비법非法이여.
능히 놓아두기도 하고 능히 뺏기도 한지라
놓아두기도 하고 거두어들이기도 하며
살리기도 하고 죽이기도 하도다.
미간에 항상 백호광白豪光을 놓거늘
어리석은 사람은 오히려 보살에게
물음을 기다리는구나.

불법과 비법이란 자기의 마음거울이 항상 본래 밝으니 능히 놓고, 능히 뺏
고, 살리고, 죽임이 자재하다. 중생의 마음이란 이것을 알지 못하고 부질
없이 밖으로만 찾는 것을 말한다.

부처님 법이란 성스럽고, 거룩하고, 위대한 곳에만 있는 것이 아니라 속스럽고, 비천하고, 하열한 곳에도 항상 평등하게 존재하고 있다. 그래서 어떤 때는 가장 성스럽고 거룩하게 작용하다가도 어떤 때는 가장 속스럽고 비천하게 작용하는 것이 자유자재하다. 이것은 이 두 가지 작용을 지켜보고 아는 놈을 깨닫게 하기 위하여 불법을 쓰고 비법을 씀이 본래 갖추어진 광명이라 어리석게 밖에서 찾지 말라 한 것이다.

제
9

일
상
무
상
분

一相無相分

# 수다원

경문 |

수보리야, 어떻게 생각하느냐. 수다원이 능히 이런 생각을 하되 '내가 수다원과를 얻었다' 하겠느냐?"

수보리가 말씀드리되 "아닙니다, 세존이시여. 왜냐하면 수다원은 성인의 흐름에 들어간다고 하지만 들어간 바가 없기 때문에 색·성·향·미·촉·법에 들어가지 않으므로 이를 수다원이라 이름 합니다."

須菩提 於意云何 須陀洹 能作是念 我得須陀洹果不 須菩提言 不也 世尊 何以故 須陀洹 名爲入流 而無所入 不入色聲香味觸法 是名須陀洹

해설 |

누구나 진실로 발심하여 생사를 벗어나고자 하는 순간 수다원이 된다. 본래 성품은 생사가 없고 색·성·향·미·촉·법에 물들지 않는 까닭에 거스를 것도 없고 들어갈 것도 없으므로 이름 하여 수다원이라 한다.

수다원과는 성인의 흐름에 참여하는 첫 번째 단계인 까닭에 입류入流(흐름에 들어감)라고도 하고 예류預流(흐름에 참여함)라고도 하며 역류逆流(생사의 흐름을 거스름)라고도 한다. 성인의 지위에 처음 들어갔으므로 욕계에 있으면서 또한 색계에 있는 초발심자이기도 하다. 그래서 욕계와 색계가 겹쳐진 자리라고도 한다.

모든 공부는 항상 나로부터 출발하여 나로 귀결되어야 한다. 성인의 흐름이라고 해서 나는 늘 중생이고 성인은 별달리 따로 존재한다고 생각하면 이 또한 잘못된 생각이다. 욕망의 세계에 살면서 집착하고 욕심내고 하다가도 욕망을 거슬러 색계를 향하는 마음, 순간순간 내가 누구인지 알고자 하고 진리에 합일되고자 하고 잘 살고자 하는 여러분 자신이 바로 입류이며 예류이고 역류가 된다.

석가모니 부처님께서는 싯다르타 태자 시절 농경제에 참여했다가 거기에서 연쇄적으로 먹고 먹히는 약육강식의 세계를 보고 충격을 받으면서 깊은 명상에 들어가셨다.

나중에 성도하시고 나서 그때를 돌이켜 색계의 초선천에 들어갔다고 표현하셨는데, 색계 초선천이 바로 수다원과다. 누구나 살다보면 어느 날 문득 충격을 받고 허공을 쳐다보고 묵연히 앉아서 과연 사는 게 뭔가, 어떻게 사는 것이 진짜 제대로 사는 것인가 생각할 때가 있을 것이다. 이때 수다원과에 들어가는 것이다. 누구나 진실로 발심하여 생사를 벗어나고자 하는 순간 수다원이 된다.

그러나 성인의 흐름에 들어간다고 하지만 본래 성품은 생사가 없고 색·성·향·미·촉·법에 물들지 않는 까닭에 거스를 것도 없고 들어갈 것도 없으므로 이름하여 수다원이라 한다.

또 수다원과를 얻은 자는 욕계와 색계를 일곱 번 왕래하고 나서야 완전한 깨달음을 얻는다고 하는데 무슨 뜻인가? 이것은 육근六根을 청정히 하면 색·성·향·미·촉·법에 물들지 않으므로 칠보를 이루는 까닭에 일곱 번 왕래한다 하는 것이다.

# 사다함

○

경문 |

"수보리야, 어떻게 생각하느냐. 사다함이 능히 이런 생각을 하되 '내가
사다함과를 얻었다' 하겠느냐?"
수보리가 말씀드리기를 "아닙니다, 세존이시여. 왜냐하면 사다함은
이름이 일왕래一往來이나 실로는 왕래함이 없기 때문에 이를 사다함이
라 이름 합니다."

須菩提 於意云何 斯陀含 能作是念 我得斯陀含果不 須菩提言 不也 世尊 何以故
斯陀含 名一往來 而實無往來 是名斯陀含

해설 |

누구나 한 생각에 천상의 마음을 일으켜
천상에 한 번 갔다 오면 사다함이 된다.
그러나 본래 성품은 천상도 없고 인간세상도 없으며
가고 옴이 없는 까닭에 이름 하여 사다함이라 한다.

사다함이란 일왕래一往來로 한 번 되돌아오는 자라 한다. 천상에 태어났다
가 다시 인간의 몸을 받아 완전한 깨달음을 이루게 된다는 뜻이다. 죽어서
도 천상에 가지만 살아서도 천상에 간다. 누구나 한 생각에 천상의 마음을
일으켜 천상에 한 번 갔다 오면 사다함이 된다. 그러나 본래 성품은 천상도
없고 인간세상도 없으며 가고 옴이 없는 까닭에 이름 하여 사다함이라 한다.
　　사찰에 가면 일주문, 천왕문, 불이문을 차례로 지나 법당에 이르는
이치가 바로 이것이다. 천왕문이 바로 하늘 문이다. 하늘사람의 마음을 내
지 않고서는 불이문을 지날 수 없고, 둘로 보지 않는 마음을 얻지 않고서

는 법의 눈을 얻을 수 없고 부처님을 만날 수 없다.

육조 스님은 "대승 사다함이란 눈으로 모든 경계를 볼 적에 마음에 일생일멸一生一滅만 있고, 제이第二의 생멸이 없는 고로 일왕래라 하니 앞생각이 망상을 일으키면 뒷생각이 곧 그치고 앞생각이 집착이 있으면 뒷생각이 곧 여의게 되니 실로는 왕래함이 없으므로 사다함이라 말하느니라."라고 하였다. 즉, 앞생각에 망상이 일어나면 뒷생각이 알아차리고 깨닫는 자가 일왕래요, 사다함이라 한 것이다.

# 아나함

경문 |

"수보리야, 어떻게 생각하느냐. 아나함이 능히 이런 생각을 하되 '내가 아나함과를 얻었다' 하겠느냐?"

수보리가 말씀드리되 "아닙니다, 세존이시여. 왜냐하면 아나함은 불래不來라고 하지만 실로는 오지 않음도 없기 때문에 이름 하여 아나함이라 하나이다."

須菩提 於意云何 阿那含 能作是念 我得阿那含果不 須菩提言 不也 世尊 何以故 阿那含 名爲不來 而實無不來 是故 名阿那含

해설 |

아나함은 돌아오지 않으면서 실로 돌아오지 않음도 없이 오고 감에 자재하여 자유권을 가지고 있는 까닭에 이름 하여 아나함이라 한다.

아나함은 불환不還, 불래不來라고 하니 '돌아오지 않는 자'라는 뜻이다. 욕계欲界의 번뇌를 모두 끊어 욕계를 완전히 벗어난 사람, 다시 말해 욕계로 돌아오지 않는 자이므로 불환, 불래라고 한다.

　　육조 스님은 "밖으로는 가히 욕심낼 만한 경계를 보지 않고, 안으로는 욕심이 없어서 결정코 욕계를 향하여 생을 받지 않으므로 불래라 하고, 실로는 오지 않음도 없으니 불환이라고도 한다. 욕망의 습기가 영원히 다하여 결정코 와서 생을 받지 않는 고로 아나함이라 한다." 하였다.

　　아나함은 불래不來이면서 이실무불래而實無不來, 즉 돌아오지 않으면서 실로 돌아오지 않음도 없이 오고 감에 자재하여 자유권을 가지고 있는 까닭에 이름 하여 아나함이라 한다.

야부 |

제행諸行이 무상無常하여 일체가 다 고苦로다.

해설 |

수다원·사다함·아나함은 수행의 단계 없는 단계를 말하는 것으로 제행
諸行이란 형성된 것, 이루어진 것, 얻어진 것을 말하는데 만약 수행을 하여
수다원의 과위果位를 얻고 사다함의 과위를 얻고 아나함의 과위를 얻었다
면 이것은 유위법으로 무상하여 또한 모두 무너지니 고苦라 하고, 공空이
라고 한다. 만약 얻어진 게 있다면 무너지게 되고 흩어지게 되는 까닭에
부처님께서 "과위를 얻었는가?" 하고 물으시니 수보리가 "아닙니다, 세존
이시여."라고 하였다.

—

야부 |

삼위三位의 성문聲聞이 이미 티끌에서 벗어났으나,
오고 가면서 고요함을 구하나 소원함과 친함이 있도다.
분명하고 분명한 사과四果는 원래 과果라는 것이 없으니,
환화공신幻化空身의 허망한 몸뚱이가 곧 법신法身이로다.

해설 |

수다원·사다함·아나함이 욕계를 벗어나 성인의 흐름에 들어갔다 하나
오고 가는 것에 고요함을 구하고 청정함을 좋아하면 구하고 배척하는 것,
친하고 소원한 것이 있게 되어 다시 티끌 속에 들어가게 된다. 분명하고 분
명한 사과四果는 낱낱이 얻을 바가 없어야 하고, 구하는 바가 쉬어져야 하며,
친소의 분별이 없어져야 이것을 이름 하여 '사과四果를 얻었다' 한다.

이렇게 사과를 얻으면 환상과 같은 이 허망한 몸뚱이가 그대로 법
의 몸이다. 사과를 얻음에 낱낱이 무심을 근본으로 하면 평상심이 그대
로 도가 된다.

# 아라한

경문 |

"수보리야, 어떻게 생각하느냐? 아라한이 능히 이런 생각을 하되 '내가 아라한도를 얻었다.' 하는가?"

수보리가 말씀드리되 "아닙니다, 세존이시여. 왜냐하면 실로 아라한이라 이름 할 만한 법이 없기 때문입니다. 세존이시여, 만약 아라한이 이런 생각을 하되 '내가 아라한도를 얻었다.' 하면 이는 곧 아상·인상·중생상·수자상에 집착함이 되기 때문입니다."

須菩提 於意云何 阿羅漢 能作是念 我得阿羅漢道不 須菩提言 不也 世尊 何以故 實無有法名阿羅漢 世尊 若阿羅漢 作是念 我得阿羅漢道 卽爲著我人衆生壽者

해설 |

아라한이라 이름할 만한 법이 없다고 하는 것은 자성이 본래 스스로 청정한 까닭이며, 자성이 본래 생멸生滅이 없는 까닭이며, 자성이 본래 부동한 까닭이다.

아라한은 모든 번뇌를 다 끊어 마땅히 공양 받을 만하다 하여 응공應供이라 하고, 안과 밖이 고요하여 다툼이 없으므로 무쟁無諍이라 하고, 번뇌의 도적을 죽인다 하여 살적殺賊이라 하고, 더 이상 배울 것이 없다고 하여 무학無學이라 하고, 영원히 악을 벗어났다고 하여 이악離惡이라 하고, 더 이상 나고 죽지 않는다고 하여 무생無生이라 이름 한다.

아라한이 되었으면서도 아라한이라 이름 할 만한 법이 없다[實無有法名阿羅漢]고 하는 것은 자성이 본래 스스로 청정한 까닭이며, 자성이 본래 생멸生滅이 없는 까닭이며, 자성이 본래 부동한 까닭이다.

경문 |

"세존이시여, 부처님께서는 저를 무쟁삼매를 얻은 사람 가운데서 가장
제일이라 하시니, 이는 욕심을 떠난 제일의 아라한이라고 말씀하셨으나
世尊 佛說我得無諍三昧人中 最爲第一 是第一離欲阿羅漢

해설 |

수보리를 무쟁삼매의 으뜸이요, 해공제일이라고 한다.

수보리는 부처님의 수제자로서 무쟁삼매無諍三昧를 얻은 성인 중에서도
으뜸이라고 하고 해공제일解空第一이라고 한다. 무쟁이란 마음이 텅 비어
안과 밖이 고요하고, 상대성을 떠나서 경계에 대하여 거스르거나 따름이
없고, 취하거나 버림이 없이 그대로 응하여 섭수하는 까닭에 다툼이 없는
경지가 된다. 예를 들어 누군가 승부심으로 우열을 가르고 옳다 하고 그르
다 하여 쟁론을 일으키면 그의 의견을 온통 받아들여 최고의 가치로 세워
서 절대의 경지에 이르도록 도와준다.

이렇게 낱낱의 문제를 구경의 이치로 드러내 주면 모두가 평등하게
되어 우열을 가르고 옳다 그르다 하는 당사자가 스스로 모순에 있음을 자
각하는 까닭에 쟁론이 없는 삼매에 들었다 한다. 삼매란 각자 자기의 마음
자성은 본래 밝은 까닭에 밝게 비추어 아는 반야의 작용이다.

야부 |
정을 잡으면[把定] 구름이 골짜기에 걸쳐 있고
놓아버리면[放下] 달이 찬 못에 떨어지도다.

해설 |
파정把定과 방하放下가 자유스럽다. 구름이 가리면 달이 보이지 않으나 구름이 걷히면 공활한 가을하늘에 달이 온통 드러나니 순간 찬 연못에 달이 툭 떨어진다. 고요한 본체 속에 이미 만 가지 작용이 들어 있고, 하나의 작용 속에도 본체를 품고 있으니 본체와 작용이 본래 둘이 아닌 까닭이다. 움직이지 않으면 보현이 문수와 하나가 되고 움직였다 하면 문수가 보현으로 하나가 되는 것이다.

—

야부 |
말이라고 부른들 어찌 말이 되며,
소라고 부른들 반드시 소가 아니로다.
두 가지를 모두 놓아 버리고 중도中道도 일시에 쉬도다.
육문六門에서 먼 하늘의 매처럼 쏟아져 나오니
하늘과 땅에 홀로 걸어도 모두 거두지 못하도다.

해설 |
병에 응하여 약을 쓰듯 경계에 따라 파정把定과 방행放行을 잘 쓰면 사과四果를 얻는 바 없이 얻게 된다.

　　저 사람이 착하다 하면 착하게만 있는 것이 아니라 조금 있다가 악해지고, 저 사람이 악하다 하면 악하게만 있는 것이 아니라 조금 있다가 착해지니 말로 표현하는 것이 옳기도 하고 그르기도 하다. 착한 것과 악한 것을 모두 놓아 버리고 중도도 일시에 쉬어 버리면 안·이·비·설·신·의 육문에서 홀쩍 벗어나 하늘과 땅에 홀로 걸어가는 자유스러운 한 놈이 분명하다.

경문 |

저는 제가 욕심을 떠난 아라한이라 생각하지 않습니다. 세존이시여,
제가 만약 이런 생각을 하되 '나는 아라한도를 얻었다.' 한다면 세존께
서는 곧 '수보리는 아란나행을 즐기는 자'라고 말씀하시지 않으려니와
수보리가 실로 행하는 바가 없으므로 '수보리는 아란나행을 즐기는자'
라고 이름하셨습니다."

我不作是念 我是離欲阿羅漢 世尊 我若作是念 我得阿羅漢道 世尊 卽不說須菩提
是樂阿蘭那行者 以須菩提 實無所行 而名須菩提 是樂阿蘭那行


해설 |

욕망의 세계도 놓기 어려운데
참으로 청정한 것을 얻어서
그것을 놓고 가기란 쉽지 않다.
탁 놔 버리고 까마득히 놓고 가는 자
참으로 상근기의 보리심이 투철한 자다.


수보리가 '나는 아라한도를 얻었다.'고 하면 얻은 게 있게 되고 얻은 게 있
게 되면 얻지 못한 게 있는 까닭에 아란나행을 여여히 즐기는 자가 아닌
것이 된다. 육조 스님 말씀에 "아란나란 무쟁행無諍行이니, 무쟁행이란 곧
청정행이니라. 청정행이란 유소득심有所得心을 제거한 것이니, 만약 얻을
것이 있다는 마음이 있으면 곧 다툼이 있음이요, 다툼이 있으면 청정한 도
가 아니니, 항상 무소득심을 행하는 것이 곧 무쟁행이니라." 하였다.

야부 |
알았다고 하면 공부하기 이전처럼 도리어 옳지 못하도다.

해설 |
무쟁삼매를 '얻었다'고 하면 그전처럼 도리어 미혹하게 된다. 얻었다는
마음이 그대로 얻지 못한 마음을 불러오는 까닭에 부처님께서 수보리는
아란나행을 즐기는 자라고 하셨다. 마치 공자께서 '스승님은 누구십니까?'
라고 질문하는 제자에게 '나는 다만 배움을 즐기는 자다.'라고 대답하듯이.
—

야부 |
조개 속에는 밝은 구슬이 숨어 있고
돌 속에는 푸른 옥이 감추어 있도다.
사향이 있으매 자연히 향기롭나니
어찌 바람 앞에 서야만 하리오.
살림살이 살펴보면 흠사 없는 듯하나
응용하면 낱낱이 다 구족함이로다.

해설 |
조개 속에는 구슬이 본래 숨어 있고 돌 속에는 푸른 옥이 본래 감추어져
있으니 그것을 잘 알아차리라는 말이다. 그러나 조개와 구슬이 둘이 아
니고 돌과 푸른 옥이 둘이 아님을 스스로 깨달아 확연하면 저절로 향기
를 풍기는 것이, 움직이지 않으면 없는 듯하지만 작용하면 하나하나 법
답게 구족하다.

이상의 성문사과가 다른 집안 얘기가 아니라 그대로 자기의 얘기이다.
내 마음이 그대로 수다원이고 사다함이며 아나함이고 아라한이니
그것을 잊지 말고 바깥에서 찾지 말라.

제
10

장엄정토분

莊嚴淨土分

# 얻을 바 없음이 참으로 얻음이다

○

경문 |
부처님께서 수보리에게 이르시되 "어떻게 생각하느냐, 여래가 옛적에
연등 부처님 처소에서 법에 얻은 바가 있느냐?"
"얻은 바가 없나이다. 세존이시여, 여래께서 연등 부처님 처소에서 법
에 실로 얻은 바가 없습니다."

佛告須菩提 於意云何 如來 昔在燃燈佛所 於法 有所得不 不也 世尊 如來 在燃燈
佛所 於法 實無所得

해설 |
연등 부처님의 불과 석가 부처님의 불이 비추었다.
두 불이 비추는 순간 밝아졌다.
밝아지는 순간 누가 비추었는가?
연등 부처님이 옆에서 불을 준 것도 아니고
석가 부처님이 스스로 불을 비춘 것도 아니다.
두 개가 부딪치는 순간
거기서 번쩍 불이 훤하게 들어온 것이다.

제9분 「일상무상분一相無相分」에서 성문사과聲聞四果인 수다원, 사다함, 아
나함, 아라한의 과위果位가 본래 얻을 것이 없음을 말하였고 이곳 제 10분
「장엄정토분」에서는 보살의 지위에서도 얻을 것이 본래 없음을 밝히려
당신(부처님)의 보살 인지因地를 들어 말씀하셨다. 이것은 본래 얻을 것이
없이 얻는 것이 진실로 얻는 것이라는 사실을 드러내기 위함이다.
　　지금으로부터 91겁 전에 선혜善慧라는 보살이 불도를 닦고 있을 때

연등이라는 부처님이 세상에 출현하셨다. 선혜는 연등 부처님께 공양을 올리고자 꽃을 구하였으나 공양물로 남은 꽃이 한 송이도 없었다. 그런데 마침 푸른 연꽃 일곱 송이를 품고 가는 여인을 발견하고, 여인에게 가서 그 꽃을 팔 것을 간청하였다. 그 여인은 팔지 않을 마음으로 이 꽃 한 송이는 은 1백 냥이며 또한 나와 결혼을 약속한다면 이 꽃을 팔겠다고 했다. 선혜는 처음에는 거절하였으나 결국 그 꽃을 부처님께 바칠 숭고한 마음으로 그 여인의 조건을 받아들여 다섯 송이의 꽃을 샀다. 그러자 그 여인은 수행자의 진지한 마음에 감탄하여 나머지 두 송이 꽃마저 부처님께 공양해 달라고 하며 선혜에게 주었다. 선혜는 그 꽃을 부처님께 바쳤다. 연등 부처님께서는 뭇 중생들을 가르치고, 젊은 구도자 선혜에게 기쁨을 주기 위해 대중이 바친 꽃을 허공에 떠있게 하셨다.

그때 마침 연등 부처님과 제자들이 지나는 길에 진흙 웅덩이가 있었다. 선혜는 부처님께서 발을 더럽히지 않도록 하기 위해 진흙 위에 머리를 풀고 엎드렸다. 이 광경을 본 연등 부처님은 제자와 대중에게 말씀하셨다. "견디기 힘든 고행을 하고 있는 이 수행자를 보라. 그는 지금으로부터 무량겁이 지난 후 세상에 출현하여 부처님이 될 것이다."라는 수기를 주셨다.

이같이 연등 부처님의 수기 속에서도 '법에 실로 얻을 바가 없음'이 온통 드러나 있다. 지금으로부터 91겁 전이라 했는데 91겁의 수행은 무엇을 이야기하며 푸른 연꽃 일곱 송이를 품고 가는 여인은 누구인가? 또 왜 일곱 송이의 푸른 연꽃인가? 한 송이에 1백 냥씩이며, 그 여자와 결혼을 해야 꽃을 받을 수 있다는 것은 또 무슨 뜻인가? 연등 부처님은 왜 허공에 꽃을 떠있게 하였을까? 그리고 부처님의 발을 더럽히지 않기 위해 진흙웅덩이에 스스로 몸을 던진 선혜의 보살행은 무엇인가?

연등 부처님의 마음과 선혜의 마음과 수보리의 마음과 이것을 보는 여러분의 마음이 하나로 돌아갈 때가 곧 91겁 전이요, 91겁 전의 갖가지 수행방편이 실은 모두 법에 얻을 바가 하나도 없음을 말하고 있다. 선혜는 분명 연등 부처님으로부터 석가모니 부처님이 될 거라는 수기를 받았는데 왜 법에 실로 얻을 바가 없다고 하는가?

선혜가 바로 연등 부처님이고 연등 부처님이 바로 석가모니이고 석가모니가 바로 지금의 우리이기 때문이다. 우리와 부처가 따로 있지 않다. 연등 부처님이 곧 우리이다. 무슨 까닭인가 하면, 자기 안에 발심해서 촛불 하나 켠 그 불빛과 일체 제불의 광명의 빛이 같은가 다른가? 같은 빛이다. 백 개의 등불을 비춰도 한 광명이기 때문이다.

연등 부처님의 마음과 선혜 보살의 발보리심한 마음의 불이 서로 비추어 부딪치는 순간 누가 비추었는가? 연등 부처님이 불을 준 것도 아니고 선혜 보살이 스스로 불을 비춘 것도 아니다. 왼손과 오른손이 부딪침 속에서 '짝' 하고 소리가 나듯이 플러스극과 마이너스극이 합쳐지는 순간 불이 '번쩍' 하고 들어온 것이다. 이쪽에서 불을 켰나, 저쪽에서 불을 켰나. 누가 켰는가? 두 개가 합쳐지는 순간 켜진 것이지 누가 켰다고 할 수 없다. 두 개가 부딪치는 순간 거기서 번쩍 불이 훤하게 들어온 것이다.

이와 같다. 바로 이것이다. 지금 글귀를 읽고 있는 이놈과 이 구절을 말씀해 놓으신 부처님이 부딪친 순간 깨달음이라는 게 나온다. 번쩍 밝음이 나오는 것이다. 그래서 어떤 게 불법이냐 하면 탁 한 번 쾅 치고 이거다, 아니면 잡아다 팍 던져서 쨍하고 깨지는 순간 바로 이거다, 이렇게 얘기한다는 말이다. 그 순간 상대적인 두 개의 세계가 없어지고 절대의 세계 하나가 딱 남는다는 소리다.

그러니까 지금 여기서 "연등 부처님 회상에서 법에 실로 얻은 것이 없습니다."라고 수보리가 대답한 것이다. 실로 얻은 것이 없는 것이다. 육조 스님도 법에 실로 얻을 바가 없음을 설하여 "법이란 스승으로 인해서 열어 보이긴 하나 실로 얻은 바가 없다."고 하였다. "여래법如來法이란 비유하건대 햇빛이 밝게 비쳐 끝이 없으나 취할 수 없는 것과 같다."고 하였다.

야부 |
옛이며 지금이로다.

해설 |
연등 부처님의 마음과 선혜의 마음과 수보리의 마음을 아는 이 마음도 본래 얻을 것이 없다. 비유컨대 두 불빛이 마주치면 누가 비춰준 것이고 누가 비춤을 받은 것인가? 하나의 활활 타오르는 등불을 옛과 지금으로 나눌 수 없다. 본래 가지고 있으니 따로 얻을 것도 버릴 것도 없다.
—

야부 |
한손은 하늘을 가리키고 한손은 땅을 가리키시니
남북동서에 추호도 볼 수 없도다.
태어나면서부터 마음이 하늘과 같이 크시니
무한한 마군들이 붉은 깃발을 거꾸로 내리도다.

해설 |
사방을 둘러봐도 사람이 없으니
이 법을 누구한테 전하리.
사방을 둘러봐도 사람이 없어야
그게 제대로 전하고 제대로 깨달은 소식이다.

한 손으로 하늘을 가리키고 땅을 가리키는 존재, 천상천하 유아독존인 그 존재, 남북동서에 찾아봐도 추호도 볼 수가 없는 그 존재, 태어나면서부터 마음이 하늘과 같이 커서 부처도 삼키고 조사도 삼키고 마군도 삼키는 그 존재, 그 존재가 바로 우리의 진정한 존재요, 우리의 진정한 실체다.

　　경허 스님의 오도송에 "사방을 둘러봐도 사람이 없으니 이 법을 누구한테 전하리."라는 구절이 있다. 대체적으로 이 구절을 사방을 둘러봐도 진짜 이 법을 전할 만한 사람이 없다고 이해한다.

그러나 아니다. 사방을 둘러봐도 사람이 없어야 그게 제대로 전하고 제대로 깨달은 소식이다. 만약에 사람이 있다고 하면 상대적인 세계가 되어 버린다. 전하는 사람이 있고 전할 법이 있고 전함을 받을 사람이 있다면 그것은 유위법이다. 사방을 둘러봐도 사람이 없는 것이 진리다. 천상천하에 유아독존인, 남북동서에 추호도 찾아볼 수 없는 그것이 진정한 존재다. 우리의 본래 면목이다.

마음이란 본래 두 마음이 없고 오직 한 마음인 까닭에 만 명이 성불하여도 오직 한 부처이시니 무한한 마군들이 붉은 깃발을 거꾸로 내린다고 하였다.

경문 |

"수보리야, 어떻게 생각하느냐. 보살이 불국토를 장엄한다 하겠느냐?"

"아닙니다, 세존이시여. 왜냐하면 불국토를 장엄한다고 하는 것은 곧 장엄이 아니라 그 이름이 장엄인 것이옵니다."

須菩提 於意云何 菩薩 莊嚴佛土不 不也 世尊 何以故 莊嚴佛土者 卽非莊嚴
是名莊嚴

해설 |

자기 마음이 곧으면 자기 안의 중생들도 곧고

자기 마음이 깊으면 자기 안의 중생들도 깊은 공덕을 갖추며

자기 마음이 보리심을 내면 자기 안의 중생들도 대승심을 낸다.

불국토 장엄이란 보살의 수행덕목으로『유마경』「불국품」에 "중생의 종류가 이것이 보살의 불국정토라" 하여 정토의 바른 안목을 분명히 드러냈다. 본래 중생의 소견이란 나[我]에 대한 집착에 의지하여 선업과 악업을 짓고 그 업의 힘으로 삼선도(인간, 수라, 천상)와 삼악도(지옥, 아귀, 축생)의 국토를 스스로 받아들여 이것을 자기의 국토로 삼는다.

그러나 불보살은 차별이 없고 평등한 이치에 통달하여 상대적인 세계에 집착하지 않기 때문에 자기의 국토를 따로 받지 않는다. 다만 모든 중생의 근기에 따라 응하여 나투는 까닭에 중생들이 있는 곳이 보살이 나투어 정토를 장엄하는 곳이다. 그런 까닭에 중생의 종류가 바로 보살의 불국정토라 하는 것이다.

또, "곧은 마음[直心]이 보살의 정토이니 보살이 부처를 이룰 때 아첨하지 않는 중생이 그 국토에 태어나느니라. 깊은 마음[深心]이 보살의 정토이니 보살이 부처를 이룰 때 공덕을 고루 갖춘 중생이 그 국토에 태어나느

니라. 보리의 마음[菩提心]이 보살의 정토이니 보살이 부처를 이룰 때 대승의 중생이 그 국토에 태어나느니라."(『유마경』「불국품」)라고 하였다.

곧은 마음은 진여眞如를 향하는 마음, 진리에서 물러서지 않는 마음이다. 그런 까닭에 아첨하지 않는 중생이 그 국토에 태어난다 하였다.

깊은 마음은 온갖 선행을 모으는 마음이라 하여 공덕을 고루 갖춘 중생이 그 국토에 태어난다 하였고 보리심이 보살의 정토라 함은 일체 중생을 다 건져주려는 마음으로 대승의 중생이 그 국토에 태어난다 하였다. 이것은 한생각의 곧은 마음과 깊은 마음과 보리의 마음이 자기 몸과 마음 가운데 있는 일체 중생의 마음(업식)을 제도하여 국토를 청정하게 하는 까닭에 불국토를 장엄한다 하는 것이다.

또 불국토 장엄에 대하여 육조 스님은 이렇게 말씀하셨다.

불국토가 청정해서 모습도 없고 형상도 없으니 무슨 물건으로 장엄하겠는가. 오직 정定과 혜慧의 보배를 거짓으로 장엄이라 이름하는 것이다. 장엄에는 세 가지가 있으니 제1장엄은 세간불토世間佛土로써 절을 짓고, 사경을 하고, 보시 공양하는 것이 그것이고, 제2장엄은 신불토身佛土 아니 모든 사람을 볼 때 널리 공양하는 것이고, 제3장엄은 심불토心佛土이니 마음이 청정하면 곧 불토가 청정해서 생각 생각에 얻을 바가 없는 마음을 행하는 것이 이것이니라.

보살이 불토를 장엄함에 이 세 가지 장엄이 따로 있는 것이 아니라 하나를 들면 두 가지가 따라와 셋이 하나가 되어야 장엄의 완성이라 이름 한다.

야부 |
어머니의 속옷이요, 청주의 베적삼이로다.

해설 |
함허 스님의 설의에 "어머니의 속옷은 순수하여 잡됨이 없음이라. 그러나
오직 옛이고 지금이 아님이요, 청주의 베적삼은 검소해서 화려하지 않으나
다만 그 바탕이 무늬가 없음이라. 본각本覺과 시각始覺이 하나가 되어 무늬와
바탕이 빛나고 빛나야만 비로소 만족할 만한 장엄이 된다고 한다." 하였다.
　　　시각(수행하여 얻은 깨달음)이 본각(본래 갖추어 있는 깨달음)과 하나가 됨을
견성見性이라 하고 이를 장엄의 완성이라 이름한다.
—
야부 |
온몸을 털어버리니 희기가 서리보다 더하고
갈대꽃과 눈과 달은 더욱 빛을 다툼도다.
다행히 깊은 못에서 발돋움할 기세가 있으니
다시 붉은 이마를 더한들 무엇이 방해로우랴.

해설 |
하얗게 빛이 쏟아지는 달밤에 하얗게 눈이 내려 산하대지를 덮고 갈대꽃
도 하얗게 바람에 흔들린다. 본체도 하얗고 당체도 하얗고 작용도 하얗
다. 여기서 하얗다는 말은 온몸을 털어버리니 희기가 서리보다 희다는 말
과 같은데, 무슨 말인가 하면 본래의 깨달음[本覺]에 의지하여 마음에서 일
어나는 번뇌 망상을 놓고 놓아감에[始覺] 따라 본각과 하나됨으로 깨달아
가는 것이 '갈대꽃과 눈과 달이 더욱 빛을 다툰다.' 하였다. 이렇게 마음을
쓰는 사람은 깊은 연못에 빠졌다 하여도 한 마리 빼어난 학과 같이 어떤
경계에 부딪혀도 발돋움할 기세가 있어 물들지 않는다. 다시 붉은 이마를
더한들 무엇이 방해로우랴 하는 말은 마음의 당체가 우뚝 솟아 말과 형상
을 모두 여읜 까닭에 한 생각 일으켰다 하면 그대로 법이 된다. 그러므로
마음과 형상이 둘이 아니게 되어 보살이 정토를 장엄한다고 하였다.

# 머문 바 없이 그 마음을 낼지니라

○

경문 |
이런 까닭으로 수보리야, 모든 보살마하살은 응당 이와 같이 청정한 마
음을 낼지니 응당히 색에 머물러서 마음을 내지 말며 응당히 성·향·미
·촉·법에 머물러서 마음을 내지 말 것이요,

是故 須菩提 諸菩薩摩訶薩 應如是生清淨心 不應住色生心 不應住聲香味觸法生心

해설 |
마치 바다가 만 강에서 흘러오는
만 가지 맛의 물을 다 받아들임과 같이,
마치 용광로가 온갖 종류의 잡철을
다 받아들여 붉게 끓어오르는 것과 같이
일체 경계를 하나도 남김없이
다 자성에 내려놓은 것을
청정한 마음이라 한다.


자기가 보고 듣고 말하고 느끼는 일체 상대적인 경계에 집착하여 마음을
내지 말라는 말이다. 내 몸이라든가 내 생각이라든가 내 마음이라든가 내
느낌이라든가 이런 것이 모두 시공간에 조건 지워진 '나'라는 에고에 머
무는 것이요, 갇히는 것이다.
　　'청정한 마음'이란 더러움에 상대되는 깨끗한 마음을 말하는 것이
아니다. 마치 바닷물과 같아 바다는 만 가지 강에서 흘러오는 만 가지 맛
의 물을 다 받아들이되 한 방울의 물도 분별하여 거절함이 없이 받아들이
지만 모두 한 맛으로 만들어 버림과 같다. 또한 마치 용광로와 같아 온갖

종류의 잡철이 용광로에 들어가면 모든 이름은 없어지고, 하나의 붉게 끓어오르는 한 맛으로 남는 것과 같다. 이 한 맛의 이름을 청정이라 한다.

바다와 용광로는 어디에 있는가. 자기의 마음근본, 자성이 그것이다. 일체 눈·귀·코·혀·몸·뜻으로 들어오는 경계를 자성에 모두 내려놓을 때 이를 청정이라 한다. 그래서 경經에 '모든 보살마하살은 응당 이와 같이 청정한 마음을 낼지니'라고 하였으니, 본래 청정한 자성에 의지하여 일체의 분별망상을 자성인 용광로에 놓고 놓아가면 청정심을 성취하게 되기 때문이다.

육조 스님은 "모든 수행인은 남의 잘잘못을 말하지 말지니 스스로 말하되, 나는 잘 하고 나는 잘 안다 하여 마음으로 배우지 못한 사람을 가벼이 여기면 이것은 청정심이 아닌 것이다. 자성에서 항상 지혜를 내서 평등한 자비를 행하고 하심下心하여 일체 중생을 공경하는 이것이 수행인의 청정심인 것이다."라고 하였다.

야부 |
비록 그러하나 눈앞에 있는 것을 어찌 하리오.

해설 |
비록 색·성·향·미·촉·법에 머물지 않는다 하지만 색성色聲을 보는 놈
은 누구인가. 마치 일체를 비추어 나투게 하는 광명은 또한 일체 존재의
형상을 떠나서 따로 존재하지 못하듯이 이것도 둘이 아닌 불이법이다.
—
야부 |
색을 봄에 색에 간섭받지 않고 소리를 들어도 이 소리가 아니로다.
색과 소리에 걸리지 않는 곳에서 친히 법왕성法王城에 이르도다.

해설 |
저 사람을 보면서 잘났다 못났다, 마음에 든다 안 든다 하는 것이 색에 간
섭받는 것이요, 칭찬하는 소리를 들으면 기분이 좋고 비판하는 소리를 들
으면 기분이 나쁜 것이 소리에 간섭받는 것이다.
　　일체의 경계를 자기의 자성에 내려놓고 지켜보면 이것을 이름 하여
색과 소리에서 벗어났다 하고 색과 소리에서 벗어나 걸림이 없으면 본래
부처를 체험했다고 한다.

경문 |

응당히 머문 바 없이 그 마음을 낼지니라.

應無所住 而生其心

해설 |

닦음이 없이 닦고 얻을 바 없이 얻어야 '응무소주 이생기심'이다.

'응무소주 이생기심' 해야 비로소 성품을 보고 체험하게 된다.

청정한 마음을 이루는 법문이 '응무소주 이생기심'이다. '응당히 머문 바 없이'란 색에 머무르지 않고, 성·향·미·촉·법에 머무르지 않고 마음을 내야 한다는 뜻이다. 색·성·향·미·촉·법에 머무르지 않는다는 것은 자기의 에고에서 나오는 업식에 끄달려 탐·진·치를 부리는 중생심에 끌려 다니지 않는다는 뜻이다.

　　함허 스님의 설의에 "머문 바가 없다는 것은 마침내 내외內外가 없고 중간도 비어서 사물이 없는 것이 마치 거울이 텅 비고 평평한 저울대와 같아서 선악시비를 가슴 속에 두지 않는 것이요, 마음을 낸다는 것은 머무는 바 없는 마음으로 만사에 응하되 만물에 얽매이지 않는 것이다."라고 하였다.

　　이와 같이 머무는 바 없는 곳이란 본각의 자성자리이고, 자성에 의지하여 둘 아니게[不二] 닦음이 없이 닦고 얻을 바 없이 얻어야 곧 '응무소주 이생기심'이다. 응무소주 이생기심해야 비로소 성품을 보고 체험하게 된다.

뒤로 물러서고 물러설지어다. 보고 보아라. 굳은 돌이 움직이도다.


해설 |
일체가 벌써 작용했다 하면 작용하기 이전 자리, 본래 자리로 돌아가라는
말이다. 물러서고 물러서라, 놓고 놓아라, 죽고 죽어라! 그리고 지켜보고
지켜보아라! 머문 바 없음에 머물고 법답게 마음을 내면 태산과 같은 업
보도 무너진다.
—
야부 |
고요한 밤 산당에 말없이 앉았으니
적적하고 요요하여 본래 그대로라.
무슨 일로 서풍西風은 임야를 움직여
한 소리로 찬 기러기가 먼 하늘을 울리게 하는가.


해설 |
경계의 바다 위에서 일체 중생이 한마음으로 고요하니, 본래 그대로의 적
적하고 요요함을 체험한다. 그런데 "무슨 일로 서풍(부처님)이 임야를 움직
여 한소리로 찬 기러기가 먼 하늘을 울리게 하는가."라고 하였다. 즉 무슨
일로 다시 닦을 것을 설하고, 다시 얻을 것을 설하는가라는 것이다.
　　닦음이 없이 닦음을 설하고 얻을 바 없이 얻음을 설하는 것을 곧
응무소주 이생기심應無所住 而生其心(응당 머문 바 없이 그 마음을 낸다)으로 간략
히 말하였다.

経문 |

"수보리야, 비유하건대 어떤 사람이 몸이 큰 수미산 같다면 어떻게 생
각하느냐, 그 몸이 크다고 하겠느냐?"

수보리가 말씀드리되 "매우 큽니다, 세존이시여. 왜냐하면 부처님께
서는 몸 아닌 것을 이름 하여 큰 몸이라 하셨습니다."

須菩提 譬如有人 身如須彌山王 於意云何 是身 爲大不 須菩提言 甚大 世尊 何以
故 佛說非身是名大身


해설 |

육근이 청정하여 마음이 허공과 같으면 큰 몸이라 이름 한다.

누구나 스스로 대인大人이 되고자 하나 마음 씀을 대인으로 쓰지 못하고
사상四相을 내니 스스로 소인의 마음을 내고 소인이 된다.

부처님께서 몸 아닌 것을 이름 하여 큰 몸이라 하신 까닭은 육근이 청
정하여 마음이 허공과 같으면 원만하고 공적한 보신의 체體가 활연히 드러
나 온 시방에 가득함을 수미산왕이라 이름하고 큰 몸이라 이름 한 것이다.

육조 스님은 "색신이 비록 커도 내심內心의 양이 작으면 큰 몸이라 이
름 할 수 없고, 내심의 양이 커서 허공계와 같아야 비로소 큰 몸이라 이름 하
니 몸이 비록 수미산 같더라도 마침내 큰 것이 되지 못하니라."라고 하였다.

야부 |
설사 있다 한들 어느 곳을 향해서 착할 것인가.

해설 |
큰 몸이란 허공과 같아 안팎이 없어서 점을 찍을 곳이 없어 공하다 하고,
또 큰 몸이란 미생물과 같이 작은 몸 하나도 버리지 않고 자기 몸으로 화
할 줄 알아야 이름이 큰 몸이다.
—

야부 |
수미산을 가지고 환화 같은 몸뚱이를 지으려 하니
넉넉하신 그대가 담이 크고 또 마음이 큰지라
눈앞에서 천만 가지를 지적해 벌지라도
나는 그중에서 하나도 없다고 말하리라.
이 속으로 들어갈지어다.

해설 |
큰 몸이 몸이 아니라 함은 이와 같이 아는 마음이 또한 허공과 같아 낱낱
의 모습이 다 주인공의 나툼이라. 마땅히 알라. 자기 마음속의 일체 중생
은 본래 공한 이 도리 속으로 들어갈지어다.

제
11

무위복승분

無爲福勝分

# 무위의 복이 유위의 복보다 수승함

경문 |

"수보리야, 항하에 있는 모래 수처럼 많은 항하가 또 있다면 어떻게 생각하느냐. 이 모든 항하의 모래가 얼마나 많겠느냐?"

수보리가 말씀드리기를 "매우 많습니다, 세존이시여. 다만 저 여러 항하만이라도 오히려 무수히 많거늘 하물며 그 모래수이겠습니까."

須菩提 如恒河中所有沙數 如是沙等恒河 於意云何 是諸恒河沙 寧爲多不 須菩提言 甚多 世尊 但諸恒河 尚多無數 何況其沙

해설 |

부처님은 항하의 그 모래 수만큼의 항하의 모래 수는
얼마나 많겠는가를 비유함으로써
많음을 실감나게 드러내셨다.

부처님의 안목으로 본다면 이 항하(갠지스 강)의 모래 수보다 더 많은 삼천대천세계를 손바닥의 구슬 보듯이 환하게 볼 수 있는 것을 겨우 항하의 모래 수로 비유함이 어쩌면 너무 작은지도 모른다. 하지만 현상세계를 비유하여 말할 수밖에 없으니 조금이라도 이 법문을 보는 자가 실감나게 느끼게 하기 위한 방편이다.

야부 |

전삼삼前三三 후삼삼後三三이로다.

해설 |

『벽암록』제 35칙에 나오는 공안으로 무착 대사가 오대산을 유람하여 문수보살을 친견하고자 했을 때 도중에 황량하고 외딴 곳에 이르러 문수보살이 하나의 절을 화현시켜서 그를 맞이하여 자고 가도록 하였다. 그리고 이렇게 물었다.

"요즈음 어디에 있다 왔느냐?" "남방에서 왔습니다."
"남방에서는 불법을 어떻게 수행하느냐?" "말법시대의 비구가 계율을 조금 받드는 정도입니다."
"대중은 얼마나 되는가?" "삼백 명 또는 오백 명 정도입니다."
무착이 도리어 문수에게 물었다.
"여기에서는 불법을 어떻게 수행하는지요?" "범부와 성인이 함께 있고 용과 뱀이 뒤섞여 있다."
"대중이 얼마나 됩니까?" "앞도 삼삼, 뒤도 삼삼이지."

전삼삼 후삼삼은 유명한 화두다. 모든 경전을 볼 때는 자기에 비추어서 볼 줄 알아야 한다. 범부와 성인, 용과 뱀이 뒤섞여 있는 곳은 어디일까? 바로 자신의 몸과 마음이다. 자기 속에서 갖가지로 올라오는 성스러운 생각과 습관, 소인스러운 생각과 습관, 큰 마음 씀씀이와 행동, 작은 마음 씀씀이와 행동을 가만히 들여다보면 역력히 드러난다.
　　그러나 수행은 성인이나 용만 남겨두고 범부와 뱀을 내쫓는 것이 아니다. 성스러운 작용이나 소인배 같은 작용이 자기가 아니기 때문이다. 자기는 누구인가? 성인도 아니고 범부도 아니고 용도 아니고 뱀도 아니다. 자기 마음속에서 나오는 항하사 모래 수만큼 많은 갖가지 종류의 중생심을 벗어나서 지켜보는 자가 자기이다. 불에 비추어진 대상이 아니라 불빛이 자기이고 연못에 비친 그림자가 아니라 연못이 자기이듯이 말이다. 그러하니 성인을 좋다 하고 범부를 싫다 할 것이 없다. 용을 숭상하고 뱀을 내칠 것이 없다. 둘로 보지만 않는다면 전삼삼 후삼삼이라 말한 문수의 의취가 드러날 것이다.

함허 스님의 설의에 "하늘과 땅, 해와 달, 삼라만상과 성性과 상相, 공空과 유有, 밝음과 어둠, 죽음과 삶, 범부와 성인, 원인과 결과 등 무릇 모든 이름과 숫자를 이 한 구절에 모두 설파했다." 하였다.

―

야부 │

하나 둘 셋 넷으로 항하의 모래를 셈이여,
모래 같은 항하의 수가 다시 또한 많도다.
셈을 다하여 눈앞에 한 법도 없어야
고요한 곳에서 사바하(성취)하리라.


해설 │

한 걸음 떼고 또 한 걸음 떼면 두 걸음이 아니라 한 걸음은 없어지고 다시 한 걸음만 남아 있게 되니 만 걸음을 떼도 한 걸음이고 이 한 걸음마저도 없어져 공空했으니 한 걸음도 얻을 바가 없는 것을 '하나 둘 셋 넷으로 항하의 모래를 셈이다.' 하였다. 또 셈을 다하여 눈앞에 한 법도 없어야 한다는 것은 항하 강의 모래 수와 같이 많은 번뇌 망상이 모두 자기 마음을 떠나 있지 않는 까닭에 셈을 다한다 하고, 일체 모든 법은 본래 공한 까닭에 눈앞에 한 법도 없다 하고, 한 법도 없음으로써 일체법이 곧 불법이 된다. 이렇듯 본래 공空하여 한 법도 없음을 요달하여 찰나의 삶을 살면 고요히 성취했다 이름 한다.

경문 |

"수보리야, 내가 이제 진실한 말로 너에게 이르노니, 만일 어떤 선남자 선여인이 칠보로써 저 항하의 모래 수만큼의 삼천대천세계를 가득 채워서 보시한다면 얻은 복이 많겠느냐?"

수보리가 말씀드리기를 "매우 많습니다, 세존이시여."

부처님께서 수보리에게 이르시기를 "만일 선남자 선여인이 이 경 가운데서 사구게 등만이라도 수지하여 다른 사람을 위해 설한다면 그 복덕이 앞의 칠보로 보시한 복덕보다 수승하리라."

須菩提 我今實言 告汝 若有善男子善女人 以七寶 滿爾所恒河沙數三千大千世界 以用布施 得福多不 須菩提言 甚多 世尊 佛告須菩提 若善男子善女人 於此經中 乃至受持四句偈等 爲他人說 而此福德 勝前福德

해설 |

삶에서 부딪히는 모든 경계를
하나하나 남김없이 수행의 재료로 삼는 것을
이름 하여 경經 가운데 사구게라고 한다.

부처님께서 "내가 이제 진실한 말로 너에게 이르노니"라고 하신 말씀은 범부들의 안목은 항상 물질[色]과 모습[相]에 끄달려 있기 때문에 본체를 보지 못하고 저 항하의 모래 수와 같은 삼천대천세계에 가득한 칠보로써 보시한 복덕만을 크게 여기고 있는 까닭이다."

수행자의 분상에서 보면 복이란 삼생三生의 원수라고 한다. 복을 짓느라 한 생을 보내고, 복을 쓰느라 한 생을 보내고, 복을 다 쓰고 나면 다시 박복하게 한 생을 보내니 삼생을 복 때문에 헛되이 보내게 된다 하여 삼생의 원수라 한다. 그러나 최상승의 수행인은 복을 지음에 지음 없이 지어서 일체 중생으로 하여금 모두 풍요로움을 체험하게 하고, 복을 써서 베풀어 보시를 행하여 일체 중생으로 하여금 평등을 체험하게 하고, 복을 다 쓰고 나서 박복한 환경이 되면 또한 청빈을 체험하여 수행으로 돌아오니 하나하나가 버릴 것이 없는 수행의 재료일 뿐이다. 삶에서 부딪히는 모든 경계를 하나하나 남김없이 수행의 재료로 삼는 것을 이름 하여 경經 가운데 사구게라고 한다.

야부 |
진짜 놋쇠라도 금과는 바꾸지 않는다.

해설 |
복 지음이 목적이 되면 진짜 놋쇠와 같고 복 지음이 수행의 재료가 되면
금이라 이름 한다.
—
야부 |
바다에 들어가 모래를 셈은 다만 힘만 소비할 뿐이다.
구구히 티끌세상 달리는 것을 면하지 못하니
어찌 자기 집의 진귀한 보배를 꺼내어서
고목에 꽃이 피는 특별한 봄만 같다 하겠는가.

해설 |
생사(경계)의 바다에 들어가 하나하나를 깨달아 감은 끝이 없으니 다함이
있는 유위의 법으로 생사生死를 면치 못한다. 또 자성은 본래 만법을 갖추
어 있으니 스스로 자기 자성에 의지하여 봄바람을 일으키면 인연 따라 흰
꽃은 희게 피고 붉은 꽃은 붉게 핀다. 그러나 바다에 들어가 모래를 세어
보지 않고서야 어떻게 자기 집의 진귀한 보배를 꺼내어서 고목에 꽃을 피
우는 특별한 봄을 맞이할 수 있겠는가.

제
12

존중정교분

尊重正敎分

# 바른 가르침을 존중하라

◉

경문 |

그리고 또 수보리야, 이 경을 따라서 사구게 등만이라도 설한다면 마땅
히 알라. 이곳은 일체 세간의 천상, 인간, 아수라가 다 응당히 공양하
기를 부처님의 탑묘와 같이 할 텐데 하물며 어떤 사람이 다 능히 수지
독송함이겠는가. 수보리야, 마땅히 알라. 이 사람은 최상의 제일 희유
한 법을 성취하리니, 만약 이 경전이 있는 곳이면 곧 부처님과 존중할
제자가 계심이 되느니라.

復次須菩提 隨說是經 乃至四句偈等 當知此處 一切世間天人阿修羅 皆應供養 如
佛塔廟 何況有人 盡能受持讀誦 須菩提 當知是人 成就最上第一希有之法 若是經
典所在之處 則爲有佛 若尊重弟子

해설 |

이 경전이 있는 곳은 자기 자성이다.
탑에 사리가 있으므로 예배하듯이
내 안의 사리가 밝게 빛을 내면
부처님과 존중제자가 함께 하신다.

이 경을 설하고 사구게 등만이라도 설하는 이곳, 천상과 인간과 아수라가
모두 공양하는 이곳은 곧 경전이 있는 곳[是經典所在之處]으로, 단순히 경전
이 있는 장소를 뜻하는 것이 아니고 경전과 사구게의 뜻이 실현되는 곳,
바로 자기 자성자리를 가리킨다. 탑이 예배의 대상이 되는 것은 안에 사
리를 모셨기 때문이지만 사리가 탑을 벗어나 따로 존재하지 않듯이, 자기
자성이 사리요, 인연으로 화합한 몸은 탑이라 자기 자성에 의지하여 사리

가 항상 밝게 빛을 내면 탑을 장엄하게 되니 인간과 천상과 아수라가 다 응당히 공양하기를 부처님 탑묘와 같이 하게 된다.

그리하여 육조 스님은 "만약 모든 마음을 멀리하여 항상 무소득심에 의지하면 곧 이 몸 가운데 여래의 전신사리가 있음이니 그러므로 부처님의 탑묘와 같다고 말하는 것이다."라고 하였다. 자성을 무소득심이라고 하는 것은 우물에 눈 퍼 넣듯 아무리 퍼 넣어도 흔적이 남지 않듯이 자성에 내려놓으면 없어지고 내려놓으면 없어지고, 아는 것도 없어지고 모르는 것도 없어지고, 잘난 것도 없어지고 못난 것도 없어지고, 까마득히 놓고 가는 그 가운데에 확연히 드러나는 것, 움직이지 않는 것, 우뚝한 것 그것이 자성이라는 말이다.

"만약 경전이 있는 곳이면 곧 부처님과 존중하신 제자가 계심이 된다."고 하는 것은 깨달음을 부처라 이름 하고 깨달은 마음을 법이라 하고 깨달음의 행위를 승이라 함에 이 셋이 곧 하나로 돌아가고 낱낱의 하나는 셋을 포함한 하나가 된다는 뜻이다. 그런 까닭에 경전이 있는 곳이면 부처님과 존중할 제자가 계시고, 존중제자가 있는 곳은 법과 부처님이 계시고, 부처님이 계시면 법과 존중제자가 계시는 것이 된다.

야부 │
합당하기가 이와 같다.

해설 │
불·법·승 셋을 하나라 이름하고 각각 하나하나를 따로 들면 그 속에 이미 모두 갖추어 셋이 된다.
—

야부 │
바다같이 깊고 산같이 견고하며
왼쪽으로 돌고 오른쪽으로 돌아도
가지 않고 머물지도 않도다.
굴에서 나온 금빛 사자새끼가
완전한 위세로 포효함에
뭇 여우들이 의심하도다.
깊이 생각하여 무기를 쓰지 않는 곳에서
바로 천마와 외도를 포섭하여 돌아오도다.

해설 │
자기 자성이 바다와 같이 깊고 산처럼 견고하다. 부처님 왼편에 문수보살이 계시고 오른편에 보현보살이 계시듯, 왼쪽으로 도는 것은 문수인 체요, 오른쪽으로 도는 것은 보현인 작용이라, 체와 작용이 둘 아니게 움직이니 가지도 않고 머물지도 않음이다. 굴에서 나온 금빛 사자새끼는 자기 마음의 당체가 우뚝한 한 생각이다. 법다운 한 생각이 우뚝 서니 자기 마음 안의 여우 소견들이 단숨에 스러진다. 대인大人이 오면 대인을 비추고 소인小人이 오면 소인을 비출 뿐 대인도 소인도 아니다. 본체로 돌아가고 작용으로 나툼에 어느 곳에도 머물지 아니하니 법다운 한 생각, 둘로 보지 않는 한 생각에 천마와 외도를 항복 받는다.

제
13

여법수지분

如法受持分

# 금강반야바라밀

경문 |

그때에 수보리가 부처님께 사뢰어 말씀드리기를 "세존이시여, 마땅히
이 경을 무엇이라 이름하며 저희들이 어떻게 받들어 지니오리까?"
부처님께서 수보리에게 이르시기를 "이 경은 금강반야바라밀이라 이
름 하나니 이 이름으로써 너희들은 마땅히 받들어 지닐지니라."
爾時 須菩提 白佛言 世尊 當何名此經 我等 云何奉持 佛告須菩提 是經 名爲金剛
般若波羅蜜 以是名字 汝當奉持

해설 |

자기 마음의 본체가 금강이고 자기 마음의 밝음이 반야이며 자기 마음의
해탈이 바라밀인 줄 알아야 금강반야바라밀을 받들어 지니는 것이다.

금강이란 모든 물질 가운데서 가장 단단한 것으로 절대 부서지거나 무
너지지 않는 것이라 하여 절대성을 뜻한다. 상대적인 형상을 갖는다면
마침내는 무너지고 부서지게 되어 있다. 그런 까닭에 금강은 절대적인
본체를 뜻하고 반야는 만상을 밝게 비추는 지혜라 한다. 금강인 본체를
의지하여 반야의 밝음으로 비추는 것이다.

바라밀은 해탈이며 생사가 없는 저 언덕에 이르는 것인데, 반야의
지혜를 의지하여 절대의 세계에 이르게 된다.

즉 금강은 반야가 되고 반야는 바라밀을 이루고 바라밀은 다시 금
강으로 하나가 되니, 이 셋은 삼각원형을 이루어 잠시도 머물지 않고 돌
아가는데 이것을 금강반야바라밀이라는 법륜이 돌아가는 것이라 한다.

자기 마음의 본체가 금강이고 자기 마음의 밝음이 반야이며 자기
마음의 해탈이 바라밀인 줄 알아야 금강반야바라밀을 마땅히 받들어 지
닌다고 이름하는 것이다.

야부 |
오늘은 작은 일로 나아갔다가 큰일을 만났도다.

해설 |
부처님께 경經 이름을 물어서 받아 지님을 구한 것인데
금강반야바라밀이라는 이름 속에 불법을 온전히 드러내었다.
처음 여시아문如是我聞 속에 온통 다 드러내듯이.
진실하고 소박한 한 생각의 보리심으로 인하여
제불諸佛의 무량한 지혜를 맛본다.
—

야부 |
불로도 태울 수 없고 물로도 빠뜨릴 수 없으며
바람으로 날릴 수 없고 칼로도 쪼갤 수 없도다.
부드럽기는 도라솜과 같고 단단하기는 철벽과 같으니
천상과 인간이 고금에 알지 못하도다. 이咦!

해설 |
마치 광명이 불을 비춤에 태울 수 없고 물을 비춤에 젖지 않고 바람을 비
춤에 날릴 수 없고 칼로 쪼갤 수 없는 것과 같이 자성이 본래 청정한 까닭
이다. 부드럽기가 도라솜과 같고 단단하기가 철벽과 같다 했는데 자기의
마음이 착할 때는 성인을 능가하고 악할 때는 악마를 능가하니 악을 쓰고
선을 쓰는 그 마음이 반야라, 자유권을 가지고 마음대로 비추어 아는 마음
이다. 그림을 그릴 때 빨간 물감을 들고 빨갛게 그리고, 파란 물감을 들고
파랗게 그리듯이, 빨갛고 파란 물감을 좋아하고 싫어함에 집착하지만 않
으면 만 가지 물감을 써서 좋은 그림이 완성되고, 이 완성된 작용을 바라
밀이라 이름 한다. 인간과 천상 또한 나툼이라 국자가 국 맛을 알지 못하
듯이 나툰 놈이 어떻게 나투게 하는 놈을 알 수 있겠는가.

경문 |

그 까닭이 무엇인가. 수보리야, 부처가 설한 반야바라밀은 곧 반야바
라밀이 아니라 그 이름이 반야바라밀이기 때문이니라.

所以者何 須菩提 佛說般若波羅蜜 卽非般若波羅蜜 是名般若波羅蜜

해설 |

모든 존재의 성품이 이미 밝은 까닭에
더 밝힐 것도 없고, 건너갈 것도 없다.
저 언덕으로 건너간다는 것은
짐짓 이름일 뿐이다.

반야바라밀은 본래 밝은 자기의 마음이 일체 모든 경계를 낱낱이 밝게 비
추어 경계 경계가 모두 밝아진 것이다. 밀려왔다 밀려가는 모든 희로애락
이 그대로 머물 것도 없고 애착할 것도 없는 물결임을 알아 마음이 바다
의 심연에서 푸욱 쉬어지면, 이것이 바로 상대적인 이 언덕에서 진리의 저
언덕으로 건너간 것이다.

　　모든 존재의 성품이 부처요, 진리 자체이므로 이미 밝은 까닭에 더
밝힐 것도 없고, 건너게 해 줄 것도 없다. 그래서 저 언덕으로 건너간다는
것은 짐짓 이름일 뿐이다. 본래 더도 덜도 얻을 것이 없이 일체를 다 갖추
고 있으므로 이름하여 반야바라밀이라고 한다.

야부 |
오히려 조금 모자라도다.

해설 |
함허 스님의 설의에 "반야가 반야가 아니라고 말하니 그 말이 옳기는 진실로 옳으나 오히려 한 가닥의 길이 막혔도다."라고 하였다. 한량없음을 어떻게 말로 모두 말할 수 있는가.

—

야부 |
한손으로 들고 한손으로 잡으며
왼쪽으로 불고 오른쪽을 치도다.
줄 없이 무생無生의 가락을 퉁겨내어야
궁상(음계)에 속하지 않고도 율조(가락)가 새롭나니
지음知音이 안 뒤에는 한갓 이름이 아득함이로다.

해설 |
한 손으로 들고 한 손으로 잡으며 왼쪽으로 불고 오른쪽으로 친다는 것은 이와 같이 자유자재하고 신묘하게 우리가 매일 작용하며 살고 있다는 말이다. 그런데 이와 같은 작용이 무심이 바탕이 되어 줄 없는 무생의 가락을 퉁겨낼 줄 알아야 비로소 격조에 속하지 않고 걸림 없이 중용을 하니 일거수일투족이 모두 법에 맞게 된다. 그래서 함허 스님의 설의에서 "반야가 곧 반야가 아님이여, 한 손으로 들고 한 손으로 잡으며 왼쪽으로 불고 오른쪽으로 치도다. 들고 잡고 불고 치는 것이 좋기는 좋으나 오히려 좋은 솜씨는 못 되니 줄 없는 거문고에서 무생곡無生曲을 퉁겨내어야 비로소 좋은 솜씨라 이름하느니라."라고 하였다.

　　이렇듯 실제로 작용이 분명하나 이것 또한 방귀뀐 것과 같이 흔적이 없어야 이름하여 반야바라밀이라고 한다.

경문 |

"수보리야, 어떻게 생각하느냐, 여래가 설한 바 법이 있느냐?"

수보리가 부처님께 사뢰어 말씀드리기를

"세존이시여, 여래께서는 설하신 바가 없습니다."

須菩提 於意云何 如來 有所說法不 須菩提 白佛言 世尊 如來 無所說

해설 |

자기의 성품은 본래 부족함이 조금도 없어 얻을 것이 없고,

얻을 것이 없는 까닭에 설할 바가 없다.

육조 스님 말씀에 "여래는 세상 사람으로 하여금 무언가 더 얻고자 하는 마음을 벗어나게 하고자 반야바라밀을 설하셨다."고 하였다.

깨달은 진리의 입장에서는 본래 부족함이 조금도 없어 얻을 것이 도무지 없고, 얻을 것이 없는 까닭에 여래께서는 설하신 법이 없는 것이다.

일체 중생은 자성에 본래 만법을 갖추고 있다. 자성은 본래 형상이 없고 모양이 없고 말로 할 수도 없고 설명할 수도 없는데, 그 자리에서 만 가지 법이 들고 나는 까닭에 반야바라밀이라 한다.

야부 |
소리를 낮추고 소리를 낮추어라.

해설 |
우물에 눈을 져 넣듯이 넣어라. 한 짐을 넣어도 백 짐을 넣어도
흔적이 하나도 없는 것이 얻을 바 없는 것을 분명히 얻음이라.
—
야부 |
풀숲에 들어가 사람을 구하려 해도 어쩌지 못하며
날카로운 칼로 베고 나서 손으로 어루만지도다.
비록 그렇게 출입에 자취가 없으나
문채가 온전히 드러나는 것을 보았느냐.

해설 |
풀을 한 칼에 싹둑 자르듯
중생심을 반야의 검으로 한꺼번에 베어 버려라

법이란 중생의 마음이라 했는데 중생의 마음속에 들어가 올라오는 중생
심 하나하나를 다 제도하려 하면 삼아승지 겁을 닦아야 한다고 하니 불가
능해져 버린다. 그러니 풀을 싹둑 자르듯 날카로운 반야의 검으로 중생심
을 한꺼번에 베어버려라. 날카로운 칼로 베어버리고 나서 어루만지듯이
그렇게 실감나게 체험을 하라. 그러면 그 속에서 부처는 그대로 온전히 본
체를 드러낸다. 그러나 그 과정이 너무나 신속해서 볼 수는 없다. 하지만
분명하게 드러내서 작용하는 것을 없다 할 수 없는 것이다.

"수보리야, 어떻게 생각하느냐. 삼천대천세계에 있는 가는 먼지가 많다 하겠느냐?"

수보리가 말씀드리기를 "매우 많습니다. 세존이시여."

"수보리야, 모든 가는 먼지를 여래는 가는 먼지가 아니라 그 이름이 가는 먼지라 설하며, 여래가 설한 세계도 세계가 아니라 그 이름이 세계인 것이니라."

須菩提 於意云何 以三千大千世界所有微塵 是爲多不 須菩提言 甚多 世尊 須菩提 諸微塵 如來說非微塵 是名微塵 如來 說世界 非世界 是名世界

해설 |

삼천대천세계의 수없이 많은 가는 먼지는 자기 마음 안의 일체 중생들의 마음이며, 가는 먼지만큼 많은 세계도 또한 자기 마음이 만들어낸 것이다.

삼천대천세계라는 것은 자기 성품의 나툼이니 자기의 마음을 떠나서 따로 존재하는 것이 아니다. 곧 자기 마음 안에서 벌어지는 모습이니 삼천대천세계의 수없이 많은 가는 먼지는 자기 마음 안에 있는 일체 중생들의 마음이며 그 수효라 할 수 있다. 가는 먼지만큼 많은 세계가 나타났다 스러졌다 하는 것이 오직 자기의 마음 작용이라, 그러므로 자기가 곧 세계요, 창조주이다.

여기에 대해서 육조 스님도 "여래가 설하되 중생의 성품 가운데 망념은 삼천대천세계의 가는 먼지와 같으니 일체 중생이 가는 먼지처럼 많은 망념을 일으키고 멸하며 잠시도 머물지 못하게 되어 불성을 막고 가려서 해탈을 얻지 못하나니 만약 능히 생각 생각을 참되고 바르게 하여 반야바라밀의 무착 무상행을 닦으면 망념진로妄念塵勞가 곧 청정법성淸淨法性임을 깨달으리라." 하였다.

야부 |
남섬 부주요, 북울단월이로다.

해설 |
삼천대천세계가 모두 내 마음의 나툼인 줄 알면 그대로 청정국토이다. 가는 먼지 하나하나가 그 이름이 세계이지만 그 이름을 나투게 하는 것이 청정심이다. 티끌 티끌의 근원은 청정심이다. 티끌 티끌 그대로가 청정세계이다.
—

야부 |
머리는 하늘을 가리키고 다리는 땅을 밟으며
주리면 먹고 곤하면 자도다.
여기가 서천이요, 서천이 여기로다.
도처의 설날이 바로 올해이니 남북동서에 다만 이것일 뿐이로다.

해설 |
"머리는 하늘을 가리키고 다리는 땅을 밟으며 주리면 먹고 곤하면 자도다."라는 것은 아래로는 미생물로부터 위로는 인간 천상에 이르기까지 모든 중생이 다 이와 같은 까닭은 자기의 몸과 마음 안에 모두 함께하기 때문이다. 일체 중생이 자기와 둘 아닌 것으로 알고 중도행을 하면 이곳이 서천이요, 이 사바세계가 그대로 극락이 된다. 그래서 『유마경』에 말하기를 "중생의 마음이 더러우면 불국토가 더러워지고 중생의 마음이 청정하면 불국토가 청정하여진다."고 하였다.

함허 스님의 설의에 "하늘을 가리키고 땅을 밟음은 사람이 모두 같음이요, 주리면 먹고 곤하면 자는 것은 누가 능히 못하리오. 다만 이 참 소식은 피차에 두 가지가 없으니 다만 저 두 가지가 없는 도리를 어떻게 말할 것인가. 매화가지의 한 송이 꽃은 족히 천하에 봄임을 알리고 오동잎 하나가 떨어짐에 가히 천하가 가을임을 알림이다."라고 하였다.

# 이름하여 32청정행

**경문 |**

"수보리야 어떻게 생각하느냐. 삼십이상으로 여래를 볼 수 있겠느냐?"
"볼 수 없습니다, 세존이시여. 삼십이상으로 여래를 볼 수 없습니다.
왜냐하면 여래께서 설하신 삼십 이 상은 곧 상이 아니고 그 이름이 삼십
이상이기 때문입니다."

須菩提 於意云何 可以三十二相 見如來不 不也 世尊 不可以三十二相 得見如來
何以故 如來 說三十二相 卽是非相 是名三十二相

**해설 |**

32상은 서른두 가지의 마음 씀씀이(청정행)이다.
여래의 32상에 애착하지 않고 스스로 마음 청정행을 닦으면
마침내 여래를 친견하리라.

32상은 서른두 가지의 길상吉相으로 부처님이나 전륜성왕이 갖추신 거룩
한 용모와 형상이다. 부처님은 태어날 때부터 32상을 갖추셨는데 이것은
바로 전생인 선혜 보살과 오백 전생 속에서 등장하는 보살들의 보살행의
결과로 나타난 상호相好이다.

　　실제로 누구나 마음 씀에 따라 상호가 달라진다는 것은 모두 느끼
는 것이다. 마음을 악하게 쓰면 악하게 변하고, 착하고 둥글게 쓰면 얼굴
도 원만해지고 밝아지듯이 마음 씀이 형상을 규정한다. 따라서 서른두 가
지 상호는 서른두 가지의 마음 씀씀이라고 할 수 있다.

　　육조 스님도 "32상이란 32청정행이니 오근五根 가운데에서 육바라밀
을 닦고 의근意根 가운데에서 무상無相과 무위無爲를 닦으면 이것이 32청정

행三十二淸淨行이라 이름하느니라(오근(안·이·비·설·신)×육바라밀+무상+무위=32상). 항상 32청정행을 닦으면 곧 성불을 얻거니와 만약 32청정행을 닦지 않으면 마침내 성불하지 못하며 다만 여래의 32상만을 애착하고 스스로 32청정행을 닦지 않으면 마침내 여래를 보지 못하리라." 하였다.

맑은 거울이 일체 경계에 응하여 나투는 것이 수보리나 부처님이나 이 구절을 대하는 모든 이가 다 똑같이 둘이 아닌 까닭이다. 모자란 사람을 보면 같이 모자라야지 나는 똑똑하고 너는 모자라면 둘이 되니, 같이 모자란 듯 하나가 돼서 법답게 둘이 아닌 도리로 이끎이 없이 이끄는 것이다.

어떻게 둘 아니게 작용하여 중용을 하는 것인가? 예를 들면, 어떤 어린아이가 친해지니까 어른한테 올라타고 때리고 소리를 지르면서 함부로 대했다. 어른이 가만히 있다가 어린아이와 똑같이 했다. 어린아이처럼 막 소리를 지르면서 "나는 너에게 소리도 안 지르고 때리지도 않고 함부로 대하지도 않았는데 너는 왜 나에게 소리 지르고 때리고 함부로 대하니?" 하면서 악을 쓰고 신경질을 있는 대로 부렸다. 처음에는 눈이 휘둥그레져 가지고 황당한 표정으로 쳐다보더니 그 눈빛이 점점 미안한 눈빛으로 변하면서 "미안해." 하고 말하는 것이다. 순간 평등한 지위에서 보니까 어린아이도 자기 자신이 치우친 견해를 가졌다는 것을 발견하게 된 것이다.

처음에는 차별심을 가지고 나는 어른이고 너는 어린애라는 생각을 하니 어린아이가 막무가내로 행동을 했고, 다음에는 평등한 마음을 가지고 보니 어린아이 스스로 자신의 치우친 행동을 발견하게 되어 미안하다고 사과하면서 바른 안목을 갖게 된다. 그런 까닭에 이것을 이름하여 32청정행이라고 한다.

야부 |
할머니의 옷을 빌려 입고 할머니에게 절하도다.

해설 |
절 하는 놈과 절 받는 놈이 한놈이다.

우리 스스로가 서른두 가지 청정행을 닦으면 걸음걸음이 둘 아닌 여래의
행이라. 절하는 놈과 절 받는 놈이 한 놈이다. 이 도리를 알고 둘 아니게 절
을 해야 함이 없이 절을 하게 되어 이름이 32상이 된다.
—
야부 |
그대가 있으니 나 또한 있고 그대가 없으면 나 또한 없도다.
유有와 무無를 함께 세우지 않으니 서로에 대하여 침묵하도다.

해설 |
침묵은 고요함이자 광대무변한 사자후이다.

그대라는 것은 근본 자성을 말하고 나는 지금 작용하고 있는 현재의식이다.
부처가 없으면 중생이 없고 중생이 없으면 부처도 없듯이 이것 또한 둘이
아닌 줄 알면 유무를 모두 놓게 되어 묵연히 침묵하게 된다.
　　　침묵, 즉 고요함이란 있음과 없음, 이것과 저것, 너와 나, 크고 작음,
옳고 그름 이 모든 상대적인 세계를 포함한 절대존재를 이름한다. 색이 곧
공이고 공이 곧 색인 존재, 있음이 곧 없음이고 없음이 곧 있음인 존재의
근원은 침묵이다. 그런데 침묵은 광대무변한 사자후이다. 한꺼번에 광대
무변하게 쏟아지므로 오히려 고요한 것이다. 그러므로 원효 스님이 "너무
시끄러우므로 너무 고요하고, 너무 고요하므로 너무 시끄럽다."고 하셨다.
이것이 유마힐 거사의 침묵이요, 부처님의 침묵이다.

경문 |

수보리야, 만일 어떤 선남자 선여인이 항하의 모래 수만큼의 목숨으로
보시를 하더라도 만일 다시 어떤 사람이 이 경 가운데에서 사구게 등
만이라도 받아 지녀서 다른 사람을 위해 설한다면 그 복이 저 복보다
매우 많으니라.

須菩提 若有善男子善女人 以恒河沙等身命 布施 若復有人 於此經中 乃至受持四
句偈等 爲他人說 其福 甚多


해설 |

한 생각 일어나면 생生이요, 한 생각 스러짐이 사死이다.
일어난 한 생각을 분별심이 나온 그 자리에다 놔버리면 생사를 초월하니
이것이 사구게요, 무위의 복덕이다.


재산이나 권력이나 명예가 중요하지만 목숨과 바꾸지는 못한다. 그런데
그 중요한 목숨을 항하 강의 모래 수만큼이나 보시하더라도 다시 어떤 사
람이 이 경 가운데 사구게 등만이라도 받아 지녀서 다른 사람을 위해 설
한다면 그 복이 저 복보다 매우 많을 것이라고 하였다.

그러면 항하 강의 모래 수만큼의 목숨보다 더 소중한 사구게란 무엇
인가. 생사라는 것은 한 생각 일어나면 생生이요 한 생각 스러짐이 사死이다.
생사가 한 생각에 달렸다. 그러니까 일어난 한 생각을 분별심이 나온 그 자
리에다 놔버리면 생사를 초월하게 하는 것으로 이것을 사구게라 이름한다.
그런 까닭에 유위법인 목숨으로 보시하는 것보다 무위법인 사구게를 수지
하여 다른 사람을 위해 설해 준 복이 저 복보다 훨씬 많다는 것이다.

육조 스님도 "다겁 생 동안 몸을 보시하되 공空의 도리를 요달하지
못하면 망령된 마음을 없애지 못하는 것이다. 원래 이 중생인 것이요, 한
순간이라도 경을 가져서 아我와 인人이 없어지면 망상도 또한 이미 없어
져 언하言下에 성불하는 것이다. 그러므로 알라. 오랜 세월 동안 몸을 보시
함은 경의 사구게를 가지는 복만 같지 않도다."라고 하였다.

야부 |
두 가지 색이 한 주사위로다.

해설 |
보시를 하는 것과 사구게를 지녀서 다른 사람에게 전하는 것이
나무의 뿌리와 잎과 열매가 둘이 아니듯이 한 집안 소식이다.
—
야부 |
손에 쥔 미끄러운 방망이로 칼과 바꾸지 않나니
잘 쓰는 사람은 모두 다 편리하도다.
의도하지 않아도 본래 그대로 이루어지니
이러한 사람이야말로 뛰어난 대장부라.
라라리리라라려, 산꽃이 미소하고 새가 노래하도다.
이때에 만약 뜻을 얻으면 곳마다 살바하 하리라.

해설 |
방망이든 칼이든 하나를 끝까지 밀고나가는 것이 공부의 지름길이다.
이것저것 바꾸면 공부가 설익는다.

방망이든 칼이든 자기가 시작한 공부 방법을 끝까지 밀고 나가는 것이 공
부의 지름길이다. 이것저것 바꾸다 보면 설익게 된다. 공부가 익으면 일부
러 마음을 내어 계획하고 설계하지 않아도 모두 저절로 이루어진다. 본분
자리는 본래 부처로 미혹한 적이 없으니 깨달을 것도 없다. 본래 그대로 영
겁에 걸쳐 여여 부동한 자리임을 확연히 아는 까닭에 이런 사람을 뛰어난
근기의 대장부라 이름한다. 대장부의 걸음걸음은 꽃이 피고 새가 노래하
듯 저절로 흥취가 일며 가는 곳마다 성취를 이룬다.

제
14

이
상
적
멸
분

離相寂滅分

# 희유한 공덕을 성취한 사람

○

경문 |
그때에 수보리가 이 경 설하심을 듣고 깊이 그 뜻을 깨달아 눈물을 흘리면서 부처님께 사뢰어 말씀드리기를,
"희유하십니다, 세존이시여. 부처님께서 설하신 이렇게 깊고 깊은 경전은 제가 예로부터 얻은 바 혜안으로도 일찍이 이와 같은 경전을 듣지 못하였나이다."

爾時 須菩提 聞說是經 深解義趣 涕淚悲泣 而白佛言 希有 世尊 佛說如是其深經典 我從昔來所得慧眼 未曾得聞如是之經

해설 |
수보리는 자기의 촛불이 부처님의 불기둥과 하나가 되고
자기의 깨달은 바가 부처님의 깨달으신 그 마음과 한마음이 되니
그 뜻의 광대무변함을 깨달아 감격의 눈물을 흘리며
자기도 모르게 찬탄하는 말이 쏟아져 나온 것이다.

이 경이라 함은 둘 아닌 경의 설하심[不二法]을 말한다. 금강경을 처음 시작할 때에 수보리는 부처님께서 설법하시기도 전에 이미 "희유하십니다, 세존이시여."라고 찬탄한 바 있다.

  수보리는 해공제일解空第一 즉 공空 도리를 가장 잘 깨달은 존자이므로 이미 깨닫지 못한 바가 없고 경을 시작할 때부터 이미 부처님과 하나인 마음이었다. 이제 금강경을 매듭하면서 다시 '눈물을 흘리면서' "희유하십니다, 세존이시여."라고 찬탄하는 것은 깨달음의 깊이가 달라졌기 때문이다. 비유하자면 자기가 켠 조그마한 촛불 하나와 부처님의 광대무

변한 불기둥은 둘 다 '광명'이라는 본질에 있어서는 다른 것이 아니나 그 체험하는 맛이 다른 것이다. 그러니까 수보리는 자기의 촛불이 부처님의 불기둥과 하나가 되고 자기의 깨달은 바가 부처님의 깨달으신 그 마음과 하나가 되어 한마음이 되니 그 뜻의 광대무변함을 깨달아 감격의 눈물을 흘리며 자기도 모르게 찬탄하는 말이 쏟아져 나온 것이다.

　　이와 같은 이치는『유마경』「불국품」의 오백 장자의 아들들이 오백 개의 보배 일산을 부처님께 공양하자, 부처님께서 위신력으로 그 보배 일산들을 하나의 거대한 일산으로 만드시니 그 일산이 삼천대천세계를 두루 덮었다는 일화와 같다.

　　장자의 아들들이 바친 일산이란 중생들의 보리심을 발한 촛불 하나하나이며 부처님이 모든 일산을 합쳐서 하나의 일산을 만드셨다 함은 부처님의 광대무변한 불기둥의 광명에 모두 합하여졌다는 뜻이 된다. 하나하나의 마음이 부처님의 마음과 한마음으로 합쳐지니 삼천대천세계가 그 마음 가운데 나타나서 체험하게 되고, 그 깊은 뜻을 깨달아 눈물을 흘리며 "희유하십니다, 세존이시여. 부처님께서 이렇게 심히 깊은 경전[不二法]을 설하심은 제가 예로부터 얻은 바 혜안으로도 일찍이 이와 같은 경을 듣지 못하였습니다." 하신 것이다.

야부 |
좋게 웃어야 하거늘 얼굴을 마주하여 숨겼도다.

해설 |
하늘을 우러르니 한 티끌도 걸림이 없는 까닭에 웃는 것이요,
땅을 내려 보니 만 중생이 내 모습 아님이 없는 까닭에 눈물을 흘렸다.
문득 깨달아 자기가 자기를 돌아보니 너무 불쌍하여 또 눈물이 나온다.
누겁의 세월 동안 자기 속에 뱀도 있고 축생도 있고
아귀도 있고 인간도 있고 천상도 있으면서
서로 먹고 먹히며 윤회하여 온 그 세월이 긴 것을 보았다.
—
야부 |
어려서부터 돌아다녀 먼 길이 익숙하니
몇 번이나 형악산을 돌고 소상강을 건넜던가.
하루아침에 고향 길을 밟으니
비로소 도중에 세월이 긴 것을 깨달았도다.

해설 |
함허 스님의 설의에 "형악산은 인아人我의 산이요, 소상강은 은애恩愛의 강
물"이라고 하였다. 누겁累劫으로부터 한생각의 무명으로 인하여 나라는
아상을 붙잡고 사랑과 미움의 강물에 빠져 허우적거리는 삶을 돌고 돌아
온 것을 확연히 본 것이다. 깨닫고 나니 그 세월이 긴 것을 비로소 알았다.
이렇듯 먼 길을 하루아침에 밟는 것이다.

경문 |

세존이시여, 만일 또 어떤 사람이 이 경을 듣고 믿는 마음이 청정하면
곧 실상實相을 내리니, 마땅히 이 사람은 제일 희유한 공덕을 성취한 사
람임을 알겠습니다. 세존이시여, 이 실상이라는 것은 곧 이것이 상이
아니므로 이 까닭에 여래께서 실상이라고 이름한다고 말씀하셨습니다.

世尊 若復有人 得聞是經 信心淸淨 則生實相 當知是人 成就第一希有功德 世尊
是實相者 則是非相 是故 如來 說名實相


해설 |

이 경은 불이법不二法이고
믿는 마음도 불이법이고
청정함도 불이법이고
실상도 불이법이다.


이 경이란 둘이 아닌 이치의 경으로 불이법이다. 믿는 마음[信心]이란 『신
심명』에서 "신심信心은 불이不二요, 불이가 신심이다."라고 하였다. 실상實
相이란 신심이 청정하면 나온다고 했는데 청정淸淨이란 물들지 않음이요,
물들지 않는다 함은 양변에 치우치지 않는 중도를 말하고, 중도는 곧 불
이법을 말한다. 따라서 이 경도 불이법이고 믿는 마음도 불이이고 청정도
불이이니 실상 또한 불이법이다.

　　육조 스님도 이 뜻을 말씀하시기를, "비록 청정한 행을 행하나 만약
더러움과 깨끗함의 두 가지 상이 마음에 있으면 이것은 아울러 때 묻은
마음이어서 곧 청정심이 아닌 것이니 다만 마음이 얻은 바가 있으면 실상
이 아니니라." 하였다.

　　실상이란 일체 만법의 진실한 모양, 즉 색이 공이고 공이 색인 존재

의 모습이고, 불생불멸인 존재의 본질을 말하는 것이다. 그런 까닭에 이 경을 듣고 신심이 청정하면 실상을 낸다 하고 "마땅히 이런 사람은 제일 희유한 공덕을 성취한 사람이다." 하여 "깨달음을 얻고 모든 공덕을 성취한 사람이 된다." 하였다.

그러나 이 실상이란 분별이 다 없어져 얻을 바가 없어야 하고 얻을 바가 없는 까닭에 상이 아니고 상이 아닌 까닭에 이름하여 실상이라 한다.

야부 |
산하대지를 어느 곳에서 얻어오리오.

해설 |
설의에 "만약 한결같이 상相이 아니라 하면 지금의 산하대지는 분별이 상
인데 어느 곳에서 얻어왔는가." 했다. 산하대지는 상이 없는 곳으로부터
나왔으니 곧 자기 성품으로부터 나온 것이다. 삼라만상 우주천하 만물만
생이 그곳을 떠난 적이 없다.
—

야부 |
멀리 바라보니 산은 색이 있고 가까이 들으니 물은 소리가 없도다.
봄은 갔건만 꽃은 아직 남아 있고 사람이 와도 새는 놀라지 않네.
두두頭頭가 모두 드러나 있으니 물물物物의 본체는 원래 평등하도다.
어찌하여 모른다고 말하리오. 다만 너무나도 분명한 것을.

해설 |
멀리서 보니 색이 있다는 것은 아직 미혹한 눈으로 보니 분별심이 남아
있다는 뜻이요, 가까이 들으니 소리가 없다는 것은 마음의 눈을 뜨니 분별
심이 사라졌다는 것이다. 함허 스님의 설의에서는 "미혹한즉 눈앞에 법이
있으니 이 까닭에 도道에서 멀어지고 깨달은즉 귓가에 소리가 없으니 이
까닭에 도에서 가까우니라. 이런 까닭으로 말하되 중생의 망령된 견해로
는 갖가지가 시끄럽거니와 여래의 진실한 견해로는 일체가 진眞이고 적
정寂靜이라 하느니라." 하였다.

　　즉 미혹하면 물들고 깨달으면 청정하다. "봄은 가도 ~ 새는 놀라지
않는다." 함은 미혹과 깨달음도 또한 둘이 아닌 까닭이다. 낱낱이 온통 드
러나 있는 것은 일체법이 곧 불법인 까닭이다.

　　'물물의 체가 본래 평등하다.' 하는 것은 산은 산대로 옳고, 계곡은

계곡대로 옳아 평등하고, 남자는 남자로 여자는 여자로 평등하니 옳고, 가난한 이와 부자가 평등하고, 왕과 거지가 평등하다. 즉 하나의 연극무대에 올라 부자 소임을 맡고, 가난한 사람의 소임을 맡고, 왕의 소임을 맡고, 거지의 소임을 맡고, 악당의 소임을 맡고, 성인의 소임을 맡는 것이 모두 소임일 뿐 본래의 그 사람은 아니다.

단지 연극을 잘하여 연극 보는 이로 하여금 스스로 깨달아 가게 하기 위한 방편으로 연극을 마치고 분장을 다 지우고 본래 모습으로 돌아오면 모두가 평등하게 술 한 잔 먹는 것과 같다. 그래서 어떻게 모른다 하리오. "다만 너무나도 분명한 것을"이라고 하였다.

# 일체 상을 떠난 것이 곧 일체 제불

◉

경문 |
세존이시여, 제가 지금 이러한 경전을 얻어 듣고 믿어 알고 받아 지니기는 족히 어렵지 않거니와,

世尊 我今得聞如是經典 信解受持 不足爲難

해설 |
신信 · 해解 · 행行 · 증證으로
수행의 단계 없는 단계를 닦아가는 이때가
부처님이 세상에 계시는 때이다.

수보리는 부처님께서 이 세상에 계실 때 태어났으니 진리의 가르침을 믿고 이해하고 받아 지니기 어렵지 않았으나, 지금 이 경을 얻어 듣고 믿어 알고 받아 지닌다면 또한 이때가 곧 부처님이 세상에 계시는 때인 것이다. 여기에서 믿고 이해하고 받아 지닌다[信解受持]는 것도 수행의 단계 없는 단계라 할 수 있다. 즉 신信 · 해解 · 행行 · 증證으로 부처님의 말씀인 이 경[不二法]을 믿고[信] 믿음으로써 이해하여[解] 삶 속에서 실천[行]함으로써 증득(證)이 되어 깨달음을 얻게 되는 이치이다.

　　부처님의 말씀인 법을 많이 듣고[多聞] 깊이 관하여 참구하고 이치를 터득하여[緣覺] 이 이치에 따라 실천궁행하면[菩薩] 이로 인해 증득하게 된다는 뜻이다. 그래서 성문 · 연각 · 보살도 수행의 단계 없는 단계라 할 수 있다.

야부 |
만일 뒷말을 얻지 못하면 앞의 말도 원만하기 어렵도다.


해설 |
법이란 처음도 좋고 중간도 좋고 나중도 좋아야 법답다 하듯이
알기만 하고 실천하지 않으면
아는 것이 다 땅에 떨어져 원만하기 어렵다.
—

야부 |
어렵고 어렵고 어려움이여, 마치 평지에서 청천靑天에 오름과 같고,
쉽고 쉽고 쉬움이여, 옷 입은 채 한숨 자고 깨어남과 같도다.
배를 움직이는 것이 모두 삿대 잡은 이에게 있으니
누가 파도가 땅으로부터 일어났다고 말하리오.


해설 |
"세 살 먹은 어린애도 다 알지만 실천하기는 팔십 먹은 노인도 하기 어렵
다."는 조과 선사鳥窠禪師와 백락천白樂天의 유명한 문답 속에도 드러나 있
듯이, 믿고 이해하고 받아 지니는 수행의 단계 없는 단계를 다 갖추어야
하지만 어렵고 쉬움이 모두 배를 끌고 가는 선장의 안목에 달렸다.
　　이 몸뚱이 속에 구류九類의 중생이 가득한데 이 몸뚱이가 곧 배이며
온갖 망념이 중생이다. 선업과 악업이 교차해서 나오는 모든 업식을 종합
해 아는 이 마음이 곧 선장이다.
　　일체의 작용이 파도이고 이 파도는 근본 성품으로부터 일어남을 알아
차리니 선장의 바른 안목으로 고해의 바다가 지혜의 바다로 바뀌는 대목이다.

만일 오는 세상 후 오백 세에 그 어떤 중생이 이 경을 얻어 듣고서 믿어
알고 받아 지닌다면, 이 사람은 곧 제일 희유함이 되겠습니다.

若當來世後五百歲 其有衆生 得聞是經 信解受持 是人 卽爲第一希有

해설 |
여기 이곳에서 발보리심한 이 사람이 제일 희유하도다.

오는 세상 후 오백 세는 지금 한 생각 내는 여기 이곳이다. 발보리심을 한
이 사람, 이 경을 믿고 이해하고 실천하고 증득하는 이 사람이 그대로 부
처님과 한마음인 그 사람이며, 곧 제일 희유한 사람이다.

야부 |
가고 머물고 앉고 누우며 옷 입고 밥 먹는 것이
다시 무슨 일이 있으리오.

해설 |
부처님 법이라는 것이 우리의 생활을 떠나서 존재하는 것이 아니고 우리
의 모든 삶은 근본을 떠나서 존재하지 않는다. 마치 뿌리 없는 나무는 존
재할 수 없고 나무 없는 뿌리도 또한 존재하지 않듯이.
—

야부 |
얼음은 뜨겁지 않고 불은 차지 않으며
흙은 습하지 않고 물은 건조하지 않도다.
금강金剛은 다리로 땅을 밟고 깃대의 머리는 하늘을 가리키도다.
만일 어떤 사람이 믿어서 이르게 되면 북두칠성을 남쪽으로 향하여 보리라.

해설 |
함허 스님의 설의에 "'얼음은 뜨겁지 않고'에서부터 '하늘을 가리키도다'
까지는 평상의 도리라서 움직이지 않는 것이니 다만 저 평상한 도리를
어떻게 말할까. 배가 가는 데는 마땅히 삿대를 들어야 하고, 말을 달리게
하는 데는 곧 채찍을 가해야 되며, 만약 주리면 밥 먹고 곤하면 잠을 잔다.
그대가 지금의 평상한 도리를 알고자 하면 북두와 남성의 위치가 다르지
않으니 다만 저 다르지 않은 도리를 또한 어떻게 말할 것인가. 비오는 가
운데 밝은 달을 봄이요, 불 속에서 맑은 샘물을 길러냄이며, 바로서서 머
리를 땅에 드리움이요, 가로누워 자는데 다리가 하늘을 가리킴이로다."
하였다. 이와 같다.

경문 |

왜냐하면 이 사람은 아상이 없으며 인상이 없으며 중생상이 없으며 수자상이 없기 때문입니다. 까닭이 무엇인가 하면 아상이 곧 이 상이 아니며 인상·중생상·수자상도 곧 이 상이 아닙니다. 왜냐하면 일체 모든 상을 떠난 것을 곧 모든 부처님이라 이름하기 때문입니다.

何以故 此人 無我相 無人相 無衆生相 無壽者相 所以者何 我相 卽是非相 人相衆生相壽者相 卽是非相 何以故 離一切相 卽名諸佛

해설 |

일체 상을 떠난 것을 일체 제불이라 한다.
일체 제불의 마음은 곧 일체 중생의 마음이고
일체 제불의 몸은 일체 중생의 몸이다.

제일 희유한 이 사람은 사상이 없는 까닭이며, 사상이 없다는 것은 아상·인상·중생상·수자상이 곧 이 상相이 아님을 아는 까닭이다. 부처님께서 "무릇 형상 있는 것은 다 허망하니 만일 모든 형상이 형상 아님을 보면 곧 여래를 보리라."고 말씀하셨듯이 아상·인상·중생상·수자상이 본래 공함을 확연히 보는 까닭에 이것을 이름하여 '일체 상을 떠난 것을 곧 일체 제불'이라 하는 것이다. 일체 제불의 마음은 곧 일체 중생의 마음이고 일체 제불의 몸은 일체 중생의 몸이다.

야부 |
마음으로 사람을 저버리지 않으면 얼굴에 부끄러운 빛이 없다.

해설 |
화신化身과 보신報身의 나툼 속에는 법신法身이 항상하고, 법신의 본체는 화신과 보신으로 인하여 완전하게 된다. 일체 경계 속에서 자성을 저버리지 않으면 낱낱의 작용이 다 법에 맞아 완전하게 된다.
—

야부 |
묵은 대에서 새 순이 돋아나고 새 꽃은 옛 가지에서 자라도다.
비는 나그네의 길을 재촉하고 바람은 조각배를 돌아가게 하도다.
대나무 빽빽해도 흐르는 물 방해하지 않고
산이 높다고 어찌 흰 구름 흘러감을 방해하리오.

해설 |
함허 스님의 설의에 "본각本覺과 시각始覺을 쌍으로 이루어서 부자父子가 동업同業이라. 이미 동업일진대 집안일은 생각지 말고 도중에 객客이 됨을 좋아하며, 또한 도중일을 생각지 말고 도리어 집을 향해 들어갈지어다. 비록 이와 같으나 도중일은 집안일에 걸리지 않고 집안일은 도중일에 걸리지 않음이로다. 잘 보아라. 문수·보현이 좌로 돌고 우로 도니 비로자나불의 얼굴에 춘풍春風의 미소가 가득하도다."라고 했다.
　　　자기 자성의 본체 자리는 아상이 없고, 인상이 없고, 중생상이 없고, 수자상이 없으며 자성의 작용은 아상이 곧 이 상相이 아니며 인상·중생상·수자상도 이 상이 아니다. 즉 자성의 본체는 본래 상이 없으며 자성의 작용 또한 함이 없음[無爲法]으로써 얻을 바 없는[無所得] 까닭이다. 그런 까닭에 문수는 좌로 돌고 보현은 우로 돌아가니 비로자나가 광명변조光明遍照가 되었다.

경문 |

부처님께서 수보리에게 이르시되 '그러하고 그러하다.' 만일 또 어떤 사람이 이 경을 듣고 놀라지 않고 겁내지 않으며 두려워하지 않으면 마땅히 알라. 이 사람은 매우 희유함이 되나니.

佛告須菩提 如是如是 若復有人 得聞是經 不驚不怖不畏 當知是人 甚爲希有

해설 |

자기 마음속의 부처를 믿고 의지하면

마음에 걸림이 없고

마음에 걸림이 없는 까닭에

두려움이 없다.

작은 법을 좋아하는 자들은 이 무위법의 실상을 듣고 곧 "일체 모든 상을 떠난 것을 곧 모든 부처님이라 이름 한다."는 말을 듣고 놀라고 겁내고 두려워한다.

　작은 법이란 유위법이며 한계가 있는 법이며 상대적인 법이다. 그런 까닭에 부처와 중생이 있고, 법과 비법이 있고, 옳고 그름이 있고, 좋고 나쁨이 있고, 성스럽고 속스러움이 있고, 얻을 것이 있고 닦을 것이 있게 되는 것이다.

　따라서 무위법을 듣고 놀라고 겁내고 두려워하지 않으면 이 사람은 작은 법인 일체 유위법이 본래 공함을 알아 깨달은 안목이라 매우 희유함이 된다.

야부 |
다만 이것은 자기 집 것이니라.

해설 |
무위법의 광대무변한 세계가 바로 자기 모습이다. 놀라고 겁나고 두려워
하는 것이 다 자기로 인한 것이니 곧 자기의 다른 모습인 것을 알면 나 아
님이 없다. 무위법과 유위법 이것도 둘이 아니니 모두 자기 집안 일이다.
—

야부 |
한 터럭이 큰 바다를 삼키고 겨자에 수미산을 용납하도다.
푸른 하늘에 둥근달이 가득하니 맑은 빛이 천지에 빛나도다.
고향 땅 밟아 안온하니 다시 남북과 동서가 없도다.

해설 |
한 생각이 만 생각을 삼키고 한 생각 속에 만 가지 경계를 흡수할 수 있다.
성품의 하늘이 본래 고요하고 맑으니 둥근달이 밝게 비추어 천지사방에
가득하다. 남북동서와 삼라만상과 만물만생은 무엇인가. 다 희유한 이 사
람으로 인하여 있는 것이니 어찌 다르다 하겠는가.

# 제일 바라밀이란
# 머무는 바 없는 마음이다
❂

경문 |

왜냐하면 수보리야, 여래가 설한 제일 바라밀이 곧 제일 바라밀이 아니라 그 이름이 제일 바라밀이기 때문이니라.

何以故 須菩提 如來 說第一波羅蜜 卽非第一波羅蜜 是名第一波羅蜜


해설 |

제일 바라밀이란 머무는 바 없는 마음이요, 상을 멀리 떠난 마음이다.

제일 바라밀이란 머무는 바 없는 마음으로 '무위법행無爲法行'이라 하고 '응무소주 이생기심應無所住而生其心(응당히 머무는 바 없이 그 마음이 난다)'이라 하고 '반야바라밀'이라 한다.

　제일 바라밀에 대해 육조 스님은 "입으로 말하고 마음으로 행하지 않으면 곧 그름이고, 입으로 말하고 마음으로 행하면 곧 옳음이니, 마음에 능能(주관)과 소所(객관)가 있으면 곧 그름이고, 마음에 능소가 없으면 곧 옳은 것이다."라고 하였다. 마음에 주관과 객관, 나와 너가 없으면 제일 바라밀이니 이 또한 상을 멀리 떠난 자기 성품이다.

야부 |
팔자八字로 타개打開하여 양손에 나누어 주었다.

해설 |
제일 바라밀을 양 손으로 쪼개어 열어 보여 낱낱이 드러내었다. 맑은 거울
은 경계가 오면 단박에 알아차리고 응하여 작용함이 신속하다. 밥상을 대
함에 국 맛이 짜다 싱겁다 말하지 말라. 싱거우면 소금을 쳐서 먹고 짜면
물을 더하여 먹으면 되지 군더더기를 붙이지 말라.
—

야부 |
제일 바라밀이라 이름함이여,
천차만별이 이로부터 나왔도다.
귀신의 얼굴에 신의 머리가 대면하여 오니
이때에 서로 알지 못한다 말하지 말라.

해설 |
삼천대천세계의 삼라만상이 다 제일 바라밀로부터 나왔다. 신의 머리에
귀신의 얼굴이라. 하나의 근본에서 두 가지 작용이 나오니 악이 나오고 선
이 나오는 것이 모두 한집안 소식이다. 근본과 두 가지 작용, 이 셋이 모두
하나임을 깨달아야 제일 바라밀에 계합한다.
　　　마음근본(제일 바라밀)을 닦아 밝히려면 선의 마음과 악의 마음이
동시에 쏟아져 들어와야 이 두 가지 마음을 지켜보는 마음이 뚜렷이
드러나 분명해진다.

수보리야, 인욕바라밀이라 하는 것도 여래가 설하되 인욕바라밀이 아
니라 그 이름이 인욕바라밀이니라. 왜냐하면 수보리야, 내가 옛적 가
리왕에게 신체를 베이고 잘림을 당하였을 적에 나는 그때에 아상이 없
었으며 인상이 없었으며 수자상이 없었느니라. 왜냐하면 내가 옛적에
마디마디 사지를 베일 때에 만일 아상·인상·중생상·수자상이 있었으
면 응당 성내고 원망함을 내었으리라.

須菩提 忍辱波羅蜜 如來 說非忍辱波羅蜜 是名忍辱波羅蜜 何以故 須菩提 如我昔
爲歌利王 割截身體 我於爾時 無我相 無人相 無衆生相 無壽者相 何以故 我於往
昔節節支解時 若有我相人相衆生相壽者相 應生嗔恨

해설 |

사상이 없는 까닭에 인욕 선인도 없고 가리왕도 없으며,
인욕 선인과 가리왕이 둘이 아닌 까닭에 고통도 없고 두려움도 없다.

육조 스님 말씀에 "여래가 인행因行 시時의 초지初地에 있을 때에 일찍이
인욕 선인이 되어 가리왕에게 신체가 베이고 잘림을 당하되, 마음에 한 생
각도 아파하거나 괴롭다는 생각이 없으셨으니, 만약 아프고 괴로운 마음
이 있었으면 곧 화를 내고 원망하였을 것이다."라고 하였다.

무엇으로 인하여 아프고 괴로운 마음이 없었을까? 사상四相이 없기 때
문이다. 사상이 없는 까닭에 인욕 선인도 없고 가리왕도 없으며 인욕 선인
과 가리왕이 공하여 없는 까닭에 인욕 선인이 곧 가리왕이며 가리왕이 인욕
선인으로 둘이 아닌 까닭이다. 즉 잔인하게 죽이는 놈과 잔인하게 죽임을
당하는 놈이 한 놈인 줄을 확연히 알면 또한 고통과 두려움도 없는 것이다.

야부 |
지혜는 어리석음을 책망하지 않느니라.


해설 |
어리석음이 따로 있고 지혜로움이 따로 있는 것이 아니다. 인욕 선인과 가리왕이 둘이 아닌 줄 알면 사상이 없는 상태라 한다. 인욕바라밀을 닦으면 지혜가 뚜렷이 밝아 반야바라밀을 성취한다.
—

야부 |
칼로써 물을 베는 것과 같고 불로써 빛을 부는 것과 같도다.
밝음이 오면 어둠이 가니 어떤 일도 방해롭지 않도다.
가리왕 가리왕이여,
누가 아득히 안개 끼어 어두운 곳에 좋은 사량이 있음을 알겠는가.


해설 |
인욕 선인과 가리왕이 둘이 아님을 알면 칼로 베어도 물을 베는 것과 같이 벤 바가 없고, 해가 지면 달이 뜨듯이 생사가 둘이 아니다. 가리왕의 어리석음으로 인하여 또한 밝은 지혜를 얻었으니 이것이 원수인가, 은인인가?

제일 바라밀이란 머무는 바 없는 마음이다
▼

경문 |

수보리야, 또 과거 오백 세 동안에 인욕 선인이었던 일을 생각해 보니 그때의 세상에서도 아상이 없었으며 인상이 없었으며 중생상이 없었으며 수자상이 없었느니라.

須菩提 又念過去於五百世 作忍辱仙人 於爾所世 無我相 無人相 無衆生相 無壽者相


해설 |

오온이 본래 청정함을 요달하여 깨달은 그 사람을
지금의 인욕 선인이라 이름 한다.

여래께서는 인행因行 시時에 오백 생을 인욕 선인으로 있으면서 인욕바라밀을 수행하시어 사상四相이 일어나지 않으셨다 하였는데 오백 생은 무엇을 뜻하는가? 오온이 청정하여 공함을 요달한 지금 이 자리이다.

　　따라서 오온이 본래 청정함을 요달하여 깨달은 그 사람을 지금의 인욕 선인이라 이름한다.

야부 |

눈앞에 법이 없으니 버들이 푸르고 꽃이 붉은 대로 맡겨 두고 귓가에 들리는 것 없으니 꾀꼬리 읊조리고 제비 지저귐에 맡겨 두도다.

해설 |

자연을 대함에 누구나 좋아하는 것은 자연이 무심한 까닭이다. 무심한 자연을 바라보니 보는 이도 무심이 되어 버린다. 자연을 대하여 잘 보이려고 애쓰지 않고 예쁘니 미우니 늙었느니 젊었느니 신경 쓰지 않고 같이 하나가 되어 돌아가 버리는 것이 모두 무심인 것이다. 무심을 보고 좋아하고 편안해 하는 까닭은 우리의 본래면목이 무심이기 때문이다.

—

야부 |

사대四大가 원래 내가 없고 오온이 모두 공하도다.
툭 트이고 텅 빈 이치여, 하늘과 땅이 만고에 같도다.
묘봉妙峯은 높고 높아 항상 옛과 같으니
땅을 휩쓸고 가는 회오리바람을 누가 상관하리오.

해설 |

함허 스님의 설의에 "사대四大와 오온五蘊이 거울 속의 모습과 같으니 공하고 공해서 아我도 없고 인人도 없도다. 아도 없고 인도 없어서 성性이 항상 머무니 땅도 같고 하늘도 같아서 예나 지금이 같음이로다. 예나 지금이 같음이여, 변하거나 달라진 것이 없으니 팔풍八風이 와도 시끄러운 대로 맡기도다." 하였다.

# 무엇이 바르게 머무는 것인가

◉

경문 |

그러므로 수보리야, 보살은 마땅히 모든 상相을 떠나서 아뇩다라삼먁
삼보리의 마음을 발하여야 하니

是故 須菩提 菩薩 應離一切相 發阿耨多羅三藐三菩提心

해설 |

세상은 공허니 하나도 붙잡을 것이 없고, 하나도 버릴 것이 없다.

모든 상을 떠난 것을 보살이라 하고 또한 아뇩다라삼먁삼보리의 마음을 일
으키려면 마땅히 모든 상을 떠나야 한다. 보통 '보리심을 일으켜라', '깨달
음을 얻어라', '마음을 구해라' 하지만 얻으려는 마음과 구하려는 마음이
망상심으로 이 망상심을 쉬지 않고서는 얻을 바 없는 것을 얻을 수 없게 된다.
　　그래서 옛날에 어떤 큰스님이 법상에 올라 "세상은 무상하고 공空
하니 하나도 붙잡을 게 없느니라." 하고 한참 고요히 양구良久(침묵)하시고
나서 "하나도 버릴 게 없느니라." 하고 주장자를 쾅! 한 번 치시고 내려오
셨다고 한다.

야부 |
이것이 이 작용[用]에 맞는 것인가, 이 작용을 떠난 것인가.

해설 |
꽃과 향과 초와 쌀과 과일과 청정수로 공양하여
부처님 세계를 장엄하니
이것이 작용에 맞는 것인가, 작용을 떠난 것인가.
이것이 마음인가, 물질인가.
—

야부 |
얻는 것은 마음에 있고 응하는 것은 손에 있으니
눈과 달과 바람에 나부끼는 꽃이요, 하늘은 아득하고 땅은 영원하도다.
아침마다 닭은 오경五更에 울고 봄이 오면 산마다 꽃이 빼어나도다.

해설 |
"얻는 것은 마음에 있고 응하는 것은 손에 있다."는 것은 마음을 얻으면 몸은
저절로 얻게 되는 이치이나 마음을 떠난 작용도 없고 작용을 떠난 마음도 없다.
　　　또 달과 눈과 바람꽃이란 법신과 보신과 화신을 말하고 이 법신과
보신과 화신이 각각 다른 몸이 아님을 알면, "하늘은 아득하고 땅은 영원
하여 아침마다 닭은 오경에 울고 봄이 오면 꽃이 빼어나다." 하여 그대로
온통 부처님의 세계라.

경문 |

응당히 색에 머물러 마음을 내지 말며, 응당히 성·향·미·촉·법에 머물러 마음을 내지 말고 응당히 머문 바 없이 그 마음을 낼지니라. 만약 마음에 머무름이 있다면 곧 머무름이 아님이 되느니라. 그러므로 부처님께서 말씀하시기를 '보살은 응당히 마음을 색에 머물러서 보시해서는 안 된다.'라고 하셨느니라. 수보리야, 보살은 일체 중생을 이익 되게 하기 위하여 응당 이와 같이 보시하느니,

不應住色生心 不應住聲香味觸法生心 應生無所住心 若心有住 卽爲非住 是故 佛說菩薩 心不應住色布施 須菩提 菩薩 爲利益一切衆生 應如是布施

해설 |

머무름이 없는 마음이 부처님 마음이요, 머무름이 없는 보시가 공덕의 완성이다.

중생의 마음이란 색·성·향·미·촉·법에 머물러 마음을 내는 것을 말한다. 즉 바깥 경계에 끄달려 마음이 움직이는 것을 말한다. 예를 들어 어떤 사람이 기분 나쁘게 말을 하고 행동을 하면 그 말을 듣고 언짢고 화가 나며, 마음에 맞는 말을 하고 행동을 하면 기분이 좋아 기뻐하는 등 바깥경계에 좇아서 자기 마음이 규정되어 버리니 이것을 주인으로 살지 못하고 객으로 산다 하는 것이다. 마음 밖의 상황들이 웃으라 하면 웃고, 울라 하면 울고, 화내라 하면 화를 내며, 기뻐하고 슬퍼하고 좋아하고 싫어하는 등 갖가지 작용을 하는 것이 곧 노예와 같고 허수아비와 같다.

그래서 누구나 자기가 주체적으로 산다 하지만 경계에 머물러 마음을 내어 사니 경계가 주인이 되고 자기는 도리어 객이 되어 버리는 형국이다. 따라서 "마땅히 색·성·향·미·촉·법에 머물러 마음을 내지 말고 응당히 머문 바 없이 그 마음을 내라."고 한 것이다.

야부 |
부처님 있는 곳에 머물지 말고
부처님 없는 곳에서는 급히 지나가라.
삼십 년 후에 말하지 않았다고 하지 말지어다.

해설 |
머무는 바 없는 마음이 부처님 마음
머무름이 없음에 머무르면
삼십 년 후를 논할 필요도 없다.
―
야부 |
아침에는 남악南嶽에서 놀고 저물면 천태天台에 가도다.
쫓으려 해도 미치지 못하더니 홀연히 저절로 오도다.
홀로 행하고 홀로 앉아 걸림이 없으니
너그러운 곳에서 또한 너그럽도다.

해설 |
아침에는 교회에서 놀고 저녁에는 절에서 잔다

남악에는 회양懷讓 선사가 있고 천태에는 지자智者 대사가 있는데 다 한집
안 한 식구라 요즘 말로 한다면 아침에는 교회에서 놀고 저녁에는 절에서
잔다는 이야기로 무심이고 무주이면 자유자재하게 된다.
　　무주심을 알려고 하는가. "쫓으려 해도 미치지 못하고 놔버리니 저절
로 얻어진다. 너 나가 둘이 아닌 까닭에 홀로 행하고 홀로 앉아 걸림이 없다."
하고, '너그러운 곳에서 또한 너그럽다' 했는데 홀로인 절대의 지위에서 누
가 너그러운 생각을 내는가? 누가 너그럽게 되는가? 모두 자기 하나이다.
너그러운 생각을 내므로 또한 너그러워지는 것이다. 모두 자기 아님이 없다.

여래가 설한 일체 모든 상이 곧 이 상이 아니며 또한 설한 일체 중생도
곧 중생이 아니니라.
如來 說一切諸相 卽是非相 又說一切衆生 則非衆生

해설 |
자기 성품의 나툼일 뿐
부처다 중생이다
옳다 그르다 하는
분별을 떠난다.

여래가 설한 사상四相과 일체 중생이란 색·성·향·미·촉·법에 머물지
않고 마음을 내는 까닭에 "일체 모든 상이 이 상이 아니고 일체 중생도 곧
중생이 아니라."고 한 것이다. 자기 성품의 나툼일 뿐 부처다 중생이다 옳
다 그르다 하는 분별을 떠난다. 배고프면 밥 먹고 졸리면 자고 기쁘면 웃
고 슬프면 울 따름이다.

야부 |
별도로 좋은 곳이 있으니 잡아내는 데 방해롭지 않도다.

해설 |
모든 사람이 연극무대에 올라가서 어떤 이는 왕 노릇하고, 어떤 이는 거지
노릇하고, 어떤 이는 악역을 맡고, 어떤 이는 선한 역할을 맡아 연극을 하
는데, 갖가지 배역이 실체인 줄 잘못 알고 집착하며 어리석게 착각을 하
는 바보 같은 배우가 어디 있겠는가. 연기를 하고 연극을 보는 것은 스스
로 깨달아 여여함을 증득하기 위한 까닭이다.
—

야부 |
중생도 아니고 상相도 아님이여,
따뜻한 봄날 노란 꾀꼬리 버드나무 위에서 울도다.
산의 구름과 바다의 달[海月]의 정情을 다 설했거늘
예전처럼 알지 못하고 공연히 슬퍼하도다.
슬퍼하지 마라. 만 리에 구름 한 점 없으니 하늘이 한 모양뿐이더라.

해설 |
설의에 "가는 털도 걸지 못하는 곳에 만상이 몰록 드러날 때로다."라고 하
였다. 중생도 아니고 상도 아닌 지위는 마음 근본이 본래 공하여 흔적도
찾을 수 없을 때가 바로 만상이 몰록 드러날 때라는 말이다.
　　"따뜻한 봄날 노란 꾀꼬리가 버드나무 위에서 운다." 하고 "산 구름
과 바다의 달의 정을 다했다." 하는 것은 누구나 이 세상에 나와서 갖가지
경험을 다 하고 사는데 그것은 무엇을 하려고, 무엇을 얻으려고 살고 있는
것인가? 자기를 알기 위하여, 자기의 본래 밝음을 체험하고 이 상대적인
무명의 세계에서 절대의 광명을 체현해 내기 위하여 이 세상에 출현한 것
이다. 슬퍼하지 마라, 한 줄기 차가운 광명이 눈앞에 가득한 것을.

# 자성은 본래 무실 무허이다

경문 |
수보리야, 여래는 참다운 말을 하는 자며 실다운 말을 하는 자며 여법한
말을 하는 자며 속이는 말을 하지 않는 자며 다른 말을 하지 않는 자이니라.
須菩提 如來 是眞語者 實語者 如語者 不誑語者 不異語者

해설 |
참다운 말, 실다운 말을 하는 자는
진여의 성품을 체험한 그 사람과 둘이 아니다.

육조 스님 말씀에 "참다운 말이란 일체 유정有情 무정無情이 모두 불성이
있음을 설한 것이요, 실다운 말이란 중생이 악업을 지으면 결정코 괴로움
의 과보를 받는 것이요, 여법한 말이란 중생이 선법을 닦으면 결정코 즐거
움의 과보를 받음이요, 속이지 않는 말이란 반야바라밀법이 삼세제불을
출생하되 결정코 헛되지 않음이니라. 말이 다르지 않다는 것은 여래가 하
신 언설이 처음도 좋고 중간도 좋으며 나중도 좋음을 설하시니, 뜻이 미묘
하여 일체의 천마외도들이 능히 초월할 수 없고 부처님의 말씀을 파괴할
수 없음이니라." 하였다.
　　작은 법을 좋아하고 큰 법을 들으면 놀래고 겁내고 두려워하는 사
람들을 안쓰럽게 여기셔서 부처님께서 한없이 스스로를 낮추시어 참다운
말씀임을 다시 한 번 증명하셨다. 그러나 참다운 말, 실다운 말을 하는 자
는 진여의 성품을 체험한 그 사람과 둘이 아니다.

야부 |

은혜를 아는 자는 적고 은혜를 저버리는 자는 많도다.


해설 |

스스로 불자라 하지만 정작 부처님의 말씀을 받아들여 실천하고 있는지 돌아보아야 한다. 부처님의 말씀을 듣고 알음알이를 내어 분별하면 '은혜를 저버리는 자'이고 말씀을 따라서 받아들여 실천하면 '은혜를 아는 자'이다.

—

야부 |

두 개의 오백 근이 일관이요, 아버지는 원래 장부로다.
분명히 대면하여 그를 향해 말하나
좋은 마음에 좋은 과보가 없음을 어찌하리오.
참다운 말 하는 자와 실다운 말 하는 자여,
하하하, 그렇고 그렇도다.


해설 |

'두 개의 오백 근이 일관'이라 하는 것은 일체의 상대적인 세계는 근본 한 곳에서 나왔다는 말이고, '아버지는 원래 장부'라 하는 뜻은 본래 부처인 자기 본래 면목을 말하고, '좋은 마음에 좋은 과보가 없음을 어찌하리오' 하는 것은 자성의 부처님이 항상 진리를 말하나 스스로 미혹하여 깨닫지 못하는 까닭이다.

진어자眞語者여, 실어자實語者여, 누구인가? 시각始覺이 본각本覺과 계합된 자리로 성품을 체험한 자리이다.

경문 │
수보리야,
여래가 얻은 바 법인
이 법은 실다움도 없고 헛됨도 없느니라.
須菩提 如來所得法 此法 無實無虛

해설 │
무실無實과 무허無虛로써 본체와 작용을 다 갖추었으니
진리를 완전히 드러내었다.

자성의 본체는 찾으려 해야 찾을 수 없고 보려야 볼 수 없고 얻으려야 얻
을 수 없는 까닭에 무실無實이지만 또한 그러하기 때문에 참다운 모습(眞
實)이다. 자성의 작용은 무량무변하여 분명하고 분명하게 나투는 까닭에
무허無虛이지만 또한 공空하여 찰나찰나 나투는 까닭에 참다운 모습이
아니다. 무실과 무허로써 본체와 작용을 다 갖추었으니 진리를 완전히
드러내었다.

야부 |
물속의 짠맛이요, 색깔 속 아교의 투명함이로다.

해설 |
광명이 만상을 드러냄에 스스로는 모습을 갖추지 않아 실다움이 없다 하고 또한 스스로 모습을 갖추고 있지 않는 까닭에 만상과 하나가 되어 나투지 못하는 것이 없어 헛됨이 없다 한다.
—
야부 |
단단하기는 철과 같고 부드럽기는 연유와 같으며
볼 때엔 있는 듯하나 찾으면 또한 없도다.
비록 그렇게 걸음걸음에 항상 서로 지키나
또한 그를 아는 이 아무도 없도다. 억噁!

해설 |
광명이 단단한 철을 비추면 철이 드러나고 부드러운 연유를 비추면 연유가 드러난다. 작용할 때는 있는 듯하나 찾으면 또한 없다. 비록 그렇게 온갖 존재 속에 항상 같이 있으나 그를 아는 이 아무도 없다. 마치 공기와 같이 잠시도 없으면 존재하지 못하지만 인식하지 못하듯이.

수보리야, 만일 보살이 마음이 법에 머물러 보시하면 마치 사람이 어두운 곳에 들어감에 곧 보이는 것이 없는 것과 같고 만일 보살이 마음이 법에 머물지 않고 보시하면 마치 사람이 눈이 있고 햇빛도 밝게 비쳐서 여러 가지 사물을 보는 것과 같느니라. 수보리야, 오는 세상에 만일 어떤 선남자 선여인이 능히 이 경을 받아 지니고 읽고 외우면 여래가 부처의 지혜로써 이 사람을 다 알며 이 사람을 다 보아서 모두가 한량없고 끝없는 공덕을 성취하게 되리라.

須菩提 若菩薩 心住於法 而行布施 如人 入暗 則無所見 若菩薩 心不住法 而行布施 如人 有目日光明照 見種種色 須菩提 當來之世 若有善男子善女人 能於此經 受持讀誦 則爲如來 以佛智慧 悉知是人 悉見是人 皆得成就無量無邊功德

해설 |

모든 문제를 다 자성의 부처에게
믿고 맡기고 내려놓고 행하면
이 행함이 모두 부처님의 뜻과 둘이 아닌 까닭에
여래가 다 알고 다 본다.

이것을 자기 수행의 분상에서 본다면 마치 어떤 사람이 나에게 욕을 하고 못살게 굴면, 보통 마음이 미숙한 보살들은 나와 그 사람을 둘로 보고 그 사람이 잘못 되기를 바라고 언젠가는 악한 곳에 가서 악한 과보를 받기를 원한다. 그러나 마음이 성숙한 보살이라면 나와 그 사람을 둘로 보지 않고 다만 '성숙하지 못하고 어리석은 마음이 나오는 것이구나, 내 마음 속의 성숙하지 못하고 어리석은 마음과 한 치도 다르지 않구나' 하며 연민의 마음으로 '지혜 문리가 터져서 지혜로워지고 마음이 넉넉해져서 저렇게 척박한 마음을 쓰지 않게 하라' 하고서 마음을 더 내게 된다.

이렇듯 나와 저 사람이라는 상이 나뉘면 법에 머물러 보시하는 것으로 눈을 감고 동굴 속에 들어가듯 엎친 데 덮친 격이 된다. 반면 나와 저 사람을 둘로 보지 않고 너그럽게 마음을 내면 밝은 광명 아래 만 천하 두두물물을 소상히 알게 되는 것과 같은 격이다.

또 "이 경을 받아 지니고 읽고 외우면 여래가 부처의 지혜로써 이 사람을 다 알며 이 사람을 다 보아서 모두가 한량없고 끝없는 공덕을 성취하게 되리라." 하였는데 수지 독송이란 수행자가 부처님 말씀을 의지하고 부처님을 의지하여 일거수일투족에서 항상 물어라. 자기가 하려고 하지 않고 모든 문제를 다 물어서 행한다면 이 행함이 모두 부처님의 뜻과 둘이 아닌 까닭에 "여래가 다 알고 다 본다."고 하고, "한량없는 공덕을 성취한다."고 하는 것이다.

야부 |
땅으로 인해 넘어지매 땅으로 인해서 일어나니
땅이 너를 향해 무엇이라 말하던가.


해설 |
함허 스님의 설의에 "땅은 사람으로 하여금 넘어지게 하지도 않고 또한
사람을 일어나게 하지도 않으니, 일어나고 넘어지는 것이 사람으로 말미
암음이어서 땅은 관계하지 않는다. 법은 사람으로 하여금 깨닫게 하지 않
으며 또한 사람을 미혹하게 하지도 않으니 깨달음과 미혹은 사람에게 있
고 법은 관계하지 않는다. 법은 사람을 집착하게 하지 않으며 또한 사람을
버리게 하지도 않으니 취하고 버리는 것은 사람으로 말미암음이어서 법
에 있는 것이 아니니라." 하였다.

—

야부 |
세상만사의 항상하지 않음[不如常]이여!
또한 사람을 놀라게 하지도 않고 또한 오래 가도다.
영원 불변함[如常]이여!
흡사 가을바람과 같아서 사람을 서늘하게 할 뜻이 없는데
사람들이 저절로 서늘해 하도다.


해설 |
일체의 존재의 근원인 여상如常과 불여상不如常은 시계추와 같다. 여상인
듯하면 곧 불여상이요, 불여상인 듯하면 곧 여상이다. 여상과 불여상이 둘
이 아닌 까닭에 머무르지 않고, 머무르지 않는 까닭에 분명히 나타내어 낱
낱이 드러낸다.

하편

금강반야바라밀경

제
15

지경공덕분

持經功德分

# 이 경을 수지 독송하는 공덕

○

**경문 |**

수보리야, 만일 어떤 선남자 선여인이 아침에 항하의 모래 수와 같은 몸
으로 보시하고, 낮에 다시 항하의 모래 수와 같은 몸으로 보시하며, 저
녁에 또한 항하의 모래 수와 같은 몸으로 보시하여 이와 같이 무량한 백
천 만억 겁 동안을 몸으로 보시하더라도 만일 다시 어떤 사람이 이 경전
을 듣고 믿는 마음이 거스르지 않으면 그 복이 저보다 수승하리니, 어찌
하물며 써서 베끼고 수지 독송하여 다른 사람을 위해 해설해 줌이겠는가.

須菩提 若有善男子善女人 初日分 以恒河沙等身 布施 中日分 復以恒河沙等身 布
施 後日分 亦以恒河沙等身 布施 如是無量百千萬億劫 以身布施 若復有人 聞此經
典 信心不逆 其福 勝彼 何況書寫受持讀誦 爲人解說

**해설 |**

아침 점심 저녁으로 수없이 떠오르는 생각 생각을
몰락 거두어 자성에 믿고 맡겨 놓는 것이
자성의 부처에게 드리는 무위의 보시이다.
사상四相이 공함을 삶 속에서
무위법으로 실천하는 자의 복덕은 무량하여라.

경전을 읽을 때에는 항상 성인들만의 이야기가 아니라 바로 자기 이야기
임을 잊지 말아야 한다. 그래야 부처님 말씀이 절실하게 자기의 삶과 만나
게 된다. 아침 점심 저녁으로 항하사 모래 수만큼의 목숨으로 보시한다는
것은 그만큼 신심이 투철하다는 말이다.

　　"생각이 일어나고 생각이 없어지는 것이 바로 생사[念起念滅 謂之生死]"

라고 하신 나옹 스님의 말씀처럼 아침과 점심과 저녁에 한량없는 몸과 목숨으로 보시한다 함은 한 생각 거두어 사상四相으로 쓰지 않고 자성의 부처에게 믿고 맡겨 놓음을 말한다.

어떤 사람이 '이 경전을 듣고 믿는 마음이 거스르지 않으면' 하는 말은 이 경을 의지해 수행하여 자기 마음속의 일체 중생이 한마음 한뜻이 되어 보살행을 해 나갈 수 있는 그릇이 되었다는 뜻이다. 그런 까닭에 써서 베끼고 수지독송하고 다른 사람을 위하여 해설해 줄 수 있는 보살이 된다.

야부 |
하늘과 인간에 태어나는 복의 과보는 곧 없지 않으나
불법佛法은 꿈에도 보지 못했다.


해설 |
유위법에 집착하면 무위법은 꿈에도 보지 못한다.
집착을 벗어나면 유위법과 무위법을 둘 아니게 쓰게 된다.
찰나찰나의 마음 씀을 살펴보아라.
찰나찰나의 마음 씀이 자기의 삶을 결정적으로 점찍는다.
그러나 지옥이든 천상이든 그 점을 찍는 자 누구인가.
—

야부 |
아침, 점심, 저녁으로 베푸는 마음을 냄이 한결같으니
공덕이 가없어 다 헤아릴 수 없도다.
그러나 어찌 믿는 마음에 그 마음조차 세우지 않아
한 주먹으로 허공을 쳐서 꿰뚫는 것만 같겠는가.


해설 |
한 생각 일어났다 하면 모두 무위의 자성에 놔버리니 공덕은 가없고 헤아
릴 수 없다. 그러나 한 생각에 부처와 중생이 본래 없음을 요달하면 한 번
뛰어 여래지如來地에 오름과 같다.

　　　허공을 어떻게 주먹으로 쳐서 뚫어버릴 수 있는가. 허공이란 자기의
마음이다. 구류중생과 육도를 품고 있는 자기의 의식이다. 믿음이 온 몸에
가득 차서 믿는다는 말도 붙지 않는 자리, 믿는다는 생각조차 떨어져 나간
그 자리에서 일체 경계를 훌쩍 벗어나니 어떤 경계에도 걸림이 없어 허공
을 쳐서 꿰뚫는다.

경문 |

수보리야, 요약해서 말하자면 이 경은 가히 생각할 수 없고 가히 헤아릴 수 없는 끝없는 공덕이 있으니, 여래는 대승에 발심한 자를 위하여 설하며 최상승에 발심한 자를 위하여 설하느니라.

須菩提 以要言之 是經 有不可思議不可稱量無邊功德 如來 爲發大乘者說 爲發最上乘者說

해설 |

공생의 마음으로 대승의 발심을 한 자,
본래 하나인 청정자성으로 최상승의 발심을 한 자만이
이 경을 읽고 받아들일 수 있다.

'이 경'이란 바로 자기 성품이다. 허공을 동쪽 허공·서쪽 허공으로 나눌 수 없듯이 자기의 성품도 나의 성품, 부처님의 성품으로 나눌 수 없다. 근본 성품은 모두 하나 아닌 하나이다. 그런데 본체가 같은 허공이라도 법당 공기 다르고 부엌 공기 다르고 안방 공기 다른 것처럼 부처는 똑같은 부처인데 부처는 부처의 향기를 풍기고 보살은 보살의 향기를 풍기고 중생은 스스로 중생의 향기를 풍기는 것이다. 그래서 부처라는 이름, 보살이라는 이름, 중생이라는 이름을 얻게 된다. 근본은 하나인데 작용이 천차만별로 나누어진다.

'대승에 발심한 자'란 구류九類의 중생이 모두 나 아님이 없음을 깨달은 자이며, 최상승에 발심한 자란 자성은 본래 청정한 까닭에 어디에도 본래 물들지 않았음을 깨달은 자이다.

신심이 깊다, 믿는다 하고 말을 하면 이미 못 믿는 구석이 남아 있다는 얘기다. 믿음이 온몸에 가득 차면 믿는다는 말도 붙지 않는다. 그 자리는 믿음도 없고 믿지 않음도 없고 있음도 없고 없음도 없고 부처도 없고 중생도 없고 성인도 없고 범부도 없다. 이렇듯 대승의 마음, 최상승의 마음으로 발심한 자는 가히 생각할 수 없고 가히 헤아릴 수 없는 끝없는 공덕이 있다.

야부 |
마치 한줌의 실을 끊음과 같아서
한번 끊으면 모두가 끊어짐이로다.

해설 |
'한줌의 실을 끊는다' 함은 대승의 발심으로 한 생각이 일체 중생의 마음을 포섭해 있는 까닭이고, '한번 끊으면 일체가 끊어진다' 함은 최상승의 발심으로 본래 끊을 것이 없는 것을 끊기 때문이다.

　　　이 무위법의 공부는 한 올 끊고 한 올 끊고 조금씩 조금씩 공부하는 것이 아니다. 단숨에 확! 끊고, 한 생각에 탁! 돌이키는 것이다. 마치 천 년 동안 어두웠던 동굴에 촛불이 탁 켜지면 단숨에 밝아지듯이. 천 년 동안 어두웠던 동굴이라고 해서 조금씩 조금씩 천 년 동안 밝혀야 밝아지는 것이 아니다. 그러니 지금 스스로 불을 켜라.

—

야부 |
한 주먹으로 화성의 관문을 타도하고
한 발로 현묘의 울타리를 차서 뒤엎도다.
남북동서에 마음대로 행하니 대비의 관자재를 찾지 말지어다.
대승설, 최상승설이여,
한 방망이에 한 가닥의 흔적이요, 한 손바닥에 한 줌의 피로다.

해설 |
화성의 관문은 화하여 나툰 유위의 경계이고 현묘한 울타리는 성스럽고 청정하다는 법상이다. 한 주먹 한 발로 성과 속의 경계를 넘어서고 상에 집착하지 아니하니 천하에 대 자유인이요, 자유자재한 관세음이라. 죽음의 불구덩이가 그대로 광명의 세계임을 깨달아 한 생각에 둘 아니게 벗어난다. 대승설 최상승설이여, 허공에서 피어나는 붉은 연꽃이구나.

경문 |

만일 어떤 사람이 능히 이 경을 수지 독송하여 널리 다른 사람을 위해 설한다면 여래는 이 사람을 다 알며 이 사람을 모두 보아서 헤아릴 수 없고 말할 수 없으며 끝이 없고 생각할 수 없는 공덕을 모두 성취하게 되리라. 이런 사람은 곧 여래의 아뇩다라삼먁삼보리를 짊어짐이 되느니라.

若有人 能受持讀誦 廣爲人說 如來 悉知是人 悉見是人 皆得成就不可量不可稱無有邊不可思議功德 如是人等 卽爲荷擔如來阿耨多羅三藐三菩提

해설 |

진실로 이와 같음을 믿고 아는가.
대승보살의 수행 지위로 다시 어떤 말이 더 필요한가.

지금 이 자리에서 믿음을 낸 이 사람이 아뇩다라삼먁삼보리를 짊어진 사람이다. 법신·보신·화신이 자기 안에 다 갖추어져 있음을 확연히 믿고서 이 경을 받아 지니고 자유롭게 작용할 줄 아는 사람은 여래의 마음과 둘이 아닌 까닭에 '여래는 이 사람을 다 알고, 다 보아서' 한량없는 공덕을 모두 성취하게 된다.

이 경과 이 경을 보는 사람이 둘이 아니게 전부 하나로 돌아가 경을 받아 지니고 실천하는 사람, 이 사람은 여래의 가르침을 짊어진 사람이고, 여래의 마음과 하나 된 사람이며, 여래의 실천자이고, 여래를 대신하는 자이니 이 사람이 바로 여래이다.

진실로 이와 같음을 믿고 아는가. 대승보살의 수행지위로 다시 어떤 말이 더 필요한가.

야부 |
태산과 화산을 쪼갤 수 있는 솜씨는 오직 거령신巨靈神(火神)뿐이로다.

해설 |
자기 앞에 닥친 경계가 태산처럼 크고 화산처럼 높아도
무위법인 자성에 믿고 맡겨놓고 실천하는 마음이
펄펄 끓는 용광로와 같이 일체 경계를 담박에 무너뜨리니
이것이 곧 거령신이다.
—

야부 |
산을 쌓고 큰 산을 쌓아옴이여. 낱낱이 다 티끌이로다.
눈 속의 눈동자 푸르고 가슴속의 기세는 우레와 같도다.
변방에 나아가면 변방이 고요하고 나라에 들어오니 영재英才를 꿰도다.
한 조각 마음이 바다처럼 크니
파도가 밀려왔다 밀려감을 몇 번이나 보았던가.

해설 |
태산과 같은 번뇌 망상도 티끌이 모여서 뭉쳐진 것이다. 그러나 티끌이 모
여 태산이 되듯 하나하나의 경계가 곧 공부재료요, 걸음걸음이 성불로 가
는 길이다. 진실로 자기 자성을 믿는 마음, 이 한생각의 공덕은 안으로는 일
체 지혜를 꿰고 밖으로는 일체의 경계를 항복시키니 나라 안팎이 편안하다.
　　공자孔子는 "바람이 불어오는 곳을 알면 입덕이라(知風之自, 可与入德
『中庸』)." 하였으니 지엽을 보고 뿌리를 알아채는 마음, 파도를 보고 바다
의 심연을 아는 마음이 바로 입덕이다. 파도가 밀려왔다 스러지듯 수없이
밀려왔다 스러지는 경계들을 끊임없이 지켜보는 눈동자는 깊고 푸르다.

경문 |
무슨 까닭인가, 수보리야. 만일 작은 법을 즐기는 자는 아견·인견·중
생견·수자견에 집착하게 되므로 곧 이 경을 능히 받아 듣고 읽고 외우
며 남을 위해 해설하지 못하느니라.

何以故 須菩提 若樂小法者 着我見人見衆生見壽者見 則於此經 不能聽受讀誦 爲
人解說

해설 |
작은 법을 즐기는 자는
네 가지 견해에 집착하여
자기도 미혹하게 되고
남도 미혹하게 만들어
해탈하지 못한다.

소승의 작은 법을 즐기고 집착하게 되면 법상法相이 되고 법상으로 인하
여 사상四相의 견해에 집착하게 된다. 나와 너를 분별하고 잘났고 못났고
를 시비하며 자기만 옳다고 주장하는 습이 강한 사람은 무위법, 불이법을
받아들이지 못한다. 그런 까닭에 이 경을 능히 듣고 읽고 외우며 남을 위
해 해설하지 못하여 보살이라 할 수 없다.

야부 |
어진 이가 보면 '어질다' 말하고
지혜로운 이가 보면 '지혜롭다' 말하도다.

해설 |
사상이 없고 법상도 없으면 맑은 거울이라,
어진 이가 오면 어진 이를 비추고
지혜로운 이가 오면 지혜로운 이를 비춘다.
조금도 취사선택하지 않고 오는 대로 비춘다.
—

야부 |
영웅도 배우지 않고 글도 읽지 않고
바쁘고 힘들게 먼 길을 달려가도다.
어머니가 낳아준 보배를 마음대로 쓸 줄 몰라서
무지無知하게 굶어 죽는 것을 달게 여기도다.
어찌 다른 사람을 괴이하게 여기리오.

해설 |
대승설 최상승설을 배우지 않고 이승二乘의 견해에만 집착하니 헤매다닌
세월이 길다. 스스로 본래 갖추고 있는 보배자성을 믿고 쓴다면 괴이한 이
가 곧 자기임을 알게 될 것이다.

경문 |

수보리야, 어느 곳이든지 만일 이 경이 있는 곳이면 일체 세간의 천상과 인간과 아수라가 응당히 공양하게 되리니 마땅히 알라. 이곳은 탑이 됨이라. 모두가 공경히 예배하고 돌면서 여러 가지 꽃과 향으로써 그곳에 흩으리라.

須菩提 在在處處 若有此經 一切世間天人阿修羅 所應供養 當知此處 即爲是塔 皆應恭敬作禮圍繞 以諸華香 而散其處


해설 |

탑이란 내 몸과 마음이요,
천상·인간·아수라는 내 마음의 모습이고
공경히 예배하고 돌며 꽃과 향으로써 흩는 것은
내 마음의 작용이라.

대승심, 최상승심을 발하는 마음을 쓰는 자가 있는 곳이 바로 금강경이요, 금강경이 있는 탑이다. 분별심이 일어나면 그것을 바로 자성에 놓고 가라. 탑돌이는 내 마음의 분별을 놓고 가는 걸음걸이이다.

　　내가 탑이 되는 것은 탑 속에 사리가 있듯이 내 안에 자성이 있기 때문이다. 나의 자성을 떠나지 않는 까닭에 천상·인간·아수라가 공경히 예배하고 공양을 올린다.

야부 |
진주鎭州의 무요, 운문雲門의 호떡이로다.

해설 |
조주 스님과 운문 스님의 화두이다. 어떤 이가 조주 스님에게 물었다.
　"스님은 남전 스님을 친견하셨습니까?"
　조주 스님은 남전 스님의 제자로서 60세까지 남전 스님을 시봉하며
사셨다. 그러니 남전 스님을 친견하였느냐는 물음은 남전 스님의 골수를
체득했는가 하는 물음이다. 말은 점잖지만 속뜻은 날카롭다.
　이에 조주 스님이 대답하였다. "진주에는 큰 무가 나느니라."
　어떤 이가 운문 스님에게 물었다. "어떤 것이 부처를 뛰어넘고 조사
를 뛰어넘을 수 있는 것입니까?"
　운문 스님이 대답하였다. "호떡이니라."
탑 속에는 분명히 사리가 있는 까닭에 천상·인간·아수라가 공경히 예배
하고 공양을 올린다.
—
야부 |
그대와 함께 걷고 함께 행하며 서고 앉음에 함께 한 세월이 길도다.
목마르면 마시고 주리면 먹으며 항상 서로 대하니
모름지기 머리를 돌려 다시 헤아리지 말지어다.

해설 |
구류중생의 몸으로 육도를 돌고 도는 동안
자성이 항상 같이 하고 한시도 떨어진 적이 없으니
다시 또 다른 곳에서 찾지 말라.

제
16

능정업장분

能淨業障分

# 일체 경계가 다 공부 재료이다

○

경문 |

다시 수보리야, 선남자 선여인이 이 경을 받아 지니며 읽고 외우더라도 만일 다른 사람에게 경멸과 천대를 당하면, 이 사람은 전생의 죄업으로 응당히 악도에 떨어져야 하지만, 금생에 사람들의 경멸과 천대를 받게 되는 것으로써 전생의 죄업이 모두 소멸되고 마땅히 아뇩다라삼먁삼보리를 얻으리라.

復次須菩提 善男子善女人 受持讀誦此經 若爲人輕賤 是人 先世罪業 應墮惡道 以今世人 輕賤故 先世罪業 則爲消滅 當得阿耨多羅三藐三菩提

해설 |

이 경을 받아 지닌 사람은 지금 이 한 생각 속에
전생도 있고 내생도 있고 금생도 있으며,
악업도 공하고 선업도 공함을 알기 때문에
아뇩다라삼먁삼보리를 성취하게 된다.

이 경(무위법)을 받아 지니고 실천하는데도 역경계가 끊임없이 다가와 어려움이 닥치면 십중팔구는 물러서게 되고 지금 하는 공부에 대하여 의혹을 일으키게 된다. 이때 물러서지 않고 공부로써 받아들이게 되면 이 경에서 하신 말씀 그대로 전생의 죄업이 모두 소멸되고 마땅히 아뇩다라삼먁삼보리를 얻게 된다. 왜냐하면 다른 사람도 곧 자기의 업식이며 전생과 현생이 둘이 아닌 까닭에 또한 경을 수지 독송함으로써 자기가 자기를 제도하게 되기 때문이다. 그러므로 일체 경계가 다 자기의 공부재료임을 알아야 한다.
　　보통 사람들은 악업이 오면 악업으로 대치하고 선업이 오면 선업으로 대치하고 심지어는 선업을 악업으로 받기도 하고 악업을 선업으로 받기도 하며 끊임없이 인과에 얽매인다. 그런데 이 경을 받아 지닌 사람은 지금 이 한 생각 속에 전생도 있고 내생도 있고 금생도 있어서, 악업도 공하고 선업도 공함을 알기 때문에 아뇩다라삼먁삼보리를 성취하게 된다.

　　그러므로 다가오는 일체 경계가 나를 공부시키는 스승의 길인 줄 알아야 한다. 슬럼프에 빠져 마음공부에 진전이 없다고 여겨질 때 새로운 방법을 찾으러 바깥으로 나가지 마라. 마음이 산만하게 돌아다니면 그것이 중생심이다. 답답한 마음이 드는 그 순간 '아, 이게 공부이지. 이 답답한 마음이 그대로 공부이지' 하고 관하면 그대로 공부로 철저하게 돌아간다.

야부 |
한 가지 일을 인囤하지 않으면
한 가지 지혜가 자라지 못하느니라.


해설 |
한 가지 경계가 닥치면 그 일로 인하여 지혜가 자라난다.
경계가 없으면 지혜도 없다.
마치 칠흑 같은 어둠으로 인하여 광명이 더욱 빛나듯이.
—

야부 |
찬탄도 미치지 못하고 훼방도 미치지 못함이라.
만약 하나를 요달하면 만사를 마침이로다.
모자람도 없고 남음도 없어 큰 허공과 같거늘
그대를 위해 바라밀이라 제목하도다.


해설 |
거울에 악마가 비추어 악마가 드러나고
천사가 비추어 천사가 드러나도
거울은 선악에 물들지 않는 것처럼
자성은 모자람도 남음도 없이 양변에 물들지 않는다.
거울이 만상을 비춤에 양변에 물들지 않듯이 이 하나를 요달하면
마음이 큰 허공과 같아 이름을 바라밀이라 한다.

수보리야, 내가 과거 무량 아승지 겁을 생각해 보니, 연등 부처님 뵙기 전에도 팔백사천만억 나유타의 여러 부처님을 만나서 모두 다 공양하고 받들어 섬겼으며 헛되이 지냄이 없었노라.

만일 또 어떤 사람이 앞으로 오는 말세에 능히 이 경을 받아 지니고 읽고 외우면 그 얻는 공덕은 내가 여러 부처님께 공양한 공덕으로는 백분의 일도 미치지 못하며, 천만억분과 내지 산수비유算數譬喩로도 능히 미칠 수 없느니라.

須菩提 我念過去無量阿僧祇劫 於然燈佛前 得値八百四千萬億那由他諸佛 悉皆供養承事 無空過者 若復有人 於後末世 能受持讀誦此經 所得功德 於我所供養諸佛功德 百分 不及一 千萬億分 乃至算數譬喩 所不能及

석가모니 부처님께서는 틈이 없이 수행을 하신 분이다.

구도의 길, 부처의 길을 틈이 없이 걸으셨다.

우리도 우리가 가장 원하는 길을 가라고 하신다.

대자유와 대행복의 길!

석가모니 부처님의 구도의 역사는

바로 우리들의 구도의 역사이다.

자기의 눈과 귀에 부딪치는 모든 색과 모든 소리를 부처님의 모습으로 보며 부처님의 소리로 들어 일체 중생을 모두 부처님으로 섬기면 틈이 없이 수행을 하는 것이요, 팔백사천만억 나유타 부처님을 받들어 공양하는 것이다.

　　석가모니 부처님께서는 틈이 없이 수행을 하신 분이다. 그래서 여러 부처님을 공양하고 받들어 섬기며 헛됨이 없이 지냈다고 하셨다. 구도의 길, 부처가 되는 길, 대자유와 대행복의 길. 이것은 석가모니 부처님께서 가장 하고 싶은 일이요, 근원적으로 가장 원하는 길이었다. 우리들에게도 우리가 가장 하고 싶은 일을 하며 살라는 것이 부처님의 가르침이다. 우리들도 부처가 되고자 하고 성스럽고자 하고 대행복과 대자유를 갈구한다. 그것이 자기가 하고자 하는 일인데 실제로는 그렇게 실천하지 않는다. 마치 입으로는 서쪽으로 가노라 외치면서 몸은 동쪽을 향해 가는 사람처럼.

참된 수행자는 고행의 길을 억지로 가는 것이 아니라 자기가 진짜 하고 싶은 일을 실천하는 사람이다. 지금 이 순간 일체 중생을 부처님으로 섬기며 틈이 없이 실천하는 걸음 속에 연등 부처님의 수기가 드러난다. 과거 무량 아승지 겁으로부터 오늘에 이르기까지 여러 부처님을 공양하고 받들어 섬긴 석가모니 부처님의 역사가 바로 우리들의 역사임을 알아야 한다.

야부 │
공功은 헛된 베풂이 아니니라.

해설 │
공덕은 단 한 줄기도 땅에 떨어지지 않는다.
업을 지음도 단 한 가지도 땅에 떨어지지 않는다.
그러므로 찰나찰나 마음 씀을 살얼음 걷듯 조심하라.
분별심을 내는가, 불이법을 실천하는가.
—

야부 │
억천億千 부처님을 공양함은 복이 끝이 없으나
어찌 항상 옛 가르침을 가져 보는 것만 같겠는가.
백지 위에 검은 글씨를 써서 그대에게 청하노니
눈을 뜨고 앞을 볼지어다.
바람은 고요하고 물결은 잔잔하니
집 떠난 사람이 다만 고깃배 위에 있도다.

해설 │
억천 부처님을 공양할 수 있는 안목이면
이미 옛 가르침을 가지고 있는 것이다.
청정한 마음바탕에서 갖가지로 작용함에
눈을 높이 뜨지도 말고 내려 뜨지도 말고
평평하게 뜨고 세상을 보라.
눈을 평평하게 뜨고 세상을 보니 일체가 부처 아님이 없어
천만억 나유타 부처님을 친견하게 된다.
그리하면 본래 지금 이 자리가 온통 온전한 자리이며
집도 고깃배도 모두 자기 집이다.

경문 |

수보리야, 만일 선남자 선여인이 앞으로 오는 말세에 이 경을 받아 지니며 읽고 외워서 얻는 공덕을 내가 다 갖추어 말한다면, 혹 어떤 사람은 듣고 마음이 몹시 산란하여 의심하고 믿지 않으리라. 수보리야, 마땅히 알라. 이 경은 뜻도 가히 생각할 수 없으며 과보도 또한 생각할 수 없느니라.

須菩提 若善男子善女人 於後末世 有受持讀誦此經 所得功德 我若具說者 或有人 聞 心卽狂亂 狐疑不信 須菩提 當知是經義 不可思議 果報 亦不可思議

해설 |

본래 청정한 자기 자성의
한량없는 작용을 믿고 쓰면
복덕도 한량없어 무량공덕을 성취한다.

'이 경은 뜻도 가히 생각할 수 없으며 과보도 또한 생각할 수 없느니라.' 하였는데, 무슨 까닭인가? 허공이 끝이 없듯이 일체 제불의 마음도 끝이 없어 그 공덕 또한 끝이 없는 것이다. 자기 마음 속의 부처와 일체 제불의 마음이 둘이 아닌 까닭에 이 경을 읽고 외워서 얻은 공덕도 끝이 없다.

육조 스님 말씀에 "선남자 선여인이 이 경을 수지 독송하면 모든 상相을 원만히 떠나게 되어 본래 얻을 바 없음을 깨달아서 생각 생각에 항상 자비희사慈悲喜捨하고, 겸손하게 하심下心하고, 부드럽고 온화하여 필경에는 위없는 깨달음을 성취하리라.

그러나 작은 소견의 성문은 여래의 정법正法이 멸하지 않고 항상 있음을 알지 못하므로 여래 멸후 후 오백 세에 어떤 사람이 능히 무상심無相心을 성취하고 무상행無相行을 행하여 아뇩다라삼먁삼보리를 얻었다함을 들으면 곧 마음이 두려움을 내어 의심하고 믿지 않으리라." 하였다.
작은 법을 즐기는 자들은 얻을 바 없고 구할 바 없는 본래 청정한 자기
성품을 알지 못하여 마음이 산란하고 의심을 하고 믿지 못한다.

공부란 계교하는 것이 아니라 마음이 푹! 쉬어지는 것이다. 큰 우물
에 눈을 져다 퍼 넣듯 어떤 경계가 와도 쌓지 않고 비우는 공부가 제대로
된 공부이다. 이렇듯 본래 청정한 자기 자성의 한량없는 작용을 믿고 쓰면
복덕도 한량없어 무량공덕을 성취한다.

야부 |
각각의 눈썹은 눈 위에 가로 놓여 있도다.

해설 |
본래 구족하기 때문에 눈이 눈썹을 보지 못했다 하더라도 없어졌다 생긴
것이 아니니 이름하여 얻을 바 없음을 얻는다 하였다.
—
야부 |
좋은 약은 입에 쓰고 충성스런 말은 귀에 거슬리도다.
차고 더움을 스스로 아는 것은
마치 물고기가 물을 마시는 것과 같으니
어찌 다른 날에 용화龍華세계를 기다리리오.
오늘 아침에 먼저 보리의 수기를 받도다.

해설 |
본래 구족한데 스스로 알지 못하는 까닭은
너무 가까워서 둘이 아닌 까닭에 알기가 어렵다.
그러나 작용하는 곳에 온통 드러나 있는 것이 분명하니
지금 이 자리가 부처님의 세계이다.
지금 이 한 생각을 잡으면 세세생생 생각을 잡는 것이다.
내생의 세계가 바로 지금이다.
지금 모르면 사후에도 모르고 내생에도 모른다.
미륵이 오시는 세상이 바로 오늘 이 아침이다.

제
17

구경무아분

究竟無我分

# 구경에는 내가 없다

경문 |

그때 수보리가 부처님께 사뢰어 말씀드리기를, "세존이시여, 선남자
선여인이 아뇩다라삼먁삼보리심을 발하였으니, 어떻게 마땅히 머물며
어떻게 그 마음을 항복받으리까?"
부처님께서 수보리에게 이르시기를, "만약 선남자 선여인이 아뇩다라
삼먁삼보리심을 발하였으면 마땅히 이와 같이 마음을 낼지니, 내가 응
당히 일체 중생을 멸도하리라. 일체 중생을 멸도하고 나서는 한 중생도
실로 멸도한 자가 없느니라.

爾時 須菩提 白佛言 世尊 善男子善女人 發阿耨多羅三藐三菩提心 云何應住 云何
降伏其心 佛告須菩提 若善男子善女人 發阿耨多羅三藐三菩提心者 當生如是心 我
應滅度一切衆生 滅度一切衆生已 而無有一衆生 實滅度者

해설 |

본래 부처임을 알고 자기 자성에 안주하는 마음은 선남자의 마음이요,
만 가지 경계를 끝까지 공부로 밀고 가는 마음은 선여인의 마음이다.
아버지의 마음과 어머니의 마음속에서
보리심이 무럭무럭 증장되어 부처를 이룬다.
부모가 자식을 키움에 공치사하지 않듯이
자기 자성도 일체 중생을 제도함에 공치사하지 않는다.

상편의 문답은 초발심자의 자기 안의 중생의 둘 아닌 깨달음, 즉 상구보리
上求菩提에 중심을 더 두었고, 하편에서는 이미 보리심을 발한 보살의 하화
중생下化衆生에 중심을 더 두었다. 즉 상편에서는 내가 누구인지를 깨달아

자기를 체험함에 중점을 두었고, 하편에서는 자기가 누구인지를 체험하였으면 일체 다른 대상도 더불어 둘 아니게 멸해 제도함에 중점을 두었다. 그런 까닭에 "내가 응당히 일체 중생을 멸해 제도하리라." 하는 원력과 보살서원을 세움으로써 "일체 중생을 멸도하고 나서는 한 중생도 멸도한 자가 없다."는 것은 일체 모든 대상도 또한 내 자성의 나툼이기 때문이다.

수보리가 질문할 때에 '제가'라고 하지 않고 '선남자 선여인'이라고 한 까닭을 기억하는가?

선남자 선여인은 자기 마음속에 있는 아버지의 마음과 어머니의 마음이다. 내가 본래 부처임을 알고 자기 자성에 안주하는 마음은 아버지의 마음이다. 그리고 만 가지 경계를 하나하나 놓치지 않고 항상 제도해서 마치 자식을 절대 포기하지 않듯이 끝까지 공부를 밀고 가는 마음이 어머니 마음이다.

이 아버지의 마음과 어머니의 마음속에서 보리심은 무럭무럭 증장되어 부처를 이루게 된다. 부모가 자식을 키워놓고 공치사하지 않듯이 자기 자성 속의 아버지 마음, 어머니 마음도 일체 중생을 제도하여도 공치사하지 않는다. 육조 스님 말씀대로 나와 너가 분리되지 않기 때문이며 아상·인상·중생상·수자상이 없기 때문이다.

야부 |
어느 땐 달이 하도 좋아서 창주滄洲 땅 지나가는 줄도 몰랐도다.

해설 |
마음공부하는 재미에 흠뻑 빠지면
경계가 왔다 가는지 알지 못하는 사이에 경계를 넘어서 버린다.
순경계든 역경계든 모두가 공부재료이니
만 가지 맛을 보는 사이에 차원을 달리해 버린다.

함허 스님의 설의에서는 "철선을 끌고 바다에 들어가니 낚싯대 드리운 곳에 달이 환히 밝도다. 성품이 달빛에 차갑게 비치는 그림자를 사랑하여 신선이 사는 곳을 지나도 혼연히 깨닫지 못했도다. 다시 알지어다. 도중에 도리어 청산靑山의 일을 기억하니 종일토록 행하고 행하여도 그 행함을 알지 못하도다."라고 하였다. 보리심을 발한 보살이 몸을 끌고 생사의 바다에 들어가니 참구하는 곳에 반야의 지혜가 훤히 밝다. 이 반야를 의지하여 경계에 물들지 않으니 도중의 일(일체 중생을 멸도 하는 일)이 모두 근본(청산)을 떠나지 않아 일체 중생을 멸도하고 나서는 한 중생도 멸도한 바가 없다 한다.
—

야부 |
만일 어떻게 머무는가 묻는다면,
중中도 아니고 유有도 아니고 무無도 아니다.
머리엔 작은 풀도 덮지 않고 발은 염부제도 밟지 않았도다.
가늘기는 작은 먼지를 쪼갠 듯하고
가볍기는 나비가 춤을 추기 시작한 것과 같도다.
중생을 다 멸도하되 멸도함이 없는 것을 알면
이것이 바로 흐름을 따르는 대장부로다.

바르게 머무는 것은 무주無住에 주住하는 것이고, 무주란 시작과 끝이 모두 청정함을 말한다. 그러나 자성은 본래 청정한 까닭에 조작이나 닦음이 필요하지 않아서 중생을 멸도하되 멸도함이 없는 것을 알면 이것을 대장부의 걸음걸이라 이름한다.

　　머리는 조그마한 한 생각에도 머물지 않고, 사바세계를 걸어가지만 한 발걸음도 물들지 않았다. 수미산보다도 크고 먼지 알갱이 쪼갠 것보다도 작은 자성의 위대한 작용이여, 중생을 멸도하되 멸도한 생각을 모두 쉬어버리니 이름하여 대장부이다.

경문 |

왜냐하면 수보리야, 만일 보살이 아상·인상·중생상·수자상이 있으면 곧 보살이 아니기 때문이니라. 까닭이 무엇인가 하면 수보리야, 실로 법이라는 것이 따로 있지 않으므로 아뇩다라삼먁삼보리의 마음을 발한 것이니라.

何以故 須菩提 若菩薩 有我相人相衆生相壽者相 則非菩薩 所以者何 須菩提 實無有法發阿耨多羅三藐三菩提心者

해설 |

어찌 자성이 본래 스스로 청정함을 알았으리오.
어찌 자성이 본래 생멸하지 않는 것임을 알았으리오.
어찌 자성이 본래 스스로 구족함을 알았으리오.
어찌 자성이 본래 동요가 없음을 알았으리오.
어찌 자성이 본래 능히 만법을 냄을 알았으리오.

육조 스님께서 '응무소주 이생기심應無所住而生其心'이라는 구절에 이르러 크게 깨닫고는 오조五祖께 말씀드렸다. 육조 스님의 오도송은 부처님의 '실무유법實無有法(실로 법이라는 것이 따로 있지 않음)'을 증거하는 말씀이다. 누구나 자기 자성이 그대로 구족한 까닭에 '본래'를 강조하여 말씀하셨다.

야부 |
저 하나마저 없는데 또 어찌 얻으리오.

해설 |
아·인·중생·수자상을 다 놓고 보살의 마음이 되면
저절로 마음에 한 법도 따로 있지 않아 허공과 같다.
—

야부 |
홀로 앉아 있으니 소연히 방이 텅 비어
다시 남북과 동서도 없음이라.
비록 그렇게 화창한 봄날의 힘을 빌리지 않으나
복숭아꽃이 한 모양으로 붉음을 어찌 하리오.

해설 |
자성의 본체에 고요히 안주하니
나도 공하고 삼라만상도 공하다.
마음이 툭 터져 모든 분별이 다 쉬어지니
성품 따라 꽃을 피우는 것이
그대로 실무유법이 발아뇩다라삼먁삼보리심자라.

경문 |

"수보리야, 어떻게 생각하느냐. 여래가 연등 부처님 처소에서 법이 있어 아뇩다라삼먁삼보리를 얻었느냐?"

"아닙니다, 세존이시여. 제가 부처님께서 설하신 뜻을 이해하기에는 부처님이 연등 부처님 처소에서 법이 있어 아뇩다라삼먁삼보리를 얻은 것이 아닙니다."

부처님께서 말씀하시되, "그러하고 그러하다."

須菩提 於意云何 如來 於然燈佛所 有法得阿耨多羅三藐三菩提不 不也 世尊 如我解佛所說義 佛 於然燈佛所 無有法得阿耨多羅三藐三菩提 佛言 如是如是


해설 |

법이란 허공과 같아
법이 있다고 해도 맞지 않고
법이 없다고 해도 맞지 않다.


육조 스님이 이 대목에 이르러 "부처님이 수보리에게 이르시되, '내가 스승의 처소에서 사상四相을 없애지 않고 수기를 얻었는가?' 수보리는 무상無相의 이치를 깊이 이해하는 고로 '아닙니다'라고 하시니라."고 하셨다. 법이란 본래 얻을 것이 없는 까닭에 법이 없음으로 말미암아 수기를 얻게 되는 것임을 일깨워준 것이다. 허공처럼 맑은 거울에 티끌 하나 없어야 만상이 있는 그대로 비추니 이름하여 아뇩다라삼먁삼보리이다.

야부 |
같은 침상에서 자지 않았다면
종이 이불이 뚫어진 것을 어찌 알았으리오.


해설 |
연등불과 석가모니 부처님과 수보리도 한마음으로 돌아가며
여기 이 글을 읽는 후학자도 또한 한마음이어야 공덕이 된다.
—
야부 |
북치는 이와 비파 타는 이가 둘이 한집에서 만났도다.
그대는 버들언덕을 거닐고 나는 나루터 모래에서 자도다.
강 위엔 늦은 성긴 비가 지나가고
두어 봉우리 푸른 빛은 하늘가 노을에 닿았도다.


해설 |
수보리는 묻고 부처님은 답하지만
하나의 성품에 두 가지 작용이라
인연 따라 나툼에 부처는 부처 노릇하고 중생은 중생 노릇한다.
강 위에 성긴 비 지나가고 마음에 구름 걷히면
있는 그대로 산은 푸르고 물은 잔잔하다.

경문 │

수보리야, 실로 법이 있어서 여래가 아뇩다라삼먁삼보리를 얻은 것이 아니니라. 수보리야, 만일 법이 있어서 여래가 아뇩다라삼먁삼보리를 얻었다면 연등 부처님이 곧 나에게 수기하시기를 '너는 내세에 마땅히 부처를 이루리니 호를 석가모니라 하라'고 하시지 않았으려니와 실로 법이 있어서 아뇩다라삼먁삼보리를 얻은 것이 아니므로 이 까닭에 연등 부처님이 나에게 수기를 주면서 말씀하시기를, '너는 내세에 마땅히 부처를 이루리니 호를 석가모니라 하라.'고 하시니라.

須菩提　實無有法如來得阿耨多羅三藐三菩提　須菩提　若有法如來得阿耨多羅三藐三菩提者　然燈佛　卽不與我授記　汝於來世　當得作佛　號釋迦牟尼　以實無有法得阿耨多羅三藐三菩提　是故然燈佛　與我授記　作是言　汝於來世　當得作佛　號釋迦牟尼

해설 │

수기 주는 자(연등불)와 수기 받는 자(선혜보살)가
둘이 아닌 줄 알아야
주는 바 없이 주고
받는 바 없이 받아
주고받음이 완성된다.

얻은 바 법이 있다면 상견常見에 떨어지고 얻은 바 법이 없다면 단견短見에 떨어져 양변에 치우친 중생 소견이 된다. 상견과 단견을 떠나 어떻게 수기를 받는가? 수기 주는 자(연등 부처님)와 수기 받는 자(선혜 보살)가 둘이 아닌 줄 알아야 주는 바 없이 주고 받는 바 없이 받아, 주고받음이 완성된다. 또한 이와 같음을 확연히 알아 요달한다면 지금 그 아는 자가 바로 연등 부처님으로, 더불어 수기를 받는 자라 할 수 있다.

야부 |
가난하기는 범단(후한의 청빈한 선비)과 같으나
기개는 항우와 같도다.


해설 |
나 하나 버린다면 내 것이라는 것도 없이 안팎이 모두 공하여 허공과 같다.
허공과 같은 까닭에 일체가 나 아님이 없게 된다.
—
야부 |
위로는 한 조각 기와도 없고
아래로는 송곳 꽂을 데도 없도다.
해가 지고 달이 떠도 알 수 없어라.
이 누구인가. 아!


해설 |
내가 본래 공하고 내 것이라는 것 또한 공하여 흔적도 없으면
해가 지고 달이 떠도 알 수 없어라, 이 누구인가.
나라는 것이 텅 비어 흔적도 찾을 수 없는 그곳에 응하는 대로 나툰다.
그런 까닭에 해가 되고 달이 되고 별이 되고 나무가 되고
온갖 것이 다 되어 자유자재하게 나툰다.
이 누구인가.

경문 |

왜냐하면 여래라는 것은 모든 법이 여여하다는 뜻이기 때문이니라.

何以故 如來者 卽諸法如義

해설 |

석가모니 저 분이 여래가 아니고
여래처럼 마음을 쓰는 분,
구경에는 무아로 마음을 쓰는 분,
법답게 여여하게 마음을 쓰는 분이
바로 여래이다.

육조 스님 말씀에 "'모든 법이 여여하다는 뜻'이라고 말하는 것은 모든 법
이란 곧 색·성·향·미·촉·법이니 이 육진六塵 가운데 잘 분별하되 그 본
체가 담연하여 물들지도 않고 집착하지도 않아서 일찍이 변하여 달라짐이
없는 것이 허공과 같이 움직이지 않아서 원만히 통하고 환히 밝게 사무쳐
서 몇 겁을 지나도 항상 있으므로 이름을 '모든 법이 여여하다'고 하느니라."
　　모든 법이란 자기의 마음 거울에 비추어진 그림자이다. 마음의 본체
는 본래 고요히 움직이지 않고 밝아 만상을 비추니 비추어지는 대로 밝게
드러나 밝게 작용한다. 그러므로 모든 존재가 낱낱이 밝아 자기 성품대로
빛을 발하여 세상의 주인이 되어 여여하니 여래라 이름 한다.
　　그런 까닭에 극락세계에 가면 땅도 빛을 내고 나무도 빛을 내고 사람
도 빛을 내고 날아다니는 까마귀도 빛을 내니 일체 존재가 그대로 부처이다.

야부 │
머물고 머물러라. 움직이면 삼십 방을 치리라.

해설 │
마음이 쉬고 쉬어지면 나라는 것이 공하고 제법이 공하여 텅 비어 허공과
같다. 텅 비어 허공과 같은 곳에서 나도 있고 법도 있어 서로 주인과 도반(主
伴)이 된다. 나와 일체 경계가 주인과 도반이 되어 밝게 작용하는 까닭에
일체 중생이 낱낱이 그대로 조금도 움직이지 않고 참 부처이다.

      함허 스님의 설의에 "저 진여평등眞如平等의 도리를 어떻게 말할 것
인가. 중생과 부처가 다함께 없어지고 나와 너가 다함께 없어지니 하늘이
땅이요, 땅이 하늘이라. 하늘과 땅이 뒤바뀌고, 물이 산이고 산이 물이라.
물과 산이 다 공함이로다. 비록 이와 같으나 법과 법이 본래의 위치에 그
대로 있으니 누가 등롱燈籠을 불러 노주露柱라고 하리오. 그러한즉 응당 움
직이지 말지니 움직이면 삼십 방을 치리라."고 하였다.
—

야부 │
위는 하늘이요, 밑은 땅이라. 남자는 남자이고 여자는 여자로다.
목동이 목동을 만나니 대중이 다함께 라리리~ 부르도다.
이 무슨 곡조인가. 만년의 즐거움이로다.

해설 │
하늘은 하늘대로 옳고 땅은 땅대로 옳다.
남자는 남자대로 옳고 여자는 여자대로 옳다.
두 개(상대성)의 작용이 하나의 근본으로부터 나옴을 알아
이 셋이 또한 하나로 돌아가니
지음자가 화답하듯 이 무슨 곡조인가, 만년의 즐거움이로다.

만일 어떤 사람이 말하기를 '여래가 아뇩다라삼먁삼보리를 얻었다'고
한다면 수보리야, 실로 법이 있어서 부처님이 아뇩다라삼먁삼보리를
얻은 것이 아니니 수보리야, 여래가 얻은 바 아뇩다라삼먁삼보리는 이
가운데에 실다움도 없고 헛됨도 없느니라.

若有人 言如來得阿耨多羅三藐三菩提 須菩提 實無有法佛得阿耨多羅三藐三菩提
須菩提 如來所得阿耨多羅三藐三菩提 於是中 無實無虛

해설 |

태풍의 눈은 텅 비어 고요하기 그지없으나
어마어마한 위력의 태풍을 몰고 다니는 것처럼
자성인 본체는 텅 비어 고요하기 그지없으나
희로애락과 삼라만상을 쥐락펴락한다.

무실무허無實無虛, 실다움도 없고 헛됨도 없다는 것이 여래 법의 핵심이다.
실다움이 없다는 것은 실로 얻을 것이 없는 마음이 곧 보리를 얻음이라
했는데, 성품은 얻을 것도 없고 구할 것도 없고 찾을 것도 없는 공한 마음
이기 때문이다. 헛됨도 없다 하는 것은 실다움이 없는 공한 마음의 본체에
서 만 가지 작용이 조금도 부족함이 없이 나투는 까닭이다.

　　무실무허를 비유하자면 태풍의 눈과 같다. 태풍의 눈은 텅 비어 고요하
기 그지없으나 어마어마한 위력의 태풍을 몰고 다니는 것처럼 자성인 본체
는 텅 비어 고요하기 그지없으나 희로애락과 삼라만상을 쥐락펴락한다.

야부 |
부유하면 천구 입도 적다고 싫어하고,
가난하면 한 몸도 많다고 한탄한다.


해설 |
작용할 때는 항하의 모래 수보다 더하고
거두어들이면 하나도 없이 적정하여 흔적이 없다.
만 가지 경계가 만 가지 모습으로 옷을 바꿔 입고 나타나도
한 눈에 척 알아보고,
고요히 태풍의 눈으로 거두어들이면
흰 터럭 흔적도 없이 다 쉬어진다.
—
야부 |
생애가 꿈과 같고 뜬구름과 같으니
살 길이 아주 없어 육친과 끊어졌도다.
한 쌍의 청백안靑白眼을 얻어서
무한히 왕래하는 사람에게 웃어 보이도다.


해설 |
본래 한 물건도 얻을 것이 없음을 깨달아
마음이 푹 쉬어지니 육근이 청정해졌다.
희고 푸른 지혜의 눈으로 세상을 바라보며
무한히 왕래하는 경계에 웃어 보인다.
웃음은 꽃이다.
마구니들이 부처님께 활을 쏘고 창과 돌을 던져도
부처님 가까이 오면 모두 꽃으로 화化하여 떨어졌듯이,
무한히 밀려왔다 밀려가는 경계들이
꽃으로 자기의 삶을 장엄한다.

# 무아를 통달하면 참 보살이라

○

경문 |

**그러므로 여래가 설하되 '일체법이 다 불법이라' 하시니**

是故 如來 說一切法 皆是佛法

해설 |

공부하는 사람의 눈에는
세상 경계가 모두 공부재료이니
일체 법이 다 불법이다.

일체 법이란 색·성·향·미·촉·법으로 일체 존재의 모습이다. 일체의 모든
법은 깨달음을 근본으로 한다. 그것은 본래 성불인 까닭이다.

　　부처의 눈에는 부처만 보이고 개의 눈에는 개만 보인다는 말처럼
공부하는 사람의 눈에는 세상 경계가 모두 공부 재료이니 일체 법이 불법
이다. 어둠은 밝음을 드러내기 위한 방편이고 선은 악이 있어 더욱 빛난다.

야부 |
분명하고 분명한 백 가지 풀끝에 분명하고 분명한 조사의 뜻이로다.

해설 |
불가에서는 머리카락을 무명초라 한다. 백 가지 풀끝은 백 가지 번뇌 망상이다. 모든 번뇌 망상이 분명하고 분명한 조사의 뜻이니 번뇌 즉 보리요, 일체 법이 불법이라, 선가의 천칠백 공안이 바로 이것이다.
—

야부 |
준순주浚巡酒를 만들 줄 알고 경각화頃刻花를 능히 피우도다.
거문고로 벽옥의 곡조를 타고 화로에 백주사白硃砂를 단련하도다.
몇 가지 기량을 어디서 배웠는가.
모름지기 풍류가 자기 집에서 흘러나옴을 믿을지어다.

해설 |
기가 막힌 술, 순간에 활짝 피는 꽃, 벽옥의 곡조, 먹으면 신선이 된다는 백주사, 이런 일체의 재주가 다 자기 자성으로 인하여 나온 것이다. 갖가지 장단점을 자성에 맡겨 잘 호념하고 부촉해 가면 성인이 된다.

수보리야, 말한 바 일체 법이란 곧 일체 법이 아니므로 이 까닭에 이름이 일체 법이니라.

須菩提 所言一切法者 卽非一切法 是故 名一切法

팔만대장경이 다 부처님의 마음이 아니고 중생들의 마음이다.
본래 청정한 마음 바탕에 드러난 그림자가 일체 법이니 헛된 이름일 뿐이다.

육조 스님 말씀에 "능히 모든 법에 대하여 마음으로 취사取捨가 없고 또한 능소能所가 없으면 마음은 항상 공적함이니, 그러므로 일체 법이 다 불법이거니와 미혹한 사람은 일체 법에 탐착하여 불법을 삼을까 두려워하는 까닭에, 이런 병을 고치기 위해서 말씀하시기를 곧 일체 법이 아니라고 말함이요."라고 하였다. 부처님께서 '일체 법은 불법이다'라고 하시고서 다시 일체 법이라는 말에 집착할까 봐 부연설명하시니, 집착하고 머무는 중생의 습관이 얼마나 두터운지 알 수 있다.

야부 |

상대인上大人(큰 성인) **구을기**(공자님)**로다.**

해설 |

보통 '큰 성인이신 공자님이시다' 하면 그분의 모습을 이름하여 공자님이라고 하는데 그렇게 알면 잘못이다. 왜냐하면 그분이 성인인 것은 말과 행과 뜻이 성인인 것이지 모습에 있지 않기 때문이다.

부처님이다, 관세음이다 하는 것도

부처님의 작용, 관세음의 작용을 말하는 것이지

고정된 실체를 지칭하는 것이 아니다.

그래서 일체 법이 다 이름이라 하는 것이다.

―

야부 |

법이다 법이 아니다 하는 자체가 법이 아니니,

죽은 물에 잠긴 용이 활발발하도다.

마음이다, 마음이 아니다 하는 자체가 마음이 아니니,

허공을 가득 채우고 예부터 오늘에 이르렀도다.

다만 이것일 뿐 쫓아가 찾을 것 없도다.

무한한 들 구름을 바람이 다 거두니,

하나의 둥근 달이 하늘 가운데 비추도다.

해설 |

법이다, 법이 아니다, 마음이다, 마음이 아니다 하고 따지는 것 자체가 상대성의 세계로 능소能所가 나누어진다. 절대 세계의 이름하여 일체 법이란 곧 무심인 마음이다. 그런 까닭에 '죽은 물에 잠긴 용이 활발발하도다.'라고 하였다. 이 무심과 평상심은 본래부터 예나 지금이나 다름없이 일체 중생이 누구나 갖추고 있는 것이다. 이와 같은 안목을 지니면 청량산에서 불어오는 맑은 바람이 만 가지 구름을 거두듯 무수한 경계들이 스러지니, 하나의 둥근 마음달이 허공에 가득 비춘다.

경문 |

"수보리야, 비유컨대 사람의 몸이 장대함과 같느니라."

수보리가 말씀드리기를,

"세존이시여, 여래께서 설하신 사람 몸의 장대함도 곧 큰 몸이 아니라 그 이름이 큰 몸입니다."

須菩提 譬如人身長大 須菩提言 世尊 如來 說人身長大 即爲非大身 是名大身

해설 |

아주 작은 미생물 하나라도 버리지 않는 마음이

이름하여 큰 몸이다.

부처님께서 말씀하신 '사람 몸이 장대함과 같다'는 뜻은 일체 중생의 법신이 허공과 같음을 비유한 것으로 허공이 크다, 작다 하는 소견을 붙일 수가 없는 까닭에 이름하여 큰 몸이라 하는 것이다. 그래서 큰 몸이란 아주 작은 미생물 하나라도 버리지 않는 마음이 이름하여 큰 몸이다.

야부 |
한 물건이라 해도 곧 맞지 않도다.

해설 |
육조 스님에게 남악 회양 스님이 와서 인사를 하니 "무슨 물건이 이렇게 왔
느냐?" 하였다. 회양 스님이 말하길 "한 물건이라 해도 맞지 않습니다." 하였다.
이 이름하여 한 물건인 그놈의 나툼이 크기로는 수미산보다 더하고 작기
로는 터럭 끝 속에 다 차지 않으니 한 물건은 이름일 뿐이다.
—

야부 |
하늘이 뛰어난 육 척의 몸을 낳으니
문장에도 능하고 무예에도 능하며 경서도 잘하도다.
하루아침에 어머니가 낳아준 면목을 알아 타파하니
바야흐로 부질없는 이름들이 천하에 가득함을 믿겠노라.

해설 |
하늘은 자기를 떠나 밖에 있지 않고 자기 안에 있으니
하늘로부터 나온 자기도 어떤 모습을 하든 그것이 다 하늘의 뜻이다.
일체 존재는 하늘로부터 나온 귀한 몸이며
모두가 함께 도를 닦는 도반이다.
본래면목을 깨달으면 모두가 나 아님이 없으니
나와 너를 분별하는 것은
다만 그렇게 이름 붙여진 것일 뿐임을 분명히 알게 된다.

경문 |

보살도 또한 이와 같아서 만일 이런 말을 하되 '내가 마땅히 무량한 중생을 멸도하리라.' 한다면 보살이라 하지 않나니 왜냐하면 수보리야, 실로 법이 있지 않아야 이름하여 보살이라 하기 때문이니라. 그러므로 부처님이 설하시기를 일체 법은 아도 없고 인도 없고 중생도 없고 수자도 없다고 하느니라.

須菩提 菩薩 亦如是 若作是言 我當滅度無量衆生 卽不名菩薩 何以故 須菩提 實無有法名爲菩薩 是故 佛說一切法 無我無人無衆生無壽者

해설 |

일체 법은 고정되어 있지 않고
그것을 보는 자의 안목에 따라 항상 다르게 나타난다.

보살의 안목은 색신을 보지 않고 보신을 보는 까닭에 무량한 중생도 중생으로만 보지 않고 중생의 본래 모습인 보살의 나툼으로 본다. 이것을 이름하여 멸도한다 하고 실로 법이 고정되게 있지 않다는 뜻이다. 그러므로 일체 법은 고정되게 아·인·중생·수자가 있지 않고 그것을(일체 법) 보는 당사자의 안목에 따라 항상 다르게 나타난다.

야부 |
소라 부르면 소이고 말이라 부르면 말이로다.


해설 |
하늘에서 비가 내리면 인연 따라
소가 먹으면 소가 되고
독사가 먹으면 독사가 되고
나무가 먹으면 나무가 되고
성인이 되고 범부가 되고 부처가 되고 중생이 된다.
—
야부 |
노파의 적삼을 빌려 입고 노파의 문 앞에서 절을 하니
예의가 법도에 맞아 이미 충분하도다.
대나무 그림자 뜰 앞을 쓸어도 티끌은 움직이지 않고
달빛이 연못을 뚫어도 물은 흔적이 없도다.


해설 |
부처님께 절을 하지만 절하는 놈과 절 받는 놈이 다 같이 한 놈인 것을 알아야 절이 완전해진다. 만약 이와 같이 근본과 작용이 갖추어지면 일체 법을 함이 없이 행하고 얻은 바 없이 얻게 되는 것이다. 대나무 그림자가 뜰을 쓸듯이 달빛이 연못을 뚫듯이 본래면목은 만 가지 작용을 하면서도 어디에도 물들지 않고 어디에도 흔적이 없다.

경문 |

수보리야, 만약 보살이 이런 말을 하되 '내가 마땅히 불국토를 장엄
하리라.' 한다면 이는 보살이라 이름 하지 않나니 왜냐하면 여래가
설한 불국토를 장엄한다는 것은 곧 장엄이 아니라 그 이름이 장엄이
기 때문이니라.

수보리야, 만일 보살이 무아의 법을 통달하면 이것이 여래께서 말씀하
시는 참다운 보살이라 이름하는 것이니라.

須菩提 若菩薩 作是言 我當莊嚴佛土 是不名菩薩 何以故 如來 說莊嚴佛土者 即
非莊嚴 是名莊嚴 須菩提 若菩薩 通達無我法者 如來 說名眞是菩薩


해설 |

아상을 내려놓는 것을 틈이 없이 하면
불국토를 장엄했다 하고
무아법을 통달했다 하고
참다운 보살이라 이름한다.


『유마경』에 "중생의 종류가 보살의 불국정토"라 하였듯이 일체 중생을 둘
로 보지 않고 내 몸과 마음같이 알아 일체 분별을 다 쉬면 이것을 불국토
를 장엄하되 장엄한 바가 없다 하고 이름하여 장엄이라 한다. 진정한 장엄
이란 일체의 분별망상을 다 놓고 쉬는 것이다. 사상四相의 핵심은 아상이다.
아상을 내려놓는 것을 틈이 없이 실천하면 불국토를 장엄했다 하고 무아
법을 통달했다 하고 참다운 보살이라 이름하게 된다.

　　〈구경무아분〉의 마지막 구절이 "만일 보살이 무아의 법을 통달하면
여래는 진실로 그를 보살이라 이름하리라." 하였으니 이 마지막 구절 속
에 〈구경무아분〉의 의취가 모두 들어 있다 하겠다.

야부 |
추우면 온 하늘이 춥고 더우면 온 하늘이 덥도다.


해설 |
도인은 한 마음을 내고 두 마음이 없는 자이다.
화낼 때는 온통 화를 내고 기쁠 때는 온통 기쁘다.
중생은 사방팔방으로 마음이 갈라져 자기 마음끼리 서로 싸운다.
마음공부는 하나의 마음으로 전부 쉬어주는 것이다.
자기 마음을 한 마음을 만드는 것이다.
이것이 참다운 불국토 장엄이다.
—
야부 |
내가 있다는 것 원래 내가 없는 것이니
추울 때는 약한 불을 피움이요,
무심은 유심과 같으니 한밤중에 금침을 줍도다.
무심과 무아를 분명히 일렀으니
알지 못한다고 말하는 자 누구인가? 하하.


해설 |
있음과 없음이 둘이 아니다.
없다고만 하면 공에 떨어져서 작용할 줄 모르고
있다고만 하면 본체를 잃어버려 뿌리 없는 나무와 같다.
무심인 본체에서 갖가지 작용을 함이 없이 하니
추울 때는 불을 피우고 한밤중에 금침을 줍는다.

제
18

일체동관분

一切同觀分

# 과거심불가득 현재심불가득
# 미래심불가득

○

경문 |

"수보리야, 어떻게 생각하느냐. 여래가 육안肉眼이 있느냐?"

"그렇습니다, 세존이시여. 여래는 육안이 있습니다."

"수보리야, 어떻게 생각하느냐. 여래가 천안天眼이 있느냐?"

"그렇습니다, 세존이시여. 여래는 천안이 있습니다."

"수보리야, 어떻게 생각하느냐. 여래가 혜안慧眼이 있느냐?"

"그렇습니다, 세존이시여. 여래는 혜안이 있습니다."

"수보리야 어떻게 생각하느냐. 여래는 법안法眼이 있느냐?"

"그렇습니다, 세존이시여. 여래는 법안이 있습니다."

"수보리야, 어떻게 생각하느냐. 여래는 불안佛眼이 있느냐?"

"그렇습니다, 세존이시여. 여래는 불안이 있습니다."

須菩提 於意云何 如來有肉眼不 如是 世尊 如來 有肉眼 須菩提 於意云何 如來有
天眼不 如是世尊 如來 有天眼 須菩提 於意云何 如來有慧眼不 如是 世尊 如來
有慧眼 須菩提 於意云何 如來有法眼不 如是 世尊 如來有法眼 須菩提 於意云何
如來有佛眼不 如是 世尊 如來有佛眼

해설 |

자기를 전부 놓고 놓아서
놓은 것까지 전부 내려놓아서
내려놓고 말고를 말할 수 없을 때까지 내려놓고 나면
일체를 하나로 보는 부처님의 눈이 갖추어진다.

앞 장에서 '구경에는 내가 없음'을 말씀하시고 이 장에서 '일체를 하나로 봄'을 말씀하셨다. 자기를 전부 놓고 놓아서 놓은 것까지 전부 내려놓아서 내려놓고 말고를 말할 수 없을 때까지 내려놓고 나면 일체를 하나로 보는 부처님의 다섯 가지 눈인 육안·천안·혜안·법안·불안이 갖추어진다.

육안은 사람이면 누구나 가지고 있다. 천안은 하늘사람의 마음을 내면 볼 수 있는 하늘눈이다. 혜안은 일체 드러나는 작용 속에서 지혜의 이치를 보아내는 눈이다. 법안은 일체 법을 불법으로 보는 눈이다. 불안은 부처의 마음으로 보는 눈, 오안의 작용을 한꺼번에 아우르고 있는 눈, 전체를 다 가지고 있으므로 보는 것도 없고 본 바도 없고 본 바가 없다는 것조차도 없는 부처의 눈이다. 중생도 자성 안에 모두 오안을 갖추고 있지만 탐·진·치에 가려 있기 때문에 꺼내 쓸 줄 모르는 것뿐이다.

육조 스님 말씀에 "색신色身 가운데서 법신이 있음을 보는 것이 육안이고, 일체 중생이 각각 반야의 성품을 갖추고 있음을 보는 것이 천안이요, 반야바라밀법이 능히 삼세의 일체 법을 내는 것을 보는 것이 혜안이요, 일체의 불법이 본래 스스로 갖춤을 보는 것이 법안이며, 성품이 밝게 사무쳐서 능소를 영원히 없앰을 보는 것이 불안이라 이름하느니라." 하였다. 이것은 법신여래의 본체에서 다섯 가지의 안목으로 작용하여 그 마음씀의 단계 없는 단계의 지위를 분명히 드러낸 말씀이다.

따라서 수행자는 여래의 오안五眼이 본래 자기 자성 안에 갖추어 있음을 확연히 알아야 수행의 차원에 따라 각각 여래의 오안이 나타나게 된다.

야부 |
모두 눈썹 밑에 있도다.

해설 |
누구나 눈썹 밑에 눈이 있듯이 본래 일체 중생은
자성 안에 여래의 오안을 모두 갖추고 있다.
—
야부 |
여래는 오안이 있음이요, 장삼張三은 누구나 다만 한 쌍뿐이라,
똑같이 흑과 백을 나누고 분명히 청靑과 황黃을 분별하도다.
그 사이에 조금 다른 것은 유월 염천炎天에 눈서리가 내림이로다.

해설 |
여래는 오안을 나투나 범부는 다만 한 쌍의 육안만을 본다. 똑같이 흑과
백을 나누고 푸르고 누런 것을 분별하지만 그 사이 다른 것이 있다. 보살
이 무아의 법을 통달하여 보신을 보면 유월 염천에 눈서리가 내린다 한다.

경문 |

"수보리야, 어떻게 생각하느냐. 저 항하 가운데 있는 모래를 부처님이
설하신 적이 있느냐?"

"그렇습니다, 세존이시여. 여래께서는 그 모래를 말씀하셨습니다."

"수보리야, 어떻게 생각하느냐. 저 한 항하에 있는 모래 수와 같이 이
렇게 많은 항하가 있고 이 모든 항하에 있는 모래 수만큼의 불세계佛世界
가 있다면 이는 얼마나 많음이 되겠느냐?"

"심히 많습니다, 세존이시여."

부처님께서 수보리에게 이르시되,

"저 국토 가운데 있는 중생의 갖가지 종류의 마음을 여래가 다 아느니라."

須菩提 於意云何 如恒河中所有沙 佛說是沙不 如是 世尊 如來說是沙 須菩提 於
意云何 如一恒河中所有沙 有如是沙等恒河 是諸恒河所有沙數佛世界 如是寧爲多
不 甚多 世尊 佛告須菩提 爾所國土中所有衆生 若干種心 如來悉知

해설 |

중생과 여래가 둘이 아니므로 여래는 다 알고 다 보신다.
중생의 갖가지 종류의 마음을 여래는 다 알고 다 보신다.

부처님이 많음을 표현하는 방법은 색다르다. 항하의 모래 수만큼의 항
하가 또 있고 그 모든 항하의 모래 수만큼의 세계에 있는 온갖 중생의 마
음이니 유위의 세계로 치면 한정 없이 많은 세계이다. 한 사람의 마음도
먼지 수만큼 갖가지인데 항하사 모래 수 세계의 모든 중생의 갖가지 마
음이니 그 수는 한량이 없다.

그러나 이것은 중생의 안목에서 보는 어마어마한 숫자요, 부처님
의 안목에서는 그리 대단한 숫자가 아니다. 부처님의 제자 중에 하늘눈

을 가진 아나율 존자를 천안제일이라 하는데 아나율 존자의 안목에서도 삼천대천세계에 있는 모든 세계를 손바닥 위의 복숭아 보듯이 본다고 하였다. 나중에 유마 거사가 "보는 것이 있이 보십니까? 보는 것이 없이 보십니까?"라고 질문했는데 아나율 존자가 대답을 못하지만 말이다.

천안을 가진 아나율 존자도 손바닥 위의 복숭아 보듯이 보는데 오안을 나투신 여래가 '저 국토 가운데 있는 중생의 갖가지 종류의 마음을 다 아시는' 것은 의심할 나위 없다. 여래는 어떻게 수많은 중생의 갖가지 마음을 다 아시는가?

중생의 갖가지 종류의 마음(구류중생)을 여래가 낱낱이 응하여 비추기 때문이다. 중생도 불성에 의지해 존재하는데 불성이란 바로 여래의 법신이니 중생과 여래가 둘이 아니기 때문이다. 그래서 자기 마음이 다 밝아지면 일체 중생의 마음도 다 밝아져서 다 안다 하는 것이다. 마치 허공에 달이 밝게 떠 있으면 천 개의 강에 모두 달이 밝게 비추는 것과 같다.

야부 |
일찍이 나그네가 된지라 특별히 나그네를 불쌍히 여기고,
술을 익히 좋아한지라 취한 사람을 아끼도다.


해설 |
부처님도 나그네의 길을 걸어 완전한 깨달음에 이르셨고 꿈속의 인생을
지나 여래의 지위에 오르신 까닭에 중생 하나하나를 자신처럼 아끼고 사
랑하신다. 부처님의 자성과 우리의 자성이 둘이 아닌 까닭에 자기의 자성
부처가 자기를 아끼고 사랑함도 자비스럽기 한량없다. 일체 제불이 허공
가운데 아니 계신 곳 없지만 일체 중생의 마음을 떠나 따로 계시지 않는
까닭에 큰 자비의 화신이라 한다.
—

야부 |
눈은 동남東南으로 보고 뜻은 서북西北에 있도다.
장차 후백猴伯이라 이르려 했더니 다시 후흑猴黑이 있도다.
일체 중생의 일체 마음이여.
모두가 한없는 소리와 색을 쫓도다. 할.


해설 |
일체 중생의 일체 마음이란 지금 나오는 한 생각이니
밖으로 쫓지 마라


눈은 모습을 보지만 뜻은 근본에 있다.
　　근본과 현상은 항상 흘러 도는 것이라 마치 비가 오면 개울을 이루
고 개울물이 흘러 강물이 되고 강물은 다시 바다에 이른다지만 다시 바닷
물은 하늘로 올라가 비로 내린다. 즉 근본과 현상은 고정되어 있는 것이
아니라 항상 흘러 도는 것이다. 따라서 일체 중생의 일체 마음이란 지금
나오는 한 생각이니 밖으로 쫓지 마라.

경문 |
무슨 까닭인가. 여래가 설한 모든 마음이 다 마음이 아니라
그 이름이 마음이기 때문이니라.
何以故 如來 說諸心 皆爲非心 是名爲心

해설 |
청정한 자기 성품의 본래 마음이
자기로부터 올라오는 갖가지 중생의 마음을 지혜롭게 쓰므로
마음이 다 마음이 아니라 이름이 마음이다.

'모든 마음[諸心]'이란 갖가지 차별된 일체 중생의 마음이다. 그러나 이 일
체 중생들의 차별된 마음은 본래로 생멸이 없고 둘이 아닌 까닭에 '다 이
마음이 아니라[皆爲非心]' 한 것이다. 즉 자기 마음속에서 지옥·아귀·축생
·인간·수라·천상과 같은 마음 등 갖가지 차별된 마음이 나올 때 이것을
지켜보는 마음은 본래 물들지 않고 청정한 마음이다. 이 청정한 자기 성품
의 본래 마음이 자기로부터 올라오는 갖가지 일체 중생의 마음을 지혜롭
게 쓰므로 중생심이 아니고 '이름이 마음'이라 한다.

야부 |
병이 많으니 약의 성질을 알도다.


해설 |
갖가지 마음의 갖가지 병이 많으니
지혜와 사랑이 증장하여
헤아릴 수 없이 많은 아픔을 보듬을 수 있는 큰 그릇이 된다.
차별된 일체 중생의 마음이 본래로 공한 줄을 알면
반야의 지혜가 생生하여
일체 중생의 마음이 곧 일체 지혜의 마음인 줄 알게 된다.
—
야부 |
한 물결이 겨우 일면 만 물결이 따르니
마치 개미가 순환함과 같아서 어찌 마칠 기약이 있으리오. 돌咄,
오늘 그대와 더불어 모두 베어버리니
몸을 나타내면 바야흐로 장부라 부르도다.


해설 |
한 생각이 일어나면 만 생각이 따르는데
시작과 끝이 본래 무시무종임을 알아 요달하면
지금 한마음으로 한꺼번에 베어버리는 것과 같다.
이러한 때에 한 생각 냈다 하면 모두 법이 되어
대장부의 살림살이라 이름한다.

까닭이 무엇인가 하면 수보리야, 과거의 마음도 가히 얻을 수 없으며 현재의 마음도 가히 얻을 수 없으며 미래의 마음도 가히 얻을 수 없느니라.

所以者何 須菩提 過去心不可得 現在心不可得 未來心不可得

해설 |

걱정스러운 한 생각을 모두 내려놓아라.

찰나찰나 자성에 내려놓아라.

한 생각 속에 과거·미래·현재가 다 들어 있으니

이 한 생각을 잡으면 삶이 툭 터진다.

과거는 미래의 인因이다. 미래는 과거의 결과이다. 그런데 과거의 결과이면서 동시에 미래의 인을 한꺼번에 쥐고 있는 놈은 현재 이 순간, 이 찰나밖에 없다. 이 순간도 잠시도 머무르지 않고 돌아가니 시간은 무주無住이다. 어디 한 곳 점찍을 곳이 없다. 지금 찰나찰나 마음 일어나는 이 순간, 이 찰나 속에 과거·미래·현재가 다 들어 있다. 「법성게」에 "찰나 속에 일체 겁이 들어 있다."는 말이 이 뜻이다. 티끌 속에 이 시방세계가 모두 들어 있다는 말도 같은 뜻이다.

티끌이 한 생각이다. 과거·미래·현재를 모두 걸머쥔 한 생각이다. 그러니 걱정스러운 생각을 모두 내려놓아라. 찰나찰나 자성에 내려놓아라. 과거심 불가득, 현재심 불가득, 미래심 불가득을 이해하면 삶이 툭 터져서 순간순간 생생한 시간을 살게 된다. 걸림이 없게 된다.

육조 스님께서는 "'과거심 불가득'이라는 것은 앞생각의 망념이 문득 지나갔으니 찾아봐도 그 처소가 없음이요, '현재심 불가득'이란 참마음은 모양이 없으니 무엇에 의거하여 볼 수 있을 것인가. '미래심 불가득'

이란 본래 가히 얻을 것이 없는 것이다. 습기習氣가 이미 다하여 다시 또 나지 않으니 이 세 가지 마음을 얻을 수 없음을 요달하면 이를 부처라 이름하느니라." 하였다.

야부 |
소리를 낮추고 낮추어라. 바로 콧구멍 속에서 기氣가 빠져나가게 되리라.

해설 |
마음을 놓고 놓아라.
완전하게 죽어라.

놓고 자시고 할 게 없을 때까지 놓아가면 놓고 자시고 할 게 없는 그 자리
가 나온다. 바로 그때, 콧구멍에서 기가 빠져나가게 되어 마음이 완전하게
죽으면 묘하게 다시 살아나서 '나'가 없음을 체득하고 나 아님이 없음을
체득하여 자재권을 얻어 이름하여 부처라 한다.
—
야부 |
삼제三際에 마음을 구하여도 마음을 볼 수 없으나
두 눈은 예전처럼 두 눈을 마주하도다.
모름지기 잃어버린 활을 뱃전에 표시하여 찾지 말지니
눈과 달과 바람꽃에서 항상 만나 보리라.

해설 |
자기의 눈빛 떨어지는 곳에 칼은 다 있다.

본래 과거심도 불가득이고 현재심도 불가득이며 미래심도 불가득인 것을
알면, 보는 놈과 보여지는 놈이 둘이 아님을 알아 분명히 보고 분명히 보
여진다. 그러니 상대적인 지견으로 뱃전에 표시하여 칼을 찾지 말지니 칼
은 본래 잃어버린 적이 없다. 눈과 달과 바람꽃에서 항상 만나 보리라 하
는 뜻은 본체와 반야와 작용 속에 항상 그대로 드러난다는 말이다.

과거심불가득 현재심불가득 미래심불가득

제
19

법
계
통
화
분

法界通化分

# 얻을 바 복덕이 없음을 공덕이라 한다

◉

경문 |

"수보리야, 어떻게 생각하느냐. 만일 어떤 사람이 삼천대천세계에 가득 찬 칠보로써 보시한다면 이 사람은 이 인연으로써 복을 얻음이 많다 하겠느냐?"

"그렇습니다, 세존이시여. 이 사람은 이 인연으로써 복을 얻음이 매우 많겠습니다."

"수보리야, 만일 복덕이 실로 있다면 여래가 복덕 얻음이 많다고 말하지 않으려니와 복덕이 없으므로 여래가 복덕 얻음이 많다고 말하였느니라."

須菩提 於意云何 若有人 滿三千大千世界七寶 以用布施 是人 以是因緣 得福多不
如是 世尊 此人 以是因緣 得福 甚多 須菩提 若福德有實 如來 不說得福德多 以
福德無故 如來 說得福德多

해설 |

복덕의 성취는 형상과 이름을 좇아가면 작아지고
상이 없는 복덕성에 의지하면 불가사의하고 무궁무진하다.

상을 취하면 아무리 많은 것이라도 유위법으로 한정이 있고 끝이 있지만,
상을 떠나면 무위법으로 무량하고 다함이 없게 된다. 그래서 복덕의 성취는
형상과 이름으로 좇아가면 작아지고 상이 없는 복덕성에 의지하면 불가사
의하고 무궁무진하다. 복덕성은 본래 갖추고 있는 까닭에 얻을 것이 없고,
얻을 것이 없는 까닭에 다함이 없이 많다고 이름하는 것이다.

야부 |
오히려 별도로 마음 쓰는 것보다 수승하도다.


해설 |
어떤 사람을 보고 스스로 불쌍하다 생각하여 보시를 베푸는 것보다 자기
의 마음 근본에 무심으로 맡겨 놓는 것이 훨씬 수승하다. 즉 불쌍하다 생
각하면 벌써 둘이 되어 자기는 높아지고 상대방은 낮아지게 되니 이것을
중생상이라 한다. 또한 불쌍한 마음으로 그를 고정시켜 불쌍한 상황에서
벗어나지 못하게 만드는 형국이 된다. 이것은 마음이 모든 것을 창조하는
까닭이다. 이 마음의 도리를 깊이 새겨 수행자는 한 생각이 법으로 적중되
는 까닭에 함부로 마음을 내서는 아니 된다.
—

야부 |
나한羅漢은 공양 받음이 박薄하고
코끼리 몸은 칠보가 진귀하다.
비록 그렇게 많아 탁한 부자이나
어찌 적은 청빈만이야 하겠는가.
망상罔象은 다만 뜻이 없기 때문에 얻을 뿐이요,
이루離婁는 유심有心과 친해서 잃었느니라.


해설 |
나한은 공空만을 좋아하여 자비공덕으로 보살행을 베풀 줄 몰라서 응공應
供이 박하다 하고 유루有漏의 복 지음을 좋아하는 이는 코끼리 몸에 칠보
를 두루는 것과 같다 한다. 이 두 가지가 다 치우친 소견으로 바른 안목은
아니나 탁한 부자보다 청빈함이 좀 더 수승하다 하는 것이다.
　　망상罔象은 『장자莊子』에 나오는 물속에 사는 수괴水怪이고 이루離婁
는 『맹자孟子』에 나오는 전설상의 시력이 아주 뛰어난 사람이다. 당唐나라

장적張籍의 〈망상득현주罔象得玄珠〉 시에서 이루는 자기의 눈 밝음만 믿다
가 구슬을 찾지 못하고 망상은 현묘함에 신통하여 어둠 속에서 야색을 보
아내어 신묘한 구슬을 얻었다 한다. 신묘한 구슬은 자기의 보배자성이니
무심 속에서 일이 이루어진다.

제
20

이
색
이
상
분

離色離相分

# 색상을 여읨이 구족상이다

◉

경문 │
"수보리야, 어떻게 생각하느냐. 부처를 가히 구족具足한 색신으로 볼
수 있겠느냐?"
"아닙니다, 세존이시여. 여래를 응당히 구족한 색신으로 볼 수 없습니
다. 왜냐하면 여래께서 설하신 구족한 색신은 곧 구족한 색신이 아니고
그 이름이 구족한 색신입니다."
"수보리야, 어떻게 생각하느냐. 여래를 가히 일체 상이 구족한 것으로
볼 수 있겠느냐?"
"없습니다, 세존이시여. 여래를 응당히 일체 상이 구족한 것으로 볼 수
없습니다. 왜냐하면 여래께서 설하신 일체 상의 구족은 곧 구족이 아니
라 그 이름이 일체 상의 구족이기 때문입니다.

須菩提 於意云何 佛可以具足色身 見不 不也 世尊 如來 不應以具足色身 見 何以
故 如來 說具足色身 卽非具足色身 是名具足色身 須菩提 於意云何 如來 可以具
足諸相 見不 不也 世尊 如來 不應以具足諸相 見 何以故 如來 說諸相具足 卽非
具足 是名諸相具足

해설 │
구족상인 삼십이상 팔십종호는 일체 존재의 참모습으로
어느 모습 하나도 버리지 않는다.
그런 까닭에 모습 없는 참모습이
이름하여 구족상인 것이다.

여래께서 일체 상을 구족했다 하는 것은 일반적으로 32상 80종호를 갖추

었음을 말한다. 그러나 32상은 32청정행에서 나오는 것으로 마음 씀이 법다움으로부터 법다운 모습이 출현하는 것이다. 육안으로만 보면 색신을 보게 되고 혜안으로 보면 보신과 법신을 보게 된다.

　육조 스님 말씀에 "여래란 곧 무상법신無相法身이니 육안으로 볼 수 있는 것이 아니다. 혜안이라야 능히 볼 수 있으니 혜안이 밝지 못해서 아我·인人 등의 상相을 구족하여 32상을 관함으로써 여래를 삼는 자는 곧 구족이라 이를 수 없다. 혜안이 밝게 사무쳐 아·인 등의 상이 나지 않고 바른 지혜의 광명이 항상 비추면 이를 모든 상이 구족하다고 이름한다." 하였다.

야부 |
공적으로는 바늘도 용납하지 못하나 사적으로는 수레도 통한다.

해설 |
근본 성품 자리는 모습이 없으므로 구족색상이니 32상이니 하는 것이 붙을 자리가 없다. 그러나 작용으로는 만 가지가 32상이 아닌 것이 없다. 본체에서는 이름 붙일 것도 없으나 작용하는 곳에서는 만 가지가 다 여래의 모습 아님이 없다.
—

야부 |
그대에게 청하노니 얼굴을 들고 허공을 보라.
확 트이고 끝이 없어 그 자취 볼 수 없도다.
만일 몸을 굴려 작은 힘을 알게 되면
두두물물에서 모두 만나보게 되리라.

해설 |
나는 누구인가.
확 트이고 끝이 없어 그 자취도 볼 수 없으나
한 생각 거두어 본체를 깨달으면
두두물물이 다 나 아님이 없다.
나라는 것이 없으면 일체 모든 중생이
그대로 자기 아님이 없게 되어
천수천안관자재보살이라 한다.
저 소의 발과 개미의 발과 갖가지 중생의 발이
다 자기의 발이 될 수 있어야 평발을 이루어
이름이 일체 상의 구족이라 한다.

제
21

비설소설분

非說所說分

# 설한 바 없이 설하다

◉

경문 |
수보리야, 너는 여래가 이런 생각을 하되 '내가 마땅히 설한 법이 있다'
고 말하지 마라. 이런 생각을 하지 말지니 왜냐하면 만일 사람이 말하
기를 여래가 설한 법이 있다고 한다면 곧 부처님을 비방하는 것이 되고
능히 내가 설한 뜻을 알지 못하기 때문이니라.

須菩提 汝勿謂如來 作是念 我當有所說法 莫作是念 何以故 若人 言如來 有所說
法 卽爲謗佛 不能解我所說故

해설 |
여래께서 49년 동안 법을 설하셨는데
49년 동안 한 마디도 설한 바가 없다고 하신다.
무연중생無緣衆生이 오는 대로 응하여 비추었을 뿐
따로 설한 법이 있지 않기 때문이다.

여래께서 49년 동안 법을 설하셨는데 실은 49년 동안 한 마디도 설한 바가
없다고 하셨다. 여래는 맑은 거울과 같아서 무연중생無緣衆生이 오는 대로
응하여 비춰주었을 뿐 따로 '설한 법'이 있지 않다. 무연중생이란 인연이 없
는 중생으로 인연이 없는 중생을 건지기 때문에 이것을 참다운 자비라 한다.
　　그러므로 여래의 '설한 법'이란 중생들의 일체 망념에 응하여 나툰 방
편일 뿐, 설한 법이 따로 있다고 한다면 여래가 설한 뜻을 알지 못한 것이 된다.

야부 |

옳기는 옳으나 대장경大藏經, 소장경小藏經은 어느 곳에서 나왔는가?

해설 |

고요히 부동한 마음의 본체를 불佛이라 하고 깨달은 마음에서 하신 말씀을 법法이라 하고 그 말씀을 실천하고 작용하는 곳을 승僧이라 한다. 이 셋이 삼각원형으로 돌아가야 법의 수레바퀴가 돌아가서 완전해진다.

불법승 삼보는 자기 성품 안에 모두 갖추어져 있으니 법의 수레바퀴는 자기 성품을 좇아 도는 것이다.

―

야부 |

설說함이 있다 해도 다 비방이 되고

설함이 없다 해도 또한 용납하지 못하도다.

그대를 위해 한 가닥 선線을 통하나니

해가 고개의 동쪽에서 붉도다.

해설 |

설함이 있다 하면 상견에 떨어지고 설함이 없다 하면 단견에 떨어져 둘 다 치우친 소견이 된다. 둘 다 놓고 무심으로 작용하면 해가 동쪽에서 저절로 떠올라 밝게 비추는 것과 같다.

수보리야, 설법이라는 것은 가히 설할 법이 없는 것을 이름하여 설법이라 하느니라.

須菩提 說法者 無法可說 是名說法

해설 |
말을 하는 자도 공한 성품을 좇아 말하여 공하고
말을 듣는 자도 공한 성품을 좇아 들어 공하고
말도 공하여야 묵언의 설법이 완성된다.

말을 한 자가 있고 말을 들은 자가 있으면 유위법이 되어 인과에 얽혀 버린다. 말을 하는 자도 공한 성품을 좇아 말하여 공하고 말을 듣는 자도 공한 성품을 좇아 들어 공하고 말도 공하여야 묵언의 설법이 완성된다.

함허 스님의 설의에 "법신法身은 본래 설함이 없는지라 보신報身·화신化身이라야 설함이 있으니 설함이 있음은 참다운 설이 아니고 설함이 없음이 참다운 설이다. 시방의 부처님 국토 가운데 오직 일승법一乘法이 있으니 일승법을 떠나서는 다시 가히 '설할 것'이 없다. 그러므로 이르되 법가히 설할 게 없다 한다." 하였다.

야부 |

토끼뿔로 만든 지팡이요, 거북이털로 만든 불자拂子로다.


해설 |

토끼는 뿔이 없고 거북이는 털이 없으니
토끼뿔 지팡이와 거북이털 털이개는 더더욱 공하다.
부처님께서 49년을 한시도 쉬지 않고 설법을 하셨다는데
한 말씀도 하신 적이 없다 한다.

—

야부 |

나이 많은 석마石馬가 백호광명을 놓으니
철우鐵牛가 포효하며 장강長江에 들어가도다.
허공의 일갈一喝이 종적이 없어
알지 못하는 사이에 몸을 숨겨 북두北斗에 감추었도다.
또 일러라.
이것이 설법인가, 설법이 아닌가.


해설 |

나이 많은 돌로 된 말이 백호광명을 놓고 쇠로 된 소가 포효하며 생사의
바다에 들어간다 하는 것은 무엇을 말하는가. 어떤 표현이든 어떤 모습으
로 나투든 이것이 다 자기의 마음 근본과 마음 작용임을 알아야 속지 않
고 바른 안목을 세울 수 있다. 이와 같이 양변을 쥐고 한 생각을 냈다 하면
그대로 법이 되어 근원[北斗]과 계합하게 된다. 이것을 이름하여 설함이 없
는 설법이라 할 수 있다.

그때에 혜명수보리가 부처님께 사뢰어 말씀드리기를, "세존이시여, 자
못 어떤 중생이 미래세에 이 법 설하심을 듣고 믿는 마음을 내겠습니까?"
부처님께서 말씀하시되, "수보리야, 저들은 중생이 아니며 중생 아님
도 아니니, 왜냐하면 수보리야, 중생 중생이라 하는 것은 여래가 설한
중생이 아니라 그 이름이 중생이니라."

爾時 慧命須菩提 白佛言 世尊 頗有衆生 於未來世 聞說是法 生信心不 佛言 須菩
提 彼非衆生 非不衆生 何以故 須菩提 衆生衆生者 如來 說非衆生 是名衆生

해설 |

부처도 다만 이름이고
관세음도 다만 이름이며
중생도 다만 이름일 뿐이다.

"믿는 마음을 내는 사람이 있겠습니까?" 하고 물었는데 있다, 없다는 대
답을 하지 않으시고 묘하게 "저들은 중생이 아니며 중생 아님도 아니니라."
하고 대답하셨다. 무슨 까닭인가? 본래 깨달음의 분상에서 보면 일체 존
재가 그대로 완전한 부처의 나툼이나 지금 한 생각이 미혹한 까닭에 또한
중생이라 이름하게 되는 것이다. 그러므로 부처도 다만 이름이고 관세음
도 다만 이름이며 중생도 다만 이름일 뿐이다. 고정된 실체로서의 부처나
관세음이나 중생은 없다. 부처의 작용, 관세음의 작용, 중생의 작용이 있
을 뿐이다. 고정된 생각으로 분별하고 집착하는 것이 바로 중생이다. 머무
르지 않는 무주의 안목을 가져야 한다.

야부 |
불은 뜨겁고 바람은 움직이며 물은 습하고 땅은 견고하도다.


해설 |
중생은 중생으로 작용하고
부처는 부처로 작용하며
관세음은 관세음으로 작용하고
마구니는 마구니로 작용한다.
작용에 맞는 이름이 주어질 뿐
고정된 실체가 아니다.
—
야부 |
사슴을 가리켜 어찌 준마라 할 수 있으며
까마귀를 일러 누가 난새(봉황의 일종)라 이르리오.
비록 그렇게 털끝만큼의 다름도 허락치 않지만
마자馬字가 든 나귀이름들이 얼마나 많던가.


해설 |
부처 노릇을 하니 부처라는 이름을 얻고
관세음 노릇을 하니 관세음이라는 이름을 얻고
마구니 노릇을 하니 마구니라는 이름을 얻는 것이
분명하고 분명하다.
만 가지 노릇을 하게 하는 놈은 하나의 성품으로 인한 것이다.

제
22

무법가득분

無法可得分

# 법 가히 얻을 것이 없음

◎

경문 |

수보리가 부처님께 사뢰어 말씀드리기를, "세존이시여, 부처님께서
아뇩다라삼먁삼보리를 얻으심은 얻은 바 없음이 되나이다."
부처님께서 말씀하시되, "그러하고 그러하다, 수보리야. 내가 아뇩다
라삼먁삼보리에 작은 법이라도 가히 얻을 것이 없으므로 이를 아뇩다
라삼먁삼보리라 이름하느니라."

須菩提 白佛言 世尊 佛 得阿耨多羅三藐三菩提 爲無所得耶 佛言 如是如是 須菩
提 我於阿耨多羅三藐三菩提 乃至無有少法可得 是名阿耨多羅三藐三菩提

해설 |

바라는 마음과 얻으려는 마음이 쉬어지고
쉬어져야 한다는 그 마음조차 쉬어져야
필경의 얻음이요, 아뇩다라삼먁삼보리의 성취이다.

자기의 마음속에 털끝만큼이라도 얻는 마음이 존재하게 되면 이것이 망
념이 되어 진리의 세계에 계합하지 못하게 된다. 그런 까닭에 바라는 마음
과 얻으려는 마음이 쉬어지지 않는다면 원이 성취되지 못한다. 그러나 바
라는 마음과 얻으려는 마음이 쉬어져야 한다는 그 마음도 또한 쉬어져야
필경의 얻음이요, 이름하여 아뇩다라삼먁삼보리의 성취이다.

야부 |

남에게 구하는 것이 자기에게 구하는 것만 같지 못하느니라.


해설 |

자기에게 본래 구족한 까닭이다.

자기가 자기를 믿지 못하므로 밖으로 구하러 다닌다.

—

야부 |

물방울이 얼음이 되는 것은 진실로 있음이라.

푸른 버들과 향기로운 풀빛깔이 무성하도다.

가을 달 봄꽃의 무한한 뜻이여,

자고새 울음을 한가히 듣는 데 방해롭지 않도다.


해설 |

얼음은 근본으로 돌아감이요, 물방울은 작용이라, 근본에서 작용이 나오
니 두두물물이 다 향기롭고 무한한 뜻을 품고 있다. 하나의 근본에서 만
가지 작용이 펼쳐지니 작용 작용이 방해로울 것이 하나 없다. 한 생각 망
념이 일어나자마자 곧바로 본래 공한 자성에 맡겨 놓으면 그대로 고요하다.
고요한 가운데 밥 먹고 차 마시고 웃고 거닐며 행함에 걸림이 하나도 없다.

제
23

정
심
행
선
분

淨心行善分

# 무소득한 마음으로 선법을 행하라

◉

경문 |
다시 또 수보리야, 이 법은 평등하여 높고 낮음이 없으므로 이를 아눅
다라삼먁삼보리라 이름하느니라. 아도 없고 인도 없고 중생도 없고 수
자도 없이 일체 선법을 닦으면 곧 아눅다라삼먁삼보리를 얻느니라.
復次須菩提 是法 平等 無有高下 是名阿耨多羅三藐三菩提 以無我無人無衆生無壽
者 修一切善法 卽得阿耨多羅三藐三菩提

해설 |
높은 산은 낮은 계곡으로 인하여 있으니 평등하고,
부자는 가난한 이로 인하여 있으니 평등하고,
젊은이는 늙은이로 인하여 있으니 평등하다
만물만생이 모두 평등하게 존재하는 것이
그대로 아눅다라삼먁삼보리이다.

'이 법(是法)'이란 얻을 바 없는 법으로 평등하여 높고 낮음이 없다.
　　육조 스님은 "보리법菩提法이란 위로는 모든 부처에 이르고 아래로
는 미물 곤충에 이르기까지 다 일체 종지를 갖추고 있어서 부처와 더불어
다름이 없으므로 평등하여 높고 낮음이 없다는 것이다."라고 하였다.
　　또 "사상四相을 떠나지 않고 선법을 닦으면 아我·인人 등만 증장시
켜 해탈을 얻고자 하는 마음 때문에 가히 얻을 수 없다. 일체 선법을 닦는
다는 것은 일체 법에 물들지 않아서 일체 경계에 대하여 동하지도 않고
흔들리지도 않고 세간법과 출세간의 법에 탐하거나 애착하지 않으며 일
체 처에서 항상 방편을 행하여 중생은 수순하고 그들로 하여금 환희롭게

믿고 따르게 하고 그들을 위하여 정법을 설하여 보리를 깨닫게 하는 까닭에 일체 선법을 닦는다고 하시니라." 하였다.

이 법이란 얻을 바 없고 함이 없는 법으로 일체 중생이 본래 구족한 까닭에 사생 육도의 중생이 평등하여 높고 낮음이 없다.

평등이란 높은 산을 깎아서 낮은 계곡을 메워 평평하게 만드는 것이 아니다. 높은 산은 낮은 계곡으로 인하여 있으니 평등하고, 부자는 가난한 이로 인하여 있으니 평등하고, 남자는 여자로 인하여 있으니 평등하고, 젊은이는 늙은이로 인하여 있어 평등한 것이 일체 삼라만상 만물만생이 모두 평등하게 존재하는 것이 그대로 밝은 아뇩다라삼먁삼보리이다.

이와 같은 아뇩보리를 얻어 체득하려면 아도 없고 인도 없고 중생도 없고 수자도 없이 일체 선법을 닦아야 한다.

야부 |
산은 높고 바다는 깊으며 해가 뜨고 달이 지도다.


해설 |
산은 산대로 높고 계곡은 계곡대로 낮은 것이 평등이다.
해가 뜨니 달이 지고 해가 지면 달이 떠서
끊임없이 돌고 도니
생과 사도 그와 같이 평등하다.
—

야부 |
스님은 스님이고 속인은 속인이며
기쁘면 웃고 슬프면 울도다.
만일 능히 여기에서 잘 참구하여 살핀다면
육육은 본래로 삼십육이니라.


해설 |
부처님 말씀에 "태생에 의해서 바라문(승려)이 되는 것이 아니고 그 행위
에 의해서 바라문이 되는 것이다."라고 하였다. 티끌 하나 없이 맑은 거울
에 스님이 오면 스님을 비추고, 속인이 오면 속인을 비추고, 기쁨을 비추
면 웃고, 슬픔을 비추면 우나 거울은 본래 하나도 물듦이 없다. 이름 붙일
수 없는 그 하나가 마음 씀에 의해서 온갖 모습으로 나투지만 본체는 그
대로 평등하여 육육은 본래로 삼십육이라 했다.

경문 |

수보리야, 선법이라고 말한 것은 여래가 설한 바로는 선법이 아니므로
그 이름이 선법이니라.

須菩提 所言善法者 如來 說卽非善法 是名善法

해설 |

정도正道는 조도로 인하여 밝음이 있고
조도助道는 정도로 인하여 물들지 않아 완전해진다.

선법이란 조도법助道法으로 비유하자면 거울을 닦음에 물과 걸레와 비누
등 갖가지 방법이 필요한 것과 같다. 거울이 스스로 거울을 닦을 수 없듯
이 조도법을 써서 자기 마음을 밝게 닦는 것이 일체 선법을 닦는다고 하
는 것이다. 그러나 마음근본은 본래 공하여 청정한 까닭에 닦아도 닦음이
공하여 흔적이 없는 것을 정도正道라 한다. 정도는 조도로 인하여 밝음이
있고 조도는 정도로 인하여 물들지 않아 완전해진다.

야부 |
얼굴엔 복숭아꽃이요, 뱃속엔 가시로다.

해설 |
얼굴은 자비로운 보살의 모습이고 속은 나찰의 마음이로다.
자기 마음속에서 보살의 마음이 나오고 아귀 나찰의 마음이 나오는 것이
선법인가 선법이 아닌가.

─

야부 |
이 악惡은 악이 아니고 선을 좇아도 선이 아니로다.
장수는 부符(명령표시)를 따라 행하고
병사는 인印(지휘봉)을 따라 움직이도다.
어떤 때는 홀로 묘고봉妙高峰(수미산 꼭대기 도리천)에 섰다가
도리어 염라전에 단정히 앉아 있도다.
인간세상을 낱낱이 보며 다만 머리를 끄덕거리니
대자비의 천수천안관세음보살은 방편이 많으시도다.

해설 |
악을 행하지 않으면 이름을 선이라 하고 또한 선을 좇으면 이것은 이미
선이 아니게 된다. 자식을 길러낼 때 매를 들고 부드러운 손길로 어루만질
때 무엇이 선이고 무엇이 악인가. 자식을 어르고 달래고 성내고 겁주는 갖
가지 작용이 오직 자식을 성장시키기 위한 한 가지 목적이듯이 인간세상
을 낱낱이 보며 중생을 성장시킴에 악을 쓰고 선을 쓰는 것이 모두 마음
을 성숙시키기 위한 방편으로 평등하다. 그러므로 선은 선대로 악은 악대
로 다만 공부재료로 삼아 조금이라도 집착하지 않으면 선법이니 악법이
니 하는 것이 다만 이름뿐임을 실천하게 된다.

제
24

福智無比分

# 복덕과 공덕은 비교할 수 없다

수보리야, 만일 삼천대천세계 가운데 있는 모든 수미산왕만한 칠보무더기를 어떤 사람이 가지고 보시하는 것보다 만일 어떤 사람이 이 반야바라밀경이나 내지 사구게 등만이라도 수지 독송하여 다른 사람을 위해 설한다면 앞의 복덕으로는 백분의 일도 미치지 못하며 백천만억분과 내지 산수비유로도 능히 미치지 못하느니라.

須菩提 若三千大千世界中所有諸須彌山王 如是等七寶聚 有人 持用布施 若人 以此般若波羅蜜經 乃至四句偈等 受持讀誦 爲他人說 於前福德 百分 不及一 百千萬億分 乃至算數譬喩 所不能及

해설 │

지혜공덕이 뿌리라면
복덕은 열매와 꽃과 같아서
열매와 꽃을 추구하는 자는 한 번 따면 그만이지만
뿌리를 튼튼히 하는 자는 해마다 풍성한 수확을 거둔다.

제24분은 복지무비福智無比, 복덕과 지혜는 비교할 수가 없다. 즉 지혜 공덕이 가장 수승하다는 내용이다. 일반적으로 복덕이라면 재물과 권력 명예와 사랑과 건강 등 오욕이 갖추어지는 것을 말한다.

그러나 이 오욕의 성취는 항상 하는 것이 아니고 영원한 것이 아니다. 그래서 부처님 법을 배우는 수행자는 하늘사람의 복도 초개와 같이 여길 줄 알아야 수행의 바탕을 조금 이루었다 할 것이다.

그러나 엄밀히 말하면 복덕과 지혜 공덕이 둘이 아니다. 지혜 공덕이 뿌리라면 복덕은 열매와 꽃과 같아서 열매와 꽃을 추구하는 자는 한 번 따면 그만이지만 뿌리를 튼튼히 하는 자는 해마다 풍성한 수확을 거두는 것과 같은 이치이다.

그러므로 부처를 대상화하여 '해 주십시오'라고 애원하지 말라. 경전 어디를 보아도 '실천하라' '베풀라'고 하지, '해 주십시오'라고 하지 않는다. 자성의 부처를 밝히면 불가사의한 공덕이 다 드러난다.

야부 |
천 개의 송곳으로 땅을 파는 것이
무딘 삽으로 한 번 파는 것만 같지 못하도다.


해설 |
복덕이 천 개의 송곳이라면 사구게의 공덕은 무딘 삽이다.
유위법이 항하의 모래알을 하나 둘 세는 행위라면
무위법은 모래의 근원으로 돌아가는 것이다.
모래알보다 많은 갖가지 삶의 문제들을
하나 둘 따라가지 말고 몰록 자성에다 맡겨버려라.
무위법의 공덕은 수승하기 그지없다.
—

야부 |
기린과 봉황은 무리를 이루지 않고
크고 훌륭한 보배는 시장에 내놓지 않는구나.
발 빠른 말은 낙타와 함께 하지 않고
의천장검倚天長劍은 사람이 견주기 어렵도다.
하늘과 땅이 그것을 싣지 못하고
겁화劫火가 능히 무너뜨리지 못하도다.
늠름한 위광威光이 태허공太虛空에 빛나니
천상과 인간이 모두 같지 않도다. 아!


해설 |
가장 귀한 보배는 자기 자성이니
귀하고 귀하여 둘이 아닌 안목을 기른다.
가장 귀한 보배는 자기 자성이니
귀하고 귀하여 깊이 숨겨져 있다.

기린과 봉황은 아주 귀하니 아주 귀한 것은 무리를 이루지 않는다. 일체 중생의 가장 귀한 것은 자성의 성품자리이니 귀하고 귀하여 짝을 이루지 않는다. 그래서 너, 나를 가르지 않고 너, 나가 둘이 아닌 안목을 기른다. 너와 나, 옳고 그른 것을 전부 놓고 가다 보면 희한하게 짝을 이루는 게 없이 전부 다 하나가 되어버린다. 그래서 자성을 이름하여 귀하다 한다. 그러나 귀한 보배는 장롱 깊숙이 숨어 있어 저자거리에서는 볼 수가 없듯이 자기의 자성도 귀하디귀하여 마음 깊숙이 숨겨져 있어 잘 보이지 않는다.

준마가 낙타와 함께 하지 않고 의천장검에 사람이 견줄 수 없는 것처럼 귀한 자성과 중생심은 함께 할 수 없고 자성에 아상을 견줄 수 없다. 중생심이 일어나면 귀한 성품은 숨어버리고 아상을 내려놓으면 자성이 확연히 드러난다.

자기의 마음의 본체, 자성의 성품자리는 너무 귀하고 위대하여 하늘과 땅이 싣지 못하고 겁화가 무너뜨리지 못한다. 위풍당당한 광명이 태허에 빛나니 천상천하에 유아독존이다.

제
25

화무소화분

化無所化分

# 제도함이 없이 교화하다

○

경문 |
수보리야, 어떻게 생각하느냐.
너희들은 여래가 이런 생각을 하되 '내가 마땅히 중생을 제도한다'고 말하지 말라. 수보리야, 이런 생각을 하지 말지니 왜냐하면 실로는 여래가 제도한 중생이 없음이니 만일 여래가 제도할 중생이 있다면 여래는 곧 아·인·중생·수자가 있는 것이니라.

須菩提 於意云何 汝等 勿謂如來作是念 我當度衆生 須菩提 莫作是念 何以故 實無有衆生如來度者 若有衆生如來度者 如來 即有我人衆生壽者

해설 |
중생은 본래 부처이므로
부처가 제도한 중생이 없다.

중생을 제도하였으나 제도한 중생이 없다는 것에 대하여 규봉 스님은 "정견正見을 보이다."라고 하였다. 중생은 본래 부처이므로 부처가 부처를 제도할 수 없다. 부처와 중생을 나누어 제도하는 자가 있고 제도 받을 대상이 있다고 하면 이미 상대성의 세계에 떨어져 부처가 아니게 된다.

야부 |
봄의 난초와 가을 국화가 각각 스스로 향기를 뿜도다.


해설 |
순경과 역경이 모두 본래 부처의 광명작용이다.
세존이 보리도량에서 정각을 이루고 나서 보니
이미 일체 중생이 모두 성불해 마쳤더라.
땅도 광명을 발하고 나무도 광명을 발하고
기어 다니는 개미도, 날아다니는 새도,
유정무정의 일체 중생이 모두 성불하여 광명을 낸다.
이같이 본래 성불해 있는 일체 존재를 그때 분명히 깨달아 알았다.
—

야부 |
탄생하자 동서로 칠보七步를 걸음이여,
사람마다 코는 곧고 두 눈썹은 옆으로 있도다.
입술 벌림과 오므림과 슬픔과 기쁨이 다 비슷하니
어느 때에 누가 다시 존당尊堂께 물으리오.
또한 기억하는가.


해설 |
자기가 이미 확연히 가지고 있었음을
'기억해 내는 것'이 공부이지
배워서 알아가는 것이 공부가 아니다.
배운 바도 없고 구할 바도 없고 얻은 바도 없다.

석가모니 부처님은 태어나자마자 칠보를 걸으시고, '천상천하유아독존'
이라고 하셨다. 칠보를 걷는다 함은 육근이 청정하여 자유자재 함을 말한다. 누구나 코는 수직이고 눈은 가로 놓여 있듯이 석가모니 부처님만 이와 같은 게 아니고 일체 중생도 모두 태어나자마자 동서로 칠보를 걷는다. 다만 색신만을 보고 보신·법신을 보지 못하므로 알지 못하는 것이다.

　또 찡그리고 우는 것과 입술 벌리고 웃는 것은 다 자기 마음근본이 하는 것이니 밖에서 찾지 말고 부처님께 묻지도 마라. 왜냐하면 자기가 이미 다 가지고 있기 때문에. 그래서 육조 스님 오도송에 "자성이 본래 구족함을 어찌 알았으리오."라고 하였다.

경문 |

수보리야, 여래가 설한 아我가 있다는 것은 곧 아가 있음이 아니거늘 범
부들이 아가 있다고 여기니, 수보리야, 범부라는 것은 여래가 설한 즉
범부가 아니라 그 이름이 범부이니라.

須菩提 如來 說有我者 卽非有我 而凡夫之人 以爲有我 須菩提 凡夫者 如來說卽
非凡夫 是名凡夫


해설 |

공부는 차츰 무명을 닦아서 범부를 제거하고 부처를 이루는 게 아니다.
지금 한 생각에서 범부를 이루고 한 생각에서 부처를 이루는 것이다.
찰나찰나 범부가 올라오면 그 순간 알아채고 찰나찰나 놓고 가라.
이것이 진정한 수행이다.

여래가 설한 나라는 것은 청정한 '참 나'를 말하는 것으로 아·인·중생·
수자로서의 나를 말하는 것이 아니다. 범부들은 이 아·인·중생·수자로
서의 나라는 것이 있다고 여기는 까닭에 범부라 이름 하게 된 것이다.

공부는 차츰 무명을 닦아서 범부를 제거하고 부처를 이루는 게 아
니다. 지금 한 생각에서 범부를 이루고 한 생각에서 부처를 이루는 것이다.
한 생각에서 집착을 하고 분별망상을 하면 범부요, 집착과 분별망상을 놓
아버리면 부처라는 이름을 얻게 된다. 찰나찰나 범부가 올라오면 그 순간
알아채고 찰나찰나 놓고 가라. 이것이 진정한 수행이다.

그러므로 범부라는 이름은 있는가, 없는가? 있기도 하고 없기도 하
다. 찰나에 올라왔을 때는 있다가 찰나에 놓아버리니 없다. 생사生死도 이
와 같다. 그리하여 이름하여 있기도 하고 없기도 하다고 한다.

야부 │
앞생각은 중생이요, 뒷생각은 부처라.
부처와 더불어 중생은 이 무슨 물건인가.

해설 │
앞생각이 미혹하면 중생이고 뒷생각이 깨달으면 부처이다.
앞생각이 미혹하여 중생심이 나오면 이를 탓하지 말고
뒷생각이 문득 깨달아 중생심이 쉬어지면
한마음에서 두 가지 작용이 나와
이름하여 부처와 중생이라.
─

야부 │
세 개의 머리와 여섯 개의 팔을 나투지 않아도
능히 숟가락을 잡고 젓가락을 놓을 줄 알도다.
어느 때엔 술에 취해 사람을 꾸짖다가
홀연히 향을 사르고 예를 갖추도다.
손은 깨진 사기그릇을 잡고
몸에는 비단옷을 입었도다.
모양을 짓고 만드는 것이 백천 가지이나 곧장 코를 끌고 오면
다만 이는 너로다.

해설 │
신통묘용을 부리다가 범상한 거동을 하다가,
홀연히 자성에 안주하다가
혼몽하여 탐·진·치를 부리다가
고귀하다가 비천하다가
백천 가지 모양으로 윤회하고
백천 가지 종류로 마음을 내어도
곧장 들어가면 근본 자성은 딱 한 놈이다.

제
26

법
신
비
상
분

法身非相分

# 법신은 상이 아니다

◉

경문 |

수보리야, 어떻게 생각하느냐. 가히 삼십이상으로써 여래를 관觀할 수 있겠느냐?"

수보리가 말씀드리기를, "그렇고 그렇습니다. 삼십이상으로써 여래를 관觀할 수 있습니다."

須菩提 於意云何 可以三十二相 觀如來不 須菩提言 如是如是 以三十二相 觀如來


해설 |

32상이 32청정행임을 알아

자기 마음 안으로 관하여 보면 여래를 볼 수 있다.


수보리가 제13분, 20분에서는 32상으로써 여래를 볼 수 없다고 대답해 놓고 여기에서는 볼 수 있다고 하였다. 차이가 무엇인가? 눈으로 보는 견見과 마음으로 보는 관觀의 차이이다. 법신여래는 32청정행으로 인하여 보신을 체험하고 법신을 깨닫는다. 그러나 32상에 국집하여 이것을 부처라 여긴다면 이것은 사상에 집착하는 까닭에 법신여래를 깨달을 수 없다. 32상이 32청정행임을 알아 자기 마음 안으로 관하여 보면 여래를 볼 수 있다.

야부 |
잘못되었도다.

해설 |
'32상으로써 여래를 관觀할 수 있다'고 하면 법이 있는 것이 되니 잘못되었다.
—

야부 |
진흙으로 빚고 나무로 조각하며 비단에 그림이여,
청색을 칠하고 녹綠을 바르고 다시 금으로 장식하도다.
만일 이것을 여래의 모습이라 한다면
나무 관세음을 웃겨 죽이리라.

해설 |
세상을 법답게 보는 자,
세상의 소리[世音]
일체 존재의 모습이
모두 32청정행임을 알아
자성의 근본에 비추어 관觀하는 안목을 갖춘 자
그가 관세음보살이다.

경문 |

부처님께서 말씀하시기를, "수보리야, 만일 삼십이상으로 여래를 관觀
한다면 전륜성왕도 곧 이 여래이리라."

수보리가 부처님께 사뢰어 말씀드리기를, "세존이시여, 제가 부처님
께서 말씀하신 뜻을 이해하기에는 응당 삼십이상으로 여래를 관觀할 수
없습니다."

佛言 須菩提 若以三十二相 觀如來者 轉輪聖王 卽是如來 須菩提 白佛言 世尊 如
我解佛所說義 不應以三十二相 觀如來


해설 |

성품을 깨달은 이는

법을 세워도 맞고

법을 무너뜨려도 맞다.


육조 스님 말씀에 "수보리는 큰 아라한이라. 깨달은 바가 매우 깊으시니
방편으로 그 미혹한 길을 보여서 세존께서 미세한 번뇌를 없애버리시고
후세의 중생으로 하여금 보는 바가 그릇되지 않기를 바라시니라." 하였다.
        32청정행을 행하여 32상이 구족하면 화신의 부처님으로 나투고 전
륜성왕으로 나툰다. 그러나 법신의 여래는 적정하여 모습이 없고 이름이
없는 까닭에 32상을 가지고서는 여래를 알 수 없다.

야부 |
잘못 되었도다.

해설 |
함허 스님의 설의에 "유상有相으로 구하더라도 또한 틀렸음이며, 무상無相
으로 구하더라도 또한 틀렸음이니 유상과 무상이 모두 다 틀렸음이다."라
고 하였다. 여래란 유상과 무상의 근본이요, 본체이다. 그런 까닭에 성품
을 깨달은 이는 법을 세워도 맞고 법을 무너뜨려도 맞다.
—

야부 |
모습 있는 몸 가운데 모습 없는 몸이여,
금향로 밑에 철곤륜이로다.
두두가 모두 내 집 물건이니 하필이면 영산에서 세존께 물으리오.
왕이 칼을 잡음과 같도다.

해설 |
주장자를 가진 사람은
마음 쓰는 대로 법이 된다.

두두물물이 모두 모습 있는 몸 가운데 모습 없는 몸을 갖추고 있다. 작용
이 본체를 떠나지 않고 본체가 작용을 떠나 따로 있지 않듯이 금향로 밑
에는 철곤륜이 있다. 모두 자기 집안의 물건이요, 자기 아님이 없으니 밖
에서 따로 구할 필요가 있으랴. 왕이 칼을 잡은 것처럼 주장자를 가진 사
람이면 마음을 쓰는 대로 법이 된다.

경문 |
그때에 세존께서 게송을 설해 말씀하시기를,
"만일 색으로써 나를 보거나 소리로써 나를 구하면
이 사람은 사도를 행함이라. 능히 여래를 보지 못하리라."
爾時 世尊 而說偈言
若以色見我 以音聲求我
是人行邪道 不能見如來

해설 |
모습과 음성을 좇지 말고
늘 자성으로 돌이켜 둘이 아니게 관하여야 한다.
감정과 알음알이가 끊어져야
여래를 볼 수 있다.

법신여래는 색과 소리로 알 수 없고 볼 수 없는 까닭에 색으로 보거나 소리로 듣는다면 이것은 삿된 도로 정식情識의 경계이다. 정식이 끊어져야 도에 가까워져 여래를 볼 수 있다.
　　이것을 육조 스님은 "색色이란 상相이요 견見은 식識이니 아我는 일체 중생의 몸 가운데 자성·청정·무위無爲·무상無相·진상眞常의 체體이니 높은 소리로 염불해서 성취하는 것이 아니요, 모름지기 정견正見이 분명해야 바야흐로 해오解悟할 수 있다. 만약 색色과 성聲 두 가지 상으로써 구한다면 가히 볼 수 없을 것이다. 알라. 상으로써 부처를 관하거나 소리 가운데서 법法을 구한다면 마음에 생멸이 있어서 여래를 깨닫지 못하리라." 하였다.

야부 |

곧 바로 소리와 색으로 구하지 않더라도
이 또한 여래를 보지 못함이니,
또 일러라. 어떻게 해야 볼 수 있는가.


해설 |

항상 있다는 상견과 아무것도 없다는 단견 즉 단상이견斷常二見에 떨어지
면 진리를 보는 바른 눈을 잃어버린다. 마치 광명이 만상을 비춤에 비추어
진 것을 떠나서 비추는 놈이 따로 존재하지 않는 것과 같다.

—

야부 |

**모르겠다, 모르겠다.**


해설 | .

모르겠다, 모르겠다 하는 그 곳을 향해 참구해 들어가면
자기 속에서 솟아나는 싱그럽고 시원한 참맛을 보리니
모르겠다, 답답한 것이 참으로 좋은 시절인연이다.

—

야부 |

색을 보고 소리를 듣는 것도 세상에 본래 항상 하거늘
한 겹의 눈 위에 한 겹의 서리로다.
그대가 지금 황두노黃頭老(부처님)를 보고자 하면
마야의 뱃속에 뛰어 들어 갈지어다. 이咦!
이 말은 30년 후 땅에 떨어지면 쇳소리가 나리라.


해설 |

부처님을 보고자 하는가?

부처님이 나온 곳으로 뛰어들어가라.

범부중생은 세상의 색과 소리에서 진실을 찾으려 하지만 이것은 설상가
상이다. 부처님을 보고자 하는가. 부처님이 나온 곳으로 뛰어 들어가라. 부
처님이 나온 곳은 오직 한 곳, 자기의 자성자리이다. 지금 한 생각이 나오
는 곳으로 돌아가서 한 생각 일어나면 쉬고 쉬고 또 쉬어라. 쉬고 말 것도
함이 없는 이때가 '쨍그렁' 쇳소리 요란하게 나듯 분명하게 아는 소식이다.

제
27

무
단
무
멸
분

無斷無滅分

# 법에 있어 단멸상을 말하지 않는다

경문 |

"수보리야, 네가 만일 이런 생각을 하되, '여래는 구족한 상이 없이 하는 까닭에 아뇩다라삼먁삼보리를 얻었다'고 하겠느냐?

수보리야, '여래는 구족한 상이 없이 하는 까닭에 아뇩다라삼먁삼보리를 얻었다'고 이런 생각을 하지 말라. 수보리야, 네가 만일 이런 생각을 하되, '아뇩다라삼먁삼보리심을 발한 사람은 모든 법의 단멸을 말한다' 한다면 이런 생각도 하지 말지니, 왜냐하면 아뇩다라삼먁삼보리심을 발한 사람은 법에 있어서 단멸상을 말하지 않느니라.

須菩提 汝若作是念 如來 不以具足相故 得阿耨多羅三藐三菩提 須菩提 莫作是念 如來 不以具足相故 得阿耨多羅三藐三菩提 須菩提 莫作是念 如來 不以具足相故 得阿耨多羅三藐三菩提 須菩提 汝若作是念 發阿耨多羅三藐三菩提心者 說諸法斷滅 莫作是念 何以故 發阿耨多羅三藐三菩提心者 於法 不說斷滅相

해설 |

미생물과 곤충으로부터 천상과 인간,
유정 무정과 삼천대천세계와 삼라만상에 이르기까지
아무리 하찮은 조그만 것도
아무리 위대한 성스러운 것도
모두 갖추어야 구족상이다.

구족상이란 32청정행으로 일체 존재가 다 자기 자성의 나툼이 아님이 없는 줄 아는 것이다. 왜냐하면 구족상이란 모든 상을 다 갖춘 것이므로 아무리 하찮은 조그마한 상도 버리지 않아야 한다. 아래로는 미생물, 곤충으로부터 위로는 천상과 인간, 유정 무정과 삼천대천세계와 삼라만상에 이르기까지 모두 갖추어져야 구족상이라 이름한다. 그런 까닭에 이 구족상을 떠나서 아뇩다라삼먁삼보리를 얻었다 한다면 뿌리 없는 나무가 꽃을 피우고 열매를 얻었다 하는 것과 같다. 그러므로 위없는 최상의 깨달음을 얻은 자는 법에 있어서 단멸상을 말하지 않는다.

　육조 스님 말씀에 "수보리가 참 몸[眞身]은 상相을 떠난 것이라는 말씀을 듣고 문득 32청정행을 닦지 않고 부처가 보리를 얻었다." 하므로 부처님께서 수보리에게 말씀하시되 "여래가 32청정행을 닦지 않고 보리를 얻었다고 말하지 말라. 네가 만약 32청정행을 닦지 않고 아뇩보리를 얻었다고 말하면 이는 곧 부처 종자를 단멸하는 것이라 옳지 않으니라." 하였다.

야부 |

잘라도 가지런하지 않으며
다스리면 도리어 어지러워짐이요,
머리를 끌어 일으켜 와서
자르려 해도 끊어지지 않도다.

해설 |

32청정행을 닦아서 아뇩보리를 얻으려 해도 얻지 못하고 32청정행을
닦지 않고 아뇩보리를 얻으려 해도 또한 얻지 못한다. 무슨 까닭인가. 32
청정행이란 무심행이며 무위행이어서 얻으려는 마음이 도리어 위배가
되기 때문이다.

—

야부 |

절묘한 안배를 누가 이해할지 모르겠구나.
예전처럼 꽉 잡았다가 또 놓아버렸도다.
여래가 단멸을 이뤘다고 말하지 말라.
한 소리가 또 한 소리를 이어 오도다.

해설 |

누가 절묘히 안배하는가. 오직 무심의 자성 한자리밖에 없다. 32청정행을
닦는다고 하나 본래로는 닦을 것이 없는 까닭이다. 그러나 32청정행을 닦
을 것이 없다고 말하지 말라. 32청정행을 부지런히 닦아야 본래 닦을 것
이 없는 것을 깨달아 알게 된다.

제
28

불
수
불
탐
분

不受不貪分

# 받지도 않고 탐내지도 않는다

○

경문 |

수보리야, 만일 보살이 항하의 모래 수와 같은 세계에 가득 찬 칠보를 가지고 보시하더라도 만일 다시 어떤 사람이 일체 법이 무아無我임을 알아 인忍을 이루게 되면 이 보살은 앞의 보살이 얻은 공덕보다 수승하리라.

須菩提 若菩薩 以滿恒河沙等世界七寶 持用布施 若復有人 知一切法無我 得成於忍 此菩薩 勝前菩薩 所得功德

해설 |

내가 없음을 체험하여
불생불멸의 영원한 진리를 깨닫는다.

삼천대천세계에 가득 찬 칠보로 보시하고 항하 모래 수와 같은 목숨으로 보시하더라도 사구게를 수지하여 사람들에게 해설해 준 공덕과는 비교가 되지 않는다는 비유를 금강경 곳곳에서 여러 차례 말씀하셨다. 이제 여기서 일체 법이 무아임을 알아 인忍을 이룬 공덕이 유위의 공덕보다 더욱 수승함을 말씀하시니 사구게 즉 금강경의 핵심이 아我가 없음이요, 인忍을 이루는 것임을 알 수 있다.

인忍은 무생법인無生法忍이다. 즉 남이 없는 불생불멸의 영원한 진리를 깨닫는 것이다.

야부 |

귀로 들어도 귀머거리 같고

입으로 말하여도 벙어리 같도다.


해설 |

일체 법에 아我가 없음을 통달하면

들어도 듣는 바 없고 말해도 말한 바가 없게 된다.

—

야부 |

말[馬] 아래 사람이 말 위의 군주로 인하여

높음도 있고 낮음도 있고 멀고 가까움이 있더니,

하루아침에 말이 죽고 사람도 돌아가니

친한 이가 길 가는 사람과 같도다.

다만 이 옛 시절의 사람이

옛 시절에 놀던 곳으로 다시 돌아갔음이로다.


해설 |

연극 무대에 올라 왕 노릇하고 거지노릇 하면

높음도 있고 낮음도 있고 멀고 가까움이 있더니

한 순간 막이 내리면 모두가 평등한 배역 맡기 이전의 사람이다.


함허 스님의 설의에서는 "청정한 본래의 해탈로 아我·인人의 상相이 원래 없으나 스스로 아·인의 상이 있어서 높고 낮은 집착의 정이 생기니 도道와는 멀어지고 무명과 삼독이 도리어 친해지도다. 아·인의 산山이 한 생각에 무너지니 친하던 삼독이 도리어 멀어지도다. 도리어 멀어지니 예전의 청정한 본래의 해탈이로다." 했다.

경문 |

"왜냐하면 수보리야, 모든 보살은 복덕을 받지 않는 까닭이니라."
수보리가 부처님께 사뢰어 말씀드리기를,
"세존이시여, 어찌하여 보살이 복덕을 받지 않습니까?"
"수보리야, 보살은 지은 바 복덕을 응당 탐착하지 않으므로 이런 까닭
에 복덕을 받지 않는다 말하느니라."

何以故 須菩提 以諸菩薩 不受福德故 須菩提 白佛言 世尊 云何菩薩 不受福德 須
菩提 菩薩 所作福德 不應貪著 是故 說不受福德

해설 |

보살은 일체 중생을 위하여 부지런히 복덕을 짓지만
복덕에 탐착하지 않으므로 공덕이 헤아릴 수 없다.

일체 법이 무아임을 알고 무생법인을 얻은 사람을 보살이라 한다. 보살
은 일체 중생을 위하여 부지런히 복덕을 짓지만 지은 바 복덕에 탐착하
지 않으므로 복덕을 받지 않는다. 복덕을 받지 않는 까닭에 그 공덕이 헤
아릴 수 없다.

야부 │
치마엔 허리가 없고 바지는 입구가 없도다.


해설 │
치마는 치마가 아니고 바지는 바지가 아니다.
보살은 복덕을 짓기는 분명히 짓는데
탐착하지 않는 까닭에 복덕을 지은 바가 없다.
그러므로 그 공덕이 한량없다.
—

야부 │
물 같고 구름 같고 하나의 꿈같은 몸이여,
알지 못하겠구나. 이 밖에 다시 무엇과 친하리오.
이 가운데 어떤 물건도 용납함을 허락하지 않으니
황매黃梅의 길 사람에게 분부했도다.


해설 │
물 같고 구름 같고 한바탕 꿈같은 몸이여,
자성이 독사의 몸에 담기면 독사가 되고
인간의 몸에 담기면 인간이 된다.
몸 받은 그 몸과 가장 친하기는 하나,
독사가 된들 독사에 물들지 않고
인간이 된들 인간에 물들지 않아
한 물건도 용납하지 않는다.


『조당집祖堂集』에 다음과 같은 내용이 나온다.


　　4조 도신道信 선사가 5조 홍인弘印 선사를 황매의 길 위에서 만났다.

홍인 선사는 황매 사람으로 당시 일곱 살이었다.

"얘야, 네 성姓이 무엇이냐?"

"제 성은 일반적인 성이 아닙니다."

"무슨 성인데?"

"불성입니다."

"아니, 성이 없단 말이냐?"

"성품이 본래 공하니 성씨가 없습니다."

도신 선사가 좌우 시봉자에게 말하였다.

"이 아이는 범상치 않구나. 내가 멸도 후 이십 년이 되면 이 아이가 불사를 크게 일으키리라."

제
29

위의적정분

威儀寂靜分

# 여래의 모습은 적정하다

●

경문 |
수보리야, 만일 어떤 사람이 말하기를 '여래는 오기도 하고 가기도 하
며 앉기도 하고 눕기도 한다.' 하면 이 사람은 나의 설한 바 뜻을 알지
못함이니라. 무슨 까닭인가. 여래란 어디로부터 온 바도 없으며 또한
가는 바도 없으므로 여래라 이름하느니라.

須菩提 若有人 言如來 若來若去若坐若臥 是人 不解我所說義 何以故 如來者 無
所從來 亦無所去 故名如來

해설 |
여래라 함은
여여하게 오신 분,
여여하게 가신 분,
오고 감이 자유스러운 분,
오고 감이 자유스러우니
온 바도 없고 간 바도 없다.

여래라 함은 여여하게 오신 분, 여여하게 가신 분, 오고 감이 자유스러운
분이다. 오고 감이 자유스러우니 온 바도 없고 간 바도 없다. 생사는 어디
로부터 오고 가는가? 오고 감이 자유스러우니 온 바도 없고 간 바도 없다.
　　　여래는 법신으로 법신은 허공과도 같아서 허공은 오는 것도 아니고
가는 것도 아니고 있는 것도 아니고 없는 것도 아닌 일체 존재의 뿌리이
며 일체 작용의 근원이다. 마치 모양 없는 거울이 모두를 비추어 드러내듯
이 낱낱의 존재가 이 법신여래로 인하여 있게 되는 것과 같다.

야부 |
산문山門 앞에서 합장하고 법당 안에서 향을 사루도다.

해설 |
마음 거울이 따로 존재한다고 알지 마라.
비추는 놈과 비추어지는 놈이 둘이 아니다.
—
야부 |
남승이 가을 구름을 거두어 가고 또 오니,
몇 번이나 남악산과 천태산을 돌았던가.
한산과 습득이 서로 만나 웃으니
또 일러라. 그 웃음은 무엇인가?
동행하되 한 걸음도 옮기지 않음을 웃어 보이도다.

해설 |
보살이 불국토를 장엄함에 시정과 산중을 가리지 않고 뛰어드는 까닭은
한산과 습득이 서로 만나 웃었기 때문이다.
그 웃는 까닭은 문수와 보현과 부처님이 하나이면서 셋인 연고이다.
자기의 한마음이 고요히 움직이지 않으면 부처이고
고요한 가운데 밝은 광명이 문수이며
광명이 밝게 비추어 나툼이 보현이기 때문이다.

제
30

일
합
이
상
분

一合理相分

# 존재의 본질은 하나 아닌 하나

경문 |

"수보리야, 만일 선남자 선여인이 삼천대천세계를 부수어 가는 티끌로 만든다면 어떻게 생각하느냐. 이 가는 티끌들이 얼마나 많겠느냐?"

"매우 많습니다. 세존이시여, 왜냐하면 만일 이 가는 티끌들이 실로 있는 것이라면 부처님께서 곧 이 가는 티끌들이라고 말씀하지 않으셨을 것입니다. 까닭이 무엇인가 하면, 부처님께서 말씀하신 가는 티끌들은 곧 가는 티끌들이 아니고 그 이름이 가는 티끌들이기 때문입니다."

須菩提 若善男子善女人 以三千大千世界 碎爲微塵 於意云何 是微塵衆 寧爲多不 須菩提言 甚多 世尊 何以故 若是微塵衆 實有者 佛 卽不說是微塵衆 所以者何 佛 說微塵衆 卽非微塵衆 是名微塵衆

해설 |

삼천대천세계를 부수어 만든 가는 티끌들은
헤아릴 수 없이 복잡한 자기의 마음이다.
한 생각에 깨달아 보리에 나아가면
티끌 티끌이 청정한 미진이요, 보리이다.

삼천대천세계는 중생의 마음으로 인하여 존재하는 것이니 한 생각 한 생각이 모두 가는 티끌이라 할 수 있다. 따라서 자기의 마음을 떠나서 따로 삼천대천세계가 존재하는 것이 아니다. 또 수보리 존자가 "부처님께서 말씀하신 가는 티끌들은 곧 가는 티끌들이 아니고 그 이름이 가는 티끌들이기 때문입니다."하신 말씀은 중생의 마음이 한 생각에 깨달아 보리에 나아가면 생각 생각이 머무름이 없어서 항상 청정한 까닭이다.

야부  |

만일 물에 들어가지 않으면 어찌 큰사람인 줄 알리오.


해설  |

경계의 바다에 들어가지 않으면
어찌 대인과 소인을 구별하리오.
어둠속에서 광명이 더욱 빛나듯이.
—

야부  |

한 티끌 잠깐 일어나면 먼지가 허공을 간 듯하고
삼천세계를 부숨에 그 수 헤아릴 수 없도다.
시골 노인은 능히 수습할 수 없어서
가르침에 맡겨 비를 따르고 또 바람을 따르도다.


해설  |

한 생각이 일어난 곳은 허공으로, 고요한 자기 마음이라 삼천세계 또한 허
공의 먼지가 모인 것이다. 이와 같이 깨달은 마음(시골노인)은 무심에 맡겨
놓는 것으로, 가르침의 바다에서 대 해탈을 얻고 알음알이 위에서 큰 법의
깃대를 세운다.

경문 |

"세존이시여, 여래께서 설하신 삼천대천세계도 곧 세계가 아니고 그 이름이 세계입니다. 왜냐하면 만일 세계가 실로 있는 것이라면 곧 일합상(한 덩어리의 모양)이니 여래께서 말씀하신 일합상은 곧 일합상이 아니라 그 이름이 일합상이기 때문입니다."

"수보리야, 일합상이라는 것은 곧 가히 말할 수 없거늘 다만 범부들이 그 일에 탐착할 뿐이니라."

世尊 如來所說三千大千世界 卽非世界 是名世界 何以故 若世界 實有者 卽是一合相 如來 說一合相 卽非一合相 是名一合相 須菩提 一合相者 卽是不可說 但凡夫之人 貪著其事

해설 |

"색즉시공色卽是空 공즉시색空卽是色
불생불멸不生不滅 불구부정不垢不淨
부증불감不增不減"으로서
분명히 드러내었다.

태초에 한 생각에서 삼천대천세계가 벌어진 것이다. 세계가 따로 있고 자기의 마음이 따로 있지 않는 까닭에 세계가 아니고, 또한 자기의 마음과 둘 아니게 분명히 있는 까닭에 이름하여 세계가 분명히 있다고 하는 것이다. 그러면 태초의 한 생각은 무엇인가? 지금 일으키는 한 생각이다. 또 일합상一合相이란 최초의 존재로 우리의 본래면목이다. 일합상이란 상대적인 세계가 아닌 절대적인 세계를 말하는 것으로 있음[有]과 없음[無]을 포함하고 있는 존재, 삶[生]과 죽음[死]이 공존하는 존재이다. 반야심경에서는 일체 존재의 본래면목을 "제법공상諸法空相 불생불멸不生不滅 불구부정

不垢不淨 부증불감不增不減"으로 모든 법의 공한 모양은 생겨나지도 않고 없어지지도 않으며 더럽혀지지도 않고 깨끗해지지도 않으며 늘어나지도 않고 줄어들지도 않는 것이다." 하였다.

여기에서 제법諸法이란 일체 모든 존재를 말하며 이러한 존재는 물질적인 존재[色]만을 말하는 것이 아니고 정신적으로 작용하는 존재[受·想·行·識]까지 포함된, 상대적으로 대상화된 일체의 것을 말한다. 즉 일체 존재의 본래면목이란 자기의 본래면목인 것이다.

야부 |

집합시키고 해산시킴이여, 병사는 인(印: 명령서)을 따라 움직이도다.

해설 |

함허 스님의 설의에 "어떤 때는 셋으로 열고 어떤 때는 하나로 합하니 하나로 합한 것이 곧 셋이며 셋으로 연 것이 곧 하나이다. 삼三과 일一이 서로 떠나고, 삼과 일이 서로 즉卽하니, 삼이 아니로되 삼이요, 일이 아니로되 일이라. 삼과 일이 모두 틀리고 삼과 일이 모두 옳으니 이러한 즉 죽이고 살리는 것이 때에 따름이요, 거두고 놓음이 자유롭다."라고 하였다.

　　유위의 상대적인 세계가 무위의 절대적인 세계를 바탕으로 있게 되니 이것은 완전한 셋이 되고 이 셋을 곧 하나[一]라 이름하게 된다. 그러나 이 하나는 하나라는 이름도 없는 하나인 것이다. 즉 상대적인 마음이 고요히 삼매에 들면 상대적인 마음은 스러지고 하나라는 것도 없는 그 하나가 되어 일체에 자유권을 행사하게 된다.
—

야부 |

한 덩어리가 두 조각을 이루고
쪼갠 것이 도리어 한 덩어리로다.
잘게 씹되 쪼개지 말아야
바야흐로 좋은 맛을 온전히 알리라.

해설 |

일합상에서 상대성의 세계를 이루었다 함은 존재 전체(본래면목)가 상대성을 이루었으나 이 상대성의 개체들은 곧 일합상의 존재 전체인 것이다. 그러니 '잘게 씹되 쪼개지 말라' 하는 뜻은 따로따로 분별하여 둘로 보지 말되 하나하나 맛을 보고 지혜를 얻으라 하는 것이다.

제
31

지견불생분

知見不生分

# 지혜의 견해조차도 본래 공하다

◉

경문 |

"수보리야, 만일 어떤 사람이 말하기를 '부처님이 아견·인견·중생견·수자견을 말하였다' 한다면 어떻게 생각하느냐, 이 사람은 나의 말한 바 뜻을 이해하였느냐?"

"아닙니다. 세존이시여, 그 사람은 여래께서 말씀하신 뜻을 알지 못한 것이옵니다. 왜냐하면 세존께서 말씀하신 아견·인견·중생견·수자견은 곧 아견·인견·중생견·수자견이 아니고 그 이름이 아견·인견·중생견·수자견이옵니다."

"수보리야, 아뇩다라삼먁삼보리심을 발한 사람은 모든 법에 응당 이와 같이 알며, 이와 같이 보며, 이와 같이 믿어서 법이라는 상을 내지 않아야 하느니라. 수보리야, 말한 바 법상法相이란 여래가 설하되 곧 법상이 아니요, 그 이름이 법상이라 하는 것이니라."

須菩提 若人 言佛說我見人見衆生見壽者見 須菩提 於意云何 是人 解我所說義不不也 世尊 是人 不解如來所說義 何以故 世尊 說我見人見衆生見壽者見 即非我見人見衆生見壽者見 是名我見人見衆生見壽者見 須菩提 發阿耨多羅三藐三菩提心者 於一切法 應如是知 如是見 如是信解 不生法相 須菩提 所言法相者 如來 說即非法相 是名法相

해설 |

부처님은 맑은 거울과 같아서

아견·인견·중생견·수자견이 있는 중생의 마음을 비추신 것이다.

중생의 소견은 마음속에 아상·인상·중생상·수자상이 있는 까닭에 아견

·인견·중생견·수자견의 망령된 견해를 내게 된다. 그래서 부처님이 아상·인상·중생상·수자상을 분별함을 보고, 부처님께서도 마음속에 사상四相이 있는 것은 아닌지 의심하는 것을 부처님께서 아시고 이와 같이 물으신 것이다. 그러나 부처님은 맑은 거울과 같아서 부처님께서 사상이 있거나 사견四見이 있는 것이 아니라 중생의 마음이 사상이 있고 사견이 있어 거울에 비추어 나타난 것이다. 이러한 까닭에 부처님께서 사상을 말하고 사견을 말씀하셨다. 그러나 사상과 사견은 본래 허망하여 실체가 없는 까닭에 이름하여 사상과 사견이라 한 것이다.

여기에서 부처님이란 자기의 본래 청정한 마음이고, 중생이란 자기의 물든 마음이다. 자기의 본래 청정한 마음의 작용을 육조 스님께서는 "여래가 설하신 일체 중생은 다 불성이 있다는 이것이 참다운 아견我見이요, 일체 중생은 샘이 없는[無漏] 지혜의 성품을 본래 구족했다고 설하신 이것이 인견人見이요, 일체 중생은 본래 번뇌가 없다고 설하신 이것이 중생견衆生見이요, 일체 중생의 성품은 본래 스스로 불생불멸不生不滅하다고 설하신 이것이 수자견壽者見이다." 하였다.

또한 육조 스님께서는 "보리심을 발한 자는 응당 일체 중생이 모두 불성이 있음을 보며, 응당 일체 중생의 무루종지無漏種智가 본래 스스로 구족함을 알며, 응당 일체 중생의 자성이 본래 생멸이 없음을 믿을지니, 비록 일체의 지혜방편을 행하여서 사물을 접하고 중생을 이롭게 하더라도 능소의 마음을 짓지 말지니, 입으로 무상법無相法을 설하되 마음으로 무상행無相行을 행하여 마음에 능소가 없으면 그 이름이 법상法相이다."라고 하였다.

야부 |
밥이 오면 입을 벌리고 잠이 오면 눈을 감도다.


해설 |
깨달은 분상에서 보면
그대로 말하고 행하는 모든 것이
조금도 더하거나 덜하지 않고
있는 그대로 본래 자유자재하다.
—
야부 |
천 척千尺이나 되는 낚싯 줄을 곧게 드리우니
한 물결이 잠깐 일어남에 만 물결이 따르도다.
밤은 고요하고 물은 차가워 고기 물지 않으니
빈 배에 가득히 달빛만 싣고 돌아오도다.


해설 |
자기의 주인공은 마음 깊은 곳에 있으니
천 척이나 되는 낚싯줄을 곧게 드리웠다.
한 물결이 만 물결과 같이 마음을 쓰면
무명의 긴 밤은 고요해지고 경계의 바다도 쉬어져
오온의 이 몸이 텅 비어지니
둥근 마음의 밝은 광명만 한 가득 싣고 돌아온다.

제
32

응화비진분

應化非眞分

# 부처님이 49년간 설하심에
# 한 법도 설한 것이 없다

◎

경문 |

수보리야, 만일 어떤 사람이 한량없는 아승지 세계에 가득 찬 칠보를
가지고 보시하더라도 만일 어떤 선남자 선여인으로 보살심을 낸 자가
이 경을 지니거나 혹은 사구게 등을 받아 지니고 읽고 외우며 남을 위해
연설하면 그 복이 저보다 수승하리라. 어떻게 남을 위해 연설하는가.

須菩提 若有人 以滿無量阿僧祇世界七寶 持用布施 若有善男子善女人 發菩薩心者
持於此經 乃至四句偈等 受持讀誦 爲人演說 其福勝彼 云何爲人演說

해설 |

수지, 독송, 위타인설이라는 말씀 속에
믿음, 증득, 실천과
성문, 연각, 보살이라는
수행의 단계 아닌 단계를 분명히 드러내었다.

제 32 「응화비진분」은 '응신과 화신은 참이 아니다'를 종지로 한다. 제 31
「지견불생분」과 더불어 금강경을 종결하는 유통분流通分에 해당된다. 여
기에서 말하는 '어떤 사람'과 '선남자 선여인'은 내 마음과 둘이 아닌 까
닭에 모두 자기 마음의 작용이며, 이 마음의 작용을 어떻게 써야 더욱 수
승하게 되는가를 드러내 보이고 있다. 그리고 마지막 분分인 이곳에서 다
시 한 번 이 경의 수지 독송과 위타인설爲他人說의 수승함을 총결함으로써
수행의 방편을 삼았다.
　　수지는 받아 지님이니 성인의 말씀을 의지하여 법문을 많이 듣고(성

문) 받아 지녀서 믿음의 길로 들어가는 것을 말하고, 독송은 읽고 외움이
니 이 경의 뜻을 읽고 외우고 참구하여 연기의 이치를 깨달아 들어가는
것(연각)을 말하고, 위타인설은 남을 위해 연설함이니 연기의 이치를 깨달
아 체험한 바를 자기의 삶 속에서 실천해 내는 것(보살)을 말한다.

수지, 독송, 위타인설이라는 말 속에 성문, 연각, 보살이라는 수행의
단계 아닌 단계를 분명히 드러내었다.

야부 |
설說하고자 하면 무슨 어려움이 있으리오.
지금 다시 청하노니 자세히 듣고 자세히 들으라.


해설 |
설법자와 청법자가 둘이 아닌 줄을 알면,
설법자는 설한 바가 없게 되고 청법자는 들은 바가 없게 되어
설법과 청법이 잘 완성되어 청정하다 이름한다.
—

야부 |
다니고 머무르고 앉고 누우며
옳다 그르다, 인상이다 아상이다,
문득 기뻐하고 문득 성냄이,
이것을 떠나 있지 않거니와
다만 이것이라 하면
문득 얼굴에 침을 뱉으리라.
평생의 간담肝膽을 일시에 쏟아 놓으니
사구四句의 묘한 법문을 모두 설파했도다.


해설 |
일체의 모든 작용이 근본 자성을 떠나지 않으나 이 자성이라는 것도 이름
인 까닭에 '이것'이라 하였다. 속제에만 머물러도 맞지 않으나 진제에만 머
물러도 맞지 않는다. 진리니 자성이니 하는 '이것' 또한 이름이라, 그 자리는
알음알이를 붙일 수 없는 자리이므로 알았다 하면 벌써 어긋나 버리게 된다.

경문 |
상을 취하지 아니하여 여여히 움직이지 않도다.
不取於相 如如不動

해설 |
여래가 설하신 법은 중생의 망념으로
인연 따라 오고가는 그림자라서
팔만대장경을 설하셨으되 설하신 바가 없다.

'어떻게 남을 위해 연설하는가?' 하고 물으니 '상을 취하지 아니하여 여여히 움직이지 않는다' 했는데 무슨 뜻인가? 부처님께서 49년간 설하신 법이 헤아릴 수 없이 많아 팔만대장경이라 했지만, 한 말씀도 하시지 않았다는 까닭이 여기에 있다. 그래서 여래가 설하신 팔만대장경은 모두가 중생의 망념으로 인연 따라 오고가는 그림자라 한 것이다. 마치 맑은 거울이 만상을 비춤에 분별없이 드러내듯이 상을 취하지 아니하여 여여히 움직이지 않는 것을 이름하여 남을 위해 연설하는 것이라 했다.

야부 |

(··)

말후일구末後一句에 비로소 견고한 관문에 이르렀으니 바로 삼세의 모든 부처님이 네 개의 눈으로 서로 보는 것이며 육대 조사六代祖師가 물러날 분 分이 있음이로다. 가히 이르되, 강물이 철저히 얼었으니 물이 흘러서 통하지 못함이요, 눈에 가시가 가득하매 발 들여 놓기가 어렵도다. 이 속에 이르러서는 한 터럭을 더하더라도 마치 눈 속에 가시가 든 것 같고 한 터럭을 빼더라도 살갗을 긁어 부스럼을 냄과 같으니, 앉아서 요긴한 길을 끊으려는 것이 아니라 대저 법을 아는 자가 두려움이 되기 때문이니라. 비록 이러하나 불법이 다만 이와 같으면 육지가 가라앉음[平沈]을 문득 볼 것이니 어찌 등燈과 등이 불꽃을 이음이 있으리오. 천상좌川上座(야부)는 오늘 사나운 호랑이 입 속에서 음식을 빼앗으며, 사나운 용의 턱 속에 있는 구슬 꿰는 것을 면치 못함이니, 선성先聖(옛 성인)의 묘한 문을 활짝 열어 후학들이 몸이 나아가는 데 길이 있게 하리니 한 길을 터놓는 것이 또 어찌 방해되리오.
말한즉 온전히 법체法體를 나타냄이요, 묵묵한즉 홀로 진상眞常을 드러냄이며, 움직인즉 한 마리 학이 조각구름으로 날아감이요, 고요한즉 앞산이 펼쳐짐이로다. 한 걸음을 들면 코끼리가 돌아보는 듯하고 한 걸음을 물러서면 사자가 기지개 켜며 포효하는 것 같으니 법왕法王의 법령을 마땅히 행하는 것이라, 문득 능히 법에 있어서 자재함이로다. 다만 저 마지막 구절을 또 어떻게 말할 것인가. 또한 자세히 알겠는가.

구름은 고갯마루에 걸려 한가히 걷히지 않고
물은 시내로 흐름이 너무나 바쁘도다.

해설 |
최초 구와 말후 일구가 모두 본래 공하여

흔적도 없는 것이 이 경으로 증명되었다.
일체 모든 존재도 다 그와 같아서
더함도 덜함도 없는 그대로인 것이다.
참구하고 참구하여 크게 한 번 죽는 것으로 인하여
그 자리로 들어가 나오게 되는데
들어가는 문이 곧 나오는 문이 되므로
둥근 일원상이 되어 시작과 끝이 없고
일원상이 풀어지며 점만 남았으나
그 점 또한 없어지고
그대로 산은 푸르고 물은 잔잔하더라.
—

야부 |
유유히 자적함을 얻은 곳에 또한 한가로우니
구름은 저절로 높이 날고 물은 스스로 흐르도다.
다만 흑풍黑風이 큰 물결을 뒤치는 것만 보고
낚싯배가 침몰함을 듣지 못했도다.


해설 |
본래 고요한 성품의 바다에
다시 고요하게 마음으로 계합하니
아버지는 아버지 노릇을 분명하게 하고
어머니는 어머니 노릇을 분명하게 한다.
다만 조금 다른 것은
마음 씀이 분명하여
마음을 냈다 하면 그대로 적중하니
무위법행無爲法行이라.

경문 |
무슨 까닭인가.
일체 유위의 법은 꿈과 같고 환상과 같고
물거품과 같고 그림자와 같으며
이슬과 같고 또한 번개와도 같으니
응당 이와 같이 관할지니라.
何以故 一切有爲法 如夢幻泡影 如露亦如電 應作如是觀

해설 |
체험해서 알았다 하더라도 항상 관하라.

'상을 취하지 않고 여여히 움직이지 않는다.'는 것을 체험해서 알았다 하
더라도 낱낱의 '일체 유위의 법은 꿈과 같고 환상과 같고 물거품과 같고
그림자 같고 이슬 같고 번개와 같음을' 항상 관하라. 그리하면 아뇩다라
삼먁삼보리를 얻으리라.

야부 |
배를 움직임은 다 삿대 잡는 사람에게 있도다.

해설 |
'상을 취하지 않고 여여히 움직이지 않는다'고 깨달은 이가
유위법인 생사의 바다로 인하여
저 언덕으로 잘 건너가게 된다.
──
야부 |
물 가운데서 달을 잡고 거울 속에서 얼굴을 찾음이로다.
배에 새겨놓아 칼을 찾으며 소를 타고 소를 찾도다.
허공 꽃과 아지랑이이고 꿈과 환상과 뜬 물거품이로다.
모두가 붓끝으로 그어 지우며 쉬고 싶으면 곧 쉬나니
천한 노래와 막걸리와 시골의 즐거움이
풍류가 없는 곳에서 저절로 풍류롭도다.

해설 |
수행이란
이와 같이 닦아가며
이와 같이 깨달아가서
이와 같이 증득함이라.

경문 |

부처님께서 이 경을 설하여 마치시니, 장로 수보리와 비구 비구니 우바새 우바이와 일체 세간의 천상과 인간과 아수라 등이 부처님께서 말씀하신 것을 듣고 모두 크게 환희하여 믿고 받아 지니어 받들어 행하니라.

佛說是經已 長老須菩提 及諸比丘比丘尼 優婆塞優婆夷 一切世間天人阿修羅 聞佛所說 皆大歡喜 信受奉行


해설 |

부처님이 미간 백호로부터 광명을 두루 비추니
구류의 중생들이 자기의 그릇 따라 낱낱이 빛을 발하고
그 낱낱의 광명이 하나의 광명으로 화하여
다시 부처님의 정수리로 들어갔다.

이 경도 자기의 마음이며 장로 수보리와
비구·비구니·우바새·우바이와 일체 세간의
천상·인간·아수라도 모두 자기의 마음이다.
그런 까닭에 자기가 자기를 보고 알아 체험해가는
이 모든 과정이 도를 깨달아가는 우리의 삶이며,
우리의 삶이 그대로 금강경이다.

야부 │
30년 후에 노승老僧을 망각하지 말지니,
알 수 없어라. 누가 은혜를 아는 자인가.
하하. 장차 사람이 없다 하리라.


해설 │
모두가 둘이 아니니 누구인가.
장차 사람이 없다 하다.
구류의 중생이 모두 나 아님이 없어야
은혜를 아는 자라 하다.
―
야부 │
주림에 밥 얻고 목마름에 마실 것 얻으며
병든 이는 쾌차하고 더우면 시원함을 얻음이요,
가난한 이 보물을 만나고 어린아이가 어머니 만나도다.
표류하던 배가 언덕에 이르고 외로운 나그네가 고향에 돌아옴이요,
가뭄에 단비를 만남이요, 나라에는 어진 충신이 있음이로다.
사방의 오랑캐가 예배하고 팔방에서 항복해 오니
낱낱이 모두 옳으며 물물이 온전히 드러나도다.
옛과 지금, 범부와 성인, 지옥과 천당, 동서남북을 사랑하지 말지니
찰진 세계의 모든 중생들이 모두 함께 금강대도량에 들어가도다.


해설 │
자성의 부처를 진실하게 믿고 귀의하기만 하면
자성의 부처가 곧 응답하는 것이
마치 빈 골짜기에서 돌아오는 메아리와 같이
분명하고 분명하다.

자비스러운 어버이와 같이
자기 안의 중생들을 걸음걸음 손잡아 이끌어 주는 것이
삼계의 대도사이시고 사생의 자부이신 것이 분명하다.
그런 까닭에 자성을 믿기만 하면
옛과 지금, 범부와 성인, 지옥과 천당, 동서남북 등
찰진세계와 일체 중생이 모두 금강대도량에 들어가
걸림 없이 자유자재하게 된다.


무엇이 자성의 부처인가.
팔팔은 구십구이다.

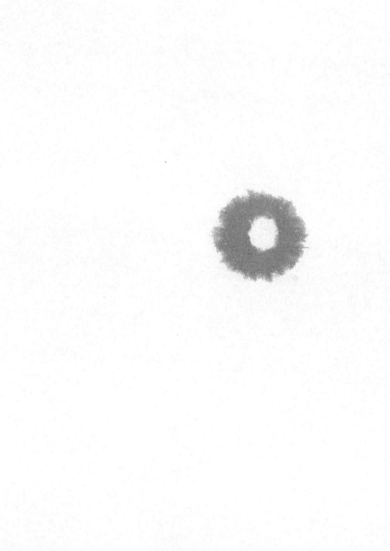